第 15 辑
(2013年·夏)

中文社会科学引文索引(CSSCI)来源集刊

文化研究

首都师范大学文化研究院
南京大学人文社会科学高级研究院　主　办

陶东风（执行）　周　宪　**主　编**
胡疆锋　　　　　周计武　**副主编**

社会科学文献出版社
SOCIAL SCIENCES ACADEMIC PRESS (CHINA)

《文化研究》编委会

主　编
陶东风（执行）　首都师范大学文化研究院
周　宪　南京大学人文社会科学高级研究院

编　委
国内学者：
乐黛云　北京大学中文系
王逢振　中国社会科学院文学所
王　宁　清华大学英语系
金元浦　中国人民大学文学院
高丙中　北京大学社会学系
赵　斌　北京大学社会学系
戴锦华　北京大学中文系
陈晓明　北京大学中文系
曹卫东　北京师范大学文学院
王德胜　首都师范大学文学院
邱运华　首都师范大学文学院

国际学者：
托尼·本尼特　英国开放大学
沃尔夫冈·威尔什　德国耶拿席勒大学
伊安·昂　澳大利亚西悉尼大学
阿里夫·德里克　美国杜克大学
约翰·哈特莱　澳大利亚昆士兰科技大学
约翰·斯道雷　英国桑德兰大学媒体与文化研究中心主任
G. 默多克　英国拉夫堡大学
大卫·伯奇　澳大利亚迪金大学
西蒙·杜林　美国约翰·霍普金斯大学
徐　贲　美国加州圣玛丽学院
张旭东　美国纽约大学
刘　康　美国杜克大学
鲁晓鹏　美国加州大学戴维斯分校
张英进　美国加州大学圣迭戈分校

· Editors-in-chief

Tao Dongfeng, Capital Normal University, Beijing, China
Zhou Xian, Nanjing University, Nanjing, China

· Editorial Board

Yue Daiyun, Peking University, Beijing, China
Wang Fengzhen, Chinese Academy of Social Sciences, Beijing, China
Wang Ning, Tsinghua University, Beijing, China
Jin Yuanpu, Renmin University of China, Beijing, China
Gao Bingzhong, Peking University, Beijing, China
Zhao Bin, Peking University, Beijing, China
Dai Jinhua, Peking University, Beijing, China
Chen Xiaoming, Peking University, Beijing, China
Cao Weidong, Beijing Normal University, Beijing, China
Wang Desheng, Capital Normal University, Beijing, China
Qiu Yunhua, Capital Normal University, Beijing, China

· International Advisory Board

Tony Bennett, Open University, England
Wolfgang Welsch, Friedrich-Schiller-University Jena, Germany
Ien Ang, University of Western Sydney, Australia
Arif Dirlik, Duke University, USA
John Hartley, Queensland University of Technology, Australia
John Storey, Director of the Centre for Research in Media and Cultural Studies University of Sunderland, UK
G. Murdock, Loughborough University, England
David Birch, Deakin University, Australia
Simon During, The Johns Hopkins University, USA
Xu Ben, St-Marry College, USA
Zhang Xudong, New York University, USA
Liu Kang, Duke University, USA
Lu Xiaopeng, University of California, Davis, USA
Zhang Yingjin, University of California, San Diego, USA

目 录

主编的话 ·· 陶东风 / 1

专题一　记忆与文化

主持人语 ·· 赵静蓉 / 3
记忆危机的伦理学阐释和社会学分析 ················· 赵静蓉 / 6
"科学家的悲剧"：周行功故事的生产、传播与记忆 ····· 冯筱才 / 16
战争创伤及其艺术再现问题
　　——论奥布莱恩的小说《他们背负着的东西》 ······· 凌海衡 / 40
记忆的消费与政治
　　——《南京！南京！》与《金陵十三钗》的变奏 ······· 贺桂梅 / 61
民族创伤记忆的影像重建与价值反观
　　——以近年抗日战争题材影视创作为例 ············· 盖　琪 / 89
性别叙事与历史记忆的建构
　　——以高满堂的年代剧作品为例 ··················· 陈　雨 / 100

专题二　空间政治与城市身份

主持人语 ·· 符　鹏 / 117
从禁苑到公园
　　——民初北京公共空间的开辟 ····················· 林　峥 / 119

城市失忆：以北京胡同四合院的消失为例 ………………… 李彦非 / 133
当代北京的城市"游逛者"与艺术产业发展三十年
　　　………………………………………………… 耿　波　李东瑶 / 157
重读上海的怀旧政治：记忆、现代性与都市空间 …………… 潘　律 / 177
中华路26号
　　——南京城的空间记忆与遗忘 …………………………… 胡　恒 / 193

文化研究访谈

洪恩美教授谈文化研究 ………………………………………… 洪恩美 / 221

其　他

"非真实"的自然
　　——生态批评的自然指涉 ………………………………… 王　茜 / 235
网络海量信息与公共领域的建构 …………………… 陈国战　刘志昕 / 246
欲望的编码、身体奇观与审美的解放
　　——当代视觉文化之情色批判 …………………………… 赵卫东 / 261

Contents

Introduction   *Tao Dongfeng* / 1

Issue I Memory and Culture

A Brief Introduction   *Zhao Jingrong* / 3

Studies in the Crisis of Memory with Ethical Interpretation
   and Sociological Analysis   *Zhao Jingrong* / 6

"A Scientist's Tragedy": The Production, Spread
   and Memory of Zhou Xinggong's Story   *Feng Xiaocai* / 16

The Vietnam War and Its Literary Representations:
   Things They Carried by Tim O'Brien   *Ling Haiheng* / 40

The Consumption of Memory and Politics: The variation
   of *City of Life and Death* and *The Flowers of War*   *He Guimei* / 61

The Image Reconstruction and the Value Reflection of
   National Traumatic Memories: A Review of the Anti-
   Japanese-War-Films and Teleplays in Recent Years   *Gai Qi* / 89

Gender Narrative and the Construction of Historical memory:
   A Case Study of the Historical Works of Gao Mantang

                                                       Chen Yu / 100

Issue II Spatial Politics and City Identity

A Brief Introduction　　　　　　　　　　　　　　　　Fu Peng / 117

From Imperial Gardens to Public Parks: The Emergence of
   Public Space in Beijing during the Republican Era　　Lin Zheng / 119

Urban Amnesia: A Case Study of the Disappearance of
   Beijing Hutong and Siheyuan From the Perspective of
   Architectural Discourse　　　　　　　　　　　　　Li Yanfei / 133

Flaneurs in the City and Thirty Years' Development of
   Artistic Industry in Contemporary Beijing
   　　　　　　　　　　　　　　　　Geng Bo, Li Dongyao / 157

Revisiting the Politics of Shanghai Nostalgia: Memory,
   Modernity and Urban Space　　　　　　　　　　　Pan Lyu / 177

No. 26 Zhonghua Road: The Memory and Forgetfulness
   of Space in Nanjing　　　　　　　　　　　　　　　Hu Heng / 193

Interview

Professor Ien Ang's Talk on Culture Study　　　　　　Ien Ang / 221

Other Articles

The Unreal Nature: Nature Referenced in Eco-criticism　　Wang Qian / 235

Mass Information on the Internet and the Construction
   of Public Sphere　　　　　　　　Chen Guozhan, Liu Zhixin / 246

Desire Encoding, Body Wonders and Aesthetic Liberation:
   Erotic Criticisms of Contemporory Visual Culture　　Zhao Weidong / 261

主编的话

陶东风

《文化研究》第 15 辑（2013 年·夏）即将付梓，照例到了写"主编的话"的时间了。

从今年开始，《文化研究》改为季刊定期出版，每年 4 辑，并与社会科学文献出版社签署了长期的合作协议。这在《文化研究》的历史上是一件值得纪念的大事。

《文化研究》自 2000 年创刊到现在，一共出版了 14 辑，走过了一条可谓坎坷曲折的发展道路，我们先看下面这张到目前为止《文化研究》全部 14 辑的统计表：

辑号	出版社	出版时间	主办方	受资助情况
1	天津社会科学院出版社	2000 年 6 月	无	无
2	天津社会科学院出版社	2001 年 4 月	无	无
3	天津社会科学院出版社	2002 年 1 月	无	无
4	中央编译出版社	2003 年 8 月	无	无
5	广西师范大学出版社	2005 年 5 月	无	无
6	广西师范大学出版社	2006 年 10 月	南京大学人文社会科学高级研究院	无
7	广西师范大学出版社	2007 年 10 月	南京大学人文社会科学高级研究院、首都师范大学文学院	无

续表

辑号	出版社	出版时间	主办方	受资助情况
8	广西师范大学出版社	2008年12月	南京大学人文社会科学高级研究院、首都师范大学文学院	无
9	社会科学文献出版社	2010年4月	南京大学人文社会科学高级研究院、首都师范大学文学院	受到首都师范大学211项目资助
10	社会科学文献出版社	2010年10月	南京大学人文社会科学高级研究院、首都师范大学文学院	得到南京大学人文基金资助
11	社会科学文献出版社	2011年6月	首都师范大学文学院、南京大学人文社会科学高级研究院	封面正式标注为"CSSCI来源集刊"
12	社会科学文献出版社	2012年5月	首都师范大学文化研究院、南京大学人文社会科学高级研究院	首都师范大学文化研究院资助
13	社会科学文献出版社	2013年3月	首都师范大学文化研究院、南京大学人文社会科学高级研究院	南京大学人文基金资助
14	社会科学文献出版社	2013年3月	首都师范大学文化研究院、南京大学人文社会科学高级研究院	首都师范大学文化研究院资助

这张表很明晰地呈现了《文化研究》在编辑出版过程中的坎坷经历。首先是出版社一换再换，一共才14辑，但有4家出版社参与出版，其中一家只出版了一辑。其次是出版时间不确定。这种不确定虽然与约不到好的稿件有一定关系，但与出版社频繁更换也紧密相连。比如在第4辑到第5辑更换出版社期间空了近两年，2004年一整年就没有出版。第8辑到第9辑更换出版社期间也有一年多，2009年一整年也没有出版，不仅无法实现一年出两辑的最初设想，一年出一辑竟然也难以实现。几个关键性的变化出现在这几年：2010年，从这年开始，出版社为社会科学文献出版社不再变化，而且出版周期相对稳定；更重要的是，2011年封面正式标注为"CSSCI来源集刊"；2012年，随着首都师范大学文化研究院的成立，主办单位也不再变化，即首都师范大学文化研究院和南京大学人文社会科学高级研究院联合主办；2013年，从这年开始，《文化研究》正式定为季刊，并在第14辑（2013年第1辑）开始明确标明"2013年·春"字样。我相信并希望，这将意味着《文化研究》的编辑和出版真正走向正规。

我现在正在为之撰写"主编的话"的，就是2013年的"夏之卷"，即2013年第2辑总第15辑。

本辑仍延续以往的专题模式，组织了两个专题。第一个是"记忆与文化"。

近年来，记忆问题在文化研究领域中变得越来越重要。本刊第11辑（2011年6月出版）曾刊发过一个专栏"文化记忆：西方与中国"，受到学界好评。本辑再次推出"记忆与文化"专题，以期将这个问题的研究进一步推向深入。

从文化角度谈记忆不同于从心理学、生理学或医学角度谈记忆，而本专题所谓"文化"在很大程度上可以被理解为叙事：文化通过叙事与记忆发生关联或参与记忆的建构。独标叙事，是因为我们无法想象记忆能够离开叙事（广义的叙事可以理解为符号活动）而得到书写和呈现，也不能想象对记忆的研究能够离开对叙述的分析而进行。记忆的符号化呈现、记忆的文学艺术书写及其文化意味，是本专题的聚焦点，也是本专题所有文章的共同关注点，无论这些文章是侧重理论探讨（如赵静蓉文）还是个案分析（其他文章）。

比如赵静蓉坦言，其《记忆危机的伦理学阐释和社会学分析》一文所要梳理的关键问题是"因叙事而导致的记忆危机"，她更认为，"记忆的危机本质上源于语言论转向及分析历史哲学的兴起"。从记忆和叙事的关系这个关节点出发，赵文涉及记忆的真实与虚构、主体与客体、主观与客观等一系列重要问题。所谓"记忆危机"实际上正是因为引入了叙事问题。恰如作者所说："假如'真实'变成了'关于真实的话语'，对过去的记忆可以被虚构、被塑造、被想象，那记忆的真实品质还坚不可摧吗？记忆的真实性或诚实性是否要被记忆的文学性或审美性取代？对记忆的表述是否因为语言和互文而变成一种'不可靠的叙述'呢？这些问题所反映出来的实质，大概可以说是最基本也最重要的记忆危机了。"

冯筱才的《"科学家的悲剧"：周行功故事的生产、传播与记忆》通过详细的历史资料梳理了一个几近杜撰的科学家的悲剧故事从谣言到新闻，再到文学，最终进入官方历史著作且一直延绵至今的过程，从而相当深刻地揭示了中国国民历史记忆的生产过程如何受到权力、政治、现实需要、意识形态等的牵制。在这里，叙事以及叙事与权力的复杂纠葛同样起到了至关重要的作用。作者据此探讨了各种不同的叙事形式，比如文学、新闻、历史书写之间纠缠不清的复杂谱系，特别是政治权力对于所有这些叙事形式和话语类型的全面集中的宰制。正如作者自己指出的，"新闻、历史、文学，这三个知识领域表面上有区分，但从周行功故事的生产与传播来看，几乎所有的叙述文本都可以视作一种'文学建构'"，"许多细节都是虚构的"。周行功故事的生产与传播"使我们能够对20世纪文学与历史、政治之间纠缠不清的复杂谱系有所了解"。这当然并不意味着作者试图还原未经叙述的本真记忆（这个本真记忆实际上并不存在），而是要质疑特定政治权力绑架记忆叙事的方式。

凌海衡的《战争创伤及其艺术再现问题——论奥布莱恩的小说〈他们背负着的东西〉》，一看标题就知道谈论的核心问题是叙事。该文以美国当代小说家提姆·奥布莱恩的《他们背负着的东西》为案例，指出奥布莱恩在小说中运用了各种后现代的叙事手段（比如元小说），其目的不是要帮助读者（以及作者自己）在这种叙事中寻找历史事实的"真相"，而是借助于对创伤体验及其书写的艰巨性的探讨，聆听叙述者的痛苦，从而体会后者竭力摆脱创伤阴影的艰辛。创伤叙述不可能告诉我们何为真实何为虚构，它的使命是承担起康复与治疗的重任，其伦理意义是更为重要的。正如作者所说："奥布莱恩的写作目的，不是给大家讲述越南战争的故事，而是要通过这种絮絮叨叨的方式来诉说他本人和其他参战的美国大兵心灵所遭受到的创伤。如果他像一般的小说家那样讲战争故事，那么读者会沉浸在激烈的战斗故事中，忘却讲故事者的存在，更遑论体味后者所承受的苦楚。"在此，作者的形式实践（比如反复地通过不同方式讲述同一个故事以展示记忆讲述的艰难）并非语言游戏，而是在表明战争创伤记忆转化为叙事记忆的困难，这同时也是一种对于读者的伦理吁求：通过体验创伤体验书写的困难，进而认识到战争的残酷性和非人性本质。因此，"奥布莱恩通过元小说技巧来向我们传达书写创伤体验的艰难和必要，最终向我们提出了一个沉重的要求：与其在他人的创伤叙事中寻找事情的真相，不如仔细聆听叙述者内心的苦痛，聆听他们如何竭力摆脱创伤的阴影，只有这样，才能找到战争的根源，才能最终避免战争"。

贺桂梅和盖琪的论文均聚焦于"抗战"这一民族创伤记忆在影视剧中的影像—视觉呈现——同样属于广义的叙事——问题。抗战题材影视剧近年来火爆银屏，相应的，文艺作品特别是大众文化，如何叙述抗战历史记忆也成为研究的热点。贺桂梅的《记忆的消费与政治——〈南京！南京！〉与〈金陵十三钗〉的变奏》一文综合运用叙事学、性别理论、电影研究、视觉文化研究等方法，从电影叙事媒介、影片叙述结构与性别秩序、城市空间书写、国族身份的政治修辞、国族叙事的历史符码五个层面，对《南京！南京！》与《金陵十三钗》这两部商业影片的叙述策略进行了深入细致的解读，揭示出其丰富的意义"变奏"关系。文章指出，这两部电影关于民族创伤记忆的书写，不仅受当下中国意识形态和文化市场的多重制约（这些不同的制约力量既相互勾连又相互排斥），而且也体现了大陆电影生产与国际性文化市场之间复杂、暧昧的互动关系。这种立体的多层次解读策略极大地避免了简单化的作品分析套路，使作者能够深刻揭示出蕴含于这些电影文本中的文化消费与政治想象、国族叙事与性别秩序、民族主义与西方中心主义之间相互纠缠、牵连的暧昧性。

盖琪的《民族创伤记忆的影像重建与价值反观——以近年抗日战争题材影视创作为例》一文，通过对近年来抗日战争题材的影视创作的分析，剖析了对民族创伤记忆进行影像重建过程背后所蕴含着的民族主义价值观，特别质疑了这些影片中的"仇恨叙事"和影像复仇狂欢叙事，并呼吁全社会认真关注和反思全球化语境下的战争叙事问题。

与前面这些文章相比，陈雨的《性别叙事与历史记忆的建构——以高满堂的年代剧作品为例》回到了更为切近的中国历史与现实。文章通过考察高满堂年代剧作品中的性别表述策略，阐释霸权性的历史记忆叙事与模式化的性别场景模式之间的同构关系，并试图从一个批判和反思的立场去破解影视文本中语言秩序的运作机制及其隐含的政治暴力。文章指出，在高满堂的一些重要年代戏作品中，特别是在那些性别色彩鲜明的段落中，在作品人物谱系背后，有着相通的书写规则和叙事模式，不同类型的角色发挥了不同的叙事功能，实践着不同的表述策略。正如作者在文章的结尾指出的，此文的目的，就是要揭示"在高满堂的影视作品中，霸权性的历史记忆是如何在模式化的性别场景中被建构的：那些蕴藏在各个历史段落中幽深晦涩的伤口如何在大众文化中以特定的性别书写规则获得和解，成为其中顺滑平整的段落，并且在一个光洁而又平易的表象下为大众所共享"。

总之，重述历史、书写历史记忆特别是历史创伤记忆，是新世纪中国文化的重要主题，而通过分析文学艺术以及大众文化如何通过特定的叙事策略参与这种建构、重述历史记忆的过程，可以反省当今中国文化的一系列重要症候。我认为，本专题的几篇文章在这方面迈出了可喜的一步。正如本专题特约主持人赵静蓉指出的："记忆是借助符号来再现和表述的，记忆不得不是关于记忆的陈述。但在这种陈述和符号化的再现行为中，记忆是否可靠？记忆究竟缺失了什么？我们该如何面对和挽救因为记忆的再现而导致的记忆危机?也许我们应当重新找回对记忆的信任,确信'人们还有要铭记过去、清算责任和避免破坏再次发生等的重建需要。在此之上,还有……表达真相的需要',不论这个寻找的过程有多么危险和痛苦,甚至充满了欺骗和谎言。记忆必将是现代人的宿命。"

本专题所有文章的一个重要的共同特点是:通过聚焦于叙事策略、曝光历史记忆的生产机制,揭示记忆的建构性及建构过程背后的权力运行机制。它们都自觉地放弃了本质主义的记忆观而采取建构主义的记忆观。当然,这种曝光和揭示是有立场的,借用陈雨的话说,这个立场就是,"面对那些正在启动并恒久启动的记忆运行机制,我们应该时刻提醒自己,历史记忆永远是当权者和胜利者的喉舌。而对于我来说,实现批判意图、打破霸权的最好方式便是,指认出在包括性别关系在内的权力关系中失败者和弱者的位置,以此窥察可见之物是怎样被因势利导而成为可见的,不可见之物又如何化作一抔'理应'被埋藏的黄土、一个印证当下之辉煌与成功的纪念品甚或战利品而被永久藏匿的。在历史的正反面之间,我们本应看到更多"。

本辑《文化研究》的另一个专题是"空间政治与城市身份"。

城市文化研究是首都师范大学文化研究院长期学术规划的重要方向。研究院在建立之初就已经明确了跨学科研究的基本学术理念,并致力于打造不同学科背景学者之间交流沟通和研究合作的学术平台,通过研究院学术辑刊《文化研究》,开辟"城市文化研究"的专题。从第14辑开始,这个栏目已经刊登不少颇有创见的佳作。本辑专题集中关注空间政治、城市记忆、城市文化认同等问题。

从文化角度思考城市,就是把城市当作一个文化—意义的空间而不是物理的空间加以把握。这个方法论立场贯穿在本辑的所有文章中。比如公园,在文化研究的视野中,公园就是一个城市的文化载体,是认识一个城市文化的重要窗口。北京大学中文系林峥博士的《从禁苑到公园——民初北京公共空间的开辟》一文考察了清末民初公园作为现代都市文明的象征被引入北京的过程,以及其中所折射出的北京市政变革形态、都市文化景观和市民特别是文人生活方式的变化。文章指出,公园概念的引入,一直联系着康有为、梁启超等启蒙人士对于现代性(现代市政、现代市民等)的文化想象,强调公园对于启迪民智的作用。在他们看来,公园的作用不仅在于提供休闲娱乐的空间,更在于养成身心健康的现代市民及其健康的生活方式、作息习惯、精神风貌。它简直就是一个现代市民的培育空间。基于这种思路，以朱启钤为首的京都市政公所推行公园开放运动，将皇家禁苑改造为现代公园，其养成现代市民的诉求使其尤为注重公园的教化功能，公园中附设的图书馆、阅报室、演讲厅等成为一道独特的风景。民国时期的北京公园因此具有公共文化空间的性质。论文的重要特点，也是其最主要的亮点，在于把公园作为一个文化空间而不是物理空间加以解读与研究。

我们说城市的灵魂是文化，在很大程度上是因为城市是有记忆的。城市文化研究的另一个热点话题是城市记忆，一个城市的特殊文化身份很大程度上是通过该城市独一无二的历史记忆塑造和维持的。历史记忆的丧失必然导致城市文化身份的紊乱。当然，城市历史记忆必然体现于具体的有形物质，比如建筑、街道、城市雕塑等。这样，保存这些建筑就成为维护城市文化身份的重要保证。多伦多大学东亚系李彦非博士的论文《城市失忆：以北京胡同四合院的消失为例》一文，将目光投注在胡同四合院的消失所引发的城市失忆。胡同四合院的消失不仅仅是一种建筑群体的消失，而且也是一份独特的文化记忆的消失，大约正因为如此，它才引起人文学者如许的关切。但作者对北京城市失忆的讨论并没有停留在简单抒发焦虑或发出道德讨伐的层面，而是运用话语分析的方法，深入1950年代至1990年代40年间北京都市建筑设计话语的变迁之中，将这种消失视为不同建筑话语角力的结果，而其失忆的表征深刻折射出中国现代性话语的内部混乱和无所适从。

与李彦非的研究一样，南京大学副教授胡恒的《中华路26号——南京城的空间记忆与遗忘》同样关注了城市的记忆与遗忘问题。作者以中华路26号的改造为中心，考察了遗产保护（当然也是记忆保护）与商业开发两套话语之间的斗争，以及后者对于前者的凯旋。这个问题不仅在南京而且在北京等其他历史文化名城的加速城市化历程中同样存在。它反射出当下城市的某种不正常生存状态——过于急速的商业发展扰乱了一个有着千年传统的城市文化肌体与文化记忆。站在维护城市历史记忆的立场，我们要求尽可能保护历史记忆的物质载体——不仅包括孤立的建筑物，而且包括建筑物的整体环境，但在商业话语一头独大的消费主义时代，这显然是一厢情愿。实际情况是，面对新的商业力量强势的、无孔不入的侵蚀，历史结构的所有元素都被迫自我调整，以适应现实符号秩序的具体要求。

如果说胡恒的文章所分析的商业扩张逻辑对于文化保护诉求的胜利带有明显的悲剧性和急剧的对抗性,那么耿波和李东瑶的论文《当代北京的城市"游逛者"与艺术产业发展三十年》描述的文化、商业、权力在当代北京的意外"和解",则更带戏剧成分和诙谐色彩(当然其中仍然充满"含泪的笑")。该文作者接过了本雅明的"游逛者"概念,以描述中国式闲逛者——体制外艺术家群体在中国特色的城市改造过程中的悲欢离合,及其与中国特色城市规制话语之间的复杂纠结关系。在这个艺术—国家权力—世界市场的角力和互动故事中,特别有意味的是这种互动如何歪打正着地(而不是出于有意识的事先规划)导致了中国特色的文化产业园区建构模式的出现。文章梳理了北京"游逛者"人群的演变:其先驱是20世纪80年代开始出现的"盲流"艺术家群体,1990年代初期,他们从城市中心向圆明园边缘地带的"第一次出走",塑造了坚守与趋利共存的"圆明园艺术村",奠定了北京艺术产业的起点。1994年,在城市空间规制话语的驱迫下,艺术家群体从圆明园向北京郊区("城外")"二次出走",这次本来带有逃离性质的行为在复杂的国际国内因素的合力作用下戏剧性地导致了中国式"艺术产业园区"的出现。无论对于艺术家而言,还是对于北京市政府而言,这都是一次充满戏剧性和偶然性,也不乏戏谑色彩的"未曾预料"的相遇。

上海怀旧现象是近年来城市文化研究的热点,其中占支配地位的范式倾向于把怀旧看成全球资本主义对上海这个"地方"的一种操控式书写。但香港大学助理教授潘律《重读上海的怀旧政治:记忆、现代性与都市空间》一文希望超越这个"本土—全球"框架,从国家和地方的紧张中探究作为文化现象的城市记忆——怀旧。文章通过对当代上海空间实践和视觉表现的历史形塑方式的追溯,认为它对特定空间的怀旧,乃是对长期以来受国家话语压抑的多样城市叙事的一种重新发现,从中折射出城市现代性的不同实践方式之间较量的留痕(参见主持人语)。文章的可贵之处在于力图还原上海经验的复杂性,认为今天的上海是一个不同价值、时态和历史痕迹并存的空间。由于国家权力对上海曾经的单方面操控和改写,今日的上海怀旧并不仅仅是一种单纯的回顾,而且也是一种抗争,是寻找在中国现代性的国族叙事中被省略的批判声音的一种努力和途径,也就是说,"上海怀旧不仅仅是全球化引发的,而更是体现了本土与国家之间的内在张力"。

主编的话说得太长总是让人生厌,该闭嘴时就要闭嘴。所以,尽管本辑《文化研究》的其他文章也非常精彩,在此就不一一介绍了。

感谢一直以来支持和关心《文化研究》的朋友们,没有你们,《文化研究》肯定坚持不到今天。

2013 年 7 月 13 日

专题一

记忆与文化

主持人语

赵静蓉

记忆研究是自 20 世纪 80 年代以来最具特色、最富深意的学术及文化现象之一。伴随着世界政治经济格局的整体性改变和人们对社会变革的深度反思，政治学、社会学、历史学、文学、哲学、生物学、心理学等多个学科从不同视角进入人类记忆的世界，探究个体记忆与集体记忆、心理机制与文化建构、文学书写与历史反思等之间的复杂关系，为我们深入了解传统、时代精神及现代人的思想变迁提供了崭新的启示和开阔的视野。

本辑文章的主题是"记忆与文化"，重点探讨在文学、历史学、社会学及艺术学（尤其是影视）等不同学科视野下记忆的生产和表达方式。其中，历史记忆与文化叙事的关系是核心中的核心。

因叙事而导致的记忆危机，是赵静蓉《记忆危机的伦理学阐释和社会学分析》一文所要梳理的关键问题。记忆的危机本质上源于语言论转向及分析历史哲学的兴起，虚假的记忆对峙真实的历史、虚伪的记忆挑战人类的信任底限、渐趋脆弱的记忆力叫板日益强大的记忆设备或"记忆之物"等问题已到了我们不得不去应对的时候了。

冯筱才的《"科学家的悲剧"：周行功故事的生产、传播与记忆》描述了一个故事从谣言到新闻再到文学，最终进入历史的过程，这个过程最具反讽意味地揭示了中国人的某些历史知识，或所谓国民历史记忆的生产过程，也令记忆的叙事性无比凸显，乃至历史真实和虚构的关系变得更加暧昧不清。正因为构成国民历史记忆的"知识"往往脱离基本史实，因此 20 世纪中国人的文化价值也可能因此发生潜在的扭曲变化，作者据此探讨了 20 世纪文学与历史、政治之间纠缠不清的复杂谱系。

与记忆危机研究相关的，还有忏悔、谅解、创伤、记忆遗产等多面相的问题。凌海衡的《战争创伤及其艺术再现问题》以美国当代小说家提姆·奥布莱恩的《他们背负着的东西》为切入口，深入探讨了"越战"小说的再现手段与伦理意义之间的关系。作者认为，奥布莱恩在小说中运用了各种后现代的叙事手段，但奥布莱恩的写作并不是要帮助读者（以及他自己）在某种创伤叙事中寻找事情的真相，而是借助于对创伤体验的书写，聆听叙述者的痛苦，从而体会后者竭力摆脱创伤阴影的艰辛。在此，写作不是我们辨析真实与虚构的工具，而是承担起了康复与治疗的重任。

"个体或民族的创伤记忆如何被书写"，或曰"艺术如何表征历史记忆"，这一问题既是对记忆与文化之间关系的视觉表征，也是对记忆影像的话语分析。本辑贺桂梅、盖琪和陈雨的文章皆围绕此主题展开。贺桂梅的《记忆的消费与政治》一文从电影叙事媒介、影片叙述结构与性别秩序、城市空间书写、国族身份的政治修辞、国族叙事的历史符码五个层面，分析了《南京！南京！》与《金陵十三钗》这两部影片的意识形态内涵，将关于民族创伤记忆的书写与当下中国的文化认同及国际性的文化市场运作紧密连接起来，得出"文化消费与政治想象、国族叙事与性别秩序、民族主义与跨国认同及西方中心主义等，共同构造了话语场"的结论。

盖琪的《民族创伤记忆的影像重建与价值反观》一文以近年来抗日战争题材的影视创作为例，剖析了对民族创伤记忆进行影像重建过程背后所蕴含着的政治无意识，即民族主义价值观。作者认为，近年来，中国内地有关抗日战争的影视创作在数量上达到畸高的程度，在价值层面上也越发陷入激进民族主义的窠臼，整体上逐渐呈现一种仇恨传播下的"影像复仇狂欢"态势。作者由此呼吁全社会认真关注和反思全球化语境下的战争叙事问题。

陈雨的《性别叙事与历史记忆的建构》则通过考察高满堂年代剧作品中的性别表述策略，阐释霸权性的历史记忆与模式化的性别场景之间的同构关系，并试图从一个批判和反思的立场去破解影视文本中语言秩序的运作机制及其带来的政治暴力与压迫。

记忆是借助符号来再现和表述的，记忆不得不是关于记忆的陈述。但在这种陈述和符号化的再现行为中，记忆是否可靠？记忆究竟缺失了什么？

我们该如何面对和挽救因为记忆的再现而导致的记忆危机？也许我们应当重新找回对记忆的信任，确信"人们还有要铭记过去、清算责任和避免破坏再次发生等的重建需要。在此之上，还有……表达真相的需要"，不论这个寻找的过程有多么危险和痛苦，甚至充满了欺骗和谎言。记忆必将是现代人的宿命。

记忆危机的伦理学阐释和社会学分析

赵静蓉[*]

摘要：在近三十年来的记忆研究热潮中，最具颠覆性以及最吊诡的问题就是记忆的危机问题。记忆和危机这两个概念的组合本身就是极其暧昧含混的，因为记忆暗示已经发生过的事情，意味着对事实的回想和发现；而危机则指动摇、漏洞，与不可靠性有密切关系。记忆的危机本质上源于语言论转向及分析历史哲学的兴起，它主要包括三个层面的含义：第一，记忆客体的边界问题，即记忆对象的真假。第二，记忆主体的权限问题，即谁有权记忆，又是谁赋予主体以记忆的权利。第三，记忆的稳定性问题，即记忆与遗忘的关系问题。这些问题都与记忆的伦理有重大关系。对记忆危机进行伦理学阐释和社会学分析，就是要厘清记忆危机发生的社会动因及其所体现的各种复杂的政治文化关系，为深入理解现代人的精神危机提供启示。

关键词：记忆危机　真实　遗忘

Abstract: The crisis of memory is the most subversive and paradoxical issue among all issues of memory studies in three decades. The combination of memory and crisis itself is totally ambiguous since memory implies things past and recollection, while crisis refers to indecision and flaws. In essence, the crisis of memory stems from the linguistic turn and the rise of analytic

---

[*] 赵静蓉，暨南大学中文系教授。本文为国家社科基金项目"后现代理论语境中的文化记忆与身份认同"（09CZW009）、暨南大学科研培育与创新基金项目"当代文学理论研究的范式危机与转型"（12JNYH007）的阶段性成果。

historical philosophy, which mainly includes three questions. The base of the memory crisis is the boundary of the object of memory. The core is authority of the subject of memory. The third is stability of memory, in other words, the relationship between remembering and forgetting. All of the above is much related to ethics of memory. This paper aims at exploring the social causes of memory crisis, discussing the complicated political and cultural relations among different factors, and trying to inspire us to understand the spiritual crisis of modern people.

Keywords: the crisis of memory authenticity forgetfulness

在近三十年来的记忆研究热潮中，最具颠覆性以及最吊诡的问题就是记忆的危机问题。撇开其他深意不谈，单从字面上来看，记忆和危机这两个概念的组合本身就极其含混暧昧。因为记忆暗示已经发生过的事情，意味着对事实的回想和发现；而危机则指动摇、漏洞，与不可靠性有密切关系。所以从某种意义上讲，记忆危机这个概念必然包含着一定的矛盾性。是被记忆的出了错，还是记忆主体无法记忆？又或者是记忆受到限制或记忆被扭曲？记忆所指向的真实性、稳定性和安全感是如何在危机中被消解的？为什么以及如何产生了这些危机？这一系列问题映对着种种社会现实，比如，历史剧的兴盛及其引发的种种争议，红色经典及文化遗产在现实中国的接受与质疑，对艺术化表现大屠杀、"文革"等创伤体验的分寸尺度的讨论，对文化旅游产业的定位分歧，等等。显而易见，这些问题说明在对当下现实的认识和评价中存在诸多的不一致，这些不一致折射出各种各样复杂的政治文化关系，体现了现代人的精神焦虑和危机。

一

从记忆主客体的特征及其关系来看，记忆危机主要包括三个层面的含义：第一，记忆客体的边界问题，即记忆对象的真假。第二，记忆主体的权限问题，即谁有权记忆，又是谁赋予主体以记忆的权利。第三，记忆的稳定性问题，即记忆与遗忘的关系问题。前两个问题很容易理解，因为即使我们所经历的过去是一个"东拼西凑的大杂烩"（詹姆逊语），我们也无法借助记忆原封不动地复制或复活这个大杂烩，其中部分会被我们遗忘，部分会被我们掩埋,部分会被我们扭曲变形……只有极少的部分会被我们关注、提取和征用。记忆对待原始素材的不同态度和方式不能不受到生活现实的束缚和制约,而现实本身就意味着一定的立场、一种裁决,以及对潜意识领域的驯化。正如丹尼尔·夏克特所说:"记忆是我们的大脑企图理解经验并将往事经验组织成连贯叙事故事的核心职责之一。所有这些故事都是有关我们自身的,并因而构成我们如何理解自我的强大决定因素。我们的记忆力既是脆弱的,又是强大的,它是我们回顾往事、理解现在并憧憬未来的综合产物。"① 英国心理学家巴特列特也认为,"记忆是对往事的想象性质的重构,回忆活动……不仅决定于特定往事的内容,而且同样也决定于回忆者的'态度'——即他关于应该会发生什么以及什么才有可能发生的预期和一般知识"②。也就是说,记忆客体的边界与记忆主体的权限是互为因果的,从记忆客体的角度来说,记忆就是一系列被选择、被征用、被赋予意义的符号;从记忆主体的角度而言,记忆的二次诞生本质上就是一个语言符号的建构和叙事过程——记忆必须以被记忆的方式展现出来,这两者之间天然地存在一种互文共证的关系。

正因为记忆是借助符号得以再现和表述的,记忆是关于记忆的陈述,因此记忆就绝不可能是静止不变的、固定的,它必然要在过去和现实之间逡巡往返,"人越走向过去,记忆与想象在心理上的混合就越显得不可分解。……为此,必须摆脱那种概念特权强加于人的历史性记忆。那在日期的尺度上流动的记忆,没有在回忆的景物中足够停留的记忆,并不是充满活力的记忆。记忆与想象的结合使我们在摆脱了偶然事故的诗的存在主义中,体验到非事件性的情景。更确切地说:我们体验到一种诗的本质主义。在我们同时想象并回忆的梦想中,我们的过去又获得了实体"③。回忆就像在讲一个故事,或者像是开始一段阅读,记忆文本取代记忆阻隔在我们与真实的过去之间,使我们进入一个似真似幻的、边界开放的记忆空间。充斥这个空间的是无处不在的对"真实的过去"的反观和映射,它们与真实的过去共同组成了记忆共建的根本机制。

---

① 〔美〕丹尼尔·夏克特:《找寻逝去的自我:大脑、心灵和往事的记忆》,高申春译,吉林人民出版社,1998,第356页。
② 转引自丹尼尔·夏克特《找寻逝去的自我:大脑、心灵和往事的记忆》,第96~97页。
③ 〔法〕加斯东·巴什拉:《梦想的诗学》,刘自强译,三联书店,1996,第150~151页。

记忆在真实和想象之间穿梭逡巡，充满了魅力，但也正是因此，记忆变得不确切，并令人怀疑。假如"真实"变成了"关于真实的话语"，对过去的记忆可以被虚构、被塑造、被想象，那么记忆的真实品质还坚不可摧吗？记忆的真实性或诚实性是否要被记忆的文学性或审美性取代？对记忆的表述是否因为语言和互文而变成一种"不可靠的叙述"呢？这些问题所反映出来的实质，大概可以说是最基本也最重要的记忆危机了。

当下社会这样的危机现象无处不在，单举影视创作即可说明。比如，以南京大屠杀为题材的电影很多：像1995年中国导演牟敦芾的《黑太阳南京大屠杀》，1995年中国导演吴子牛的《南京1937》，2002年美国导演陆达路的纪录片《南京大屠杀》，2005年美国导演朗恩·约瑟夫的纪录片《南京梦魇》，2006年中国导演高群书的《东京审判》，2007年美国导演比尔·古登泰格的纪录片《南京》，2007年中国导演陆川的《南京！南京！》，2008年加拿大导演安妮·皮克与比尔·斯潘克的纪录片《张纯如——南京大屠杀》，2009年德国导演佛罗瑞·加仑伯格的《拉贝日记》，2011年中国导演张艺谋的《金陵十三钗》等。这些影片有的侧重对原始史料的搜集再现，有的借助虚构的剧情来表现人性，有的试图复原当时的历史场景，有的则从旁观者的角度分析战争的复杂性。切入历史的角度不同，影片的基调和风格也极其迥异。有的不吝展示血腥残暴的场面，有的聚焦在战争中的温情，有的强调受害者的痛苦和毁灭，有的重在披露战争凶手的病态心理。总之，虽然真实的历史——发生在1937年的南京大屠杀——已经消逝了，但这并不影响后世的导演借助历史文献和他们的知识与经验从各个角度"重返"那段历史。虽然无论在理论意义上还是在现实层面上，这段历史都无法返回，或者说，它不能被任何文学、影视或其他艺术作品原封不动地复原，但借助符号化的行为来重构对这段历史的记忆，从而最大限度地以言说记忆的方式贴近真实的历史，这却是一个极具现实操作性的行为。

二

我们应当如何根据我们所观赏的电影、电视来"记忆"那一段历史？历史能够被符号化的边界究竟在哪里？我们又应当如何界定历史的记忆？在此，记忆危机不仅指横亘于历史真实与庞杂的符号再现之间的、不可跨越的鸿沟，也指利用符号来再现历史真实的建构者，如作者、导演等表述记忆的主体,指他们的主体性本身及其背后所隐藏着的各种社会关系所造成的无可规避的记忆的倾向性。毋庸置疑,记忆是一种主观性的意识活动,是一种有倾向性的知识;而能够决定或左右这一倾向的,则是与个体、代际、政治、文化等息息相关的,我们可笼统称之为"身份"的东西。

在与记忆研究相关联的范畴中,身份不单具有心理学的意义,是主体性的建构,是自我的同一性;更重要的,它还指伦理学及社会学意义上的身份政治。简而言之,即身份的塑造是权力较量和利益相互制衡的结果,是社会资源的再分配与社会关系重构的产物。它可以是"已经成为的一切",也可以是"正在成为的什么",甚至还包括"将要成为什么",它是一个不断生成的动态化的过程。与身份的运动性相似,记忆同样是一个关于过去的、永不静止和停息的、不断变更的过程。不仅不同身份对同一段历史的记忆不同,即使是同一个身份,对同一段历史的记忆也会因时、因地、因环境而变。从某种程度上来说,记忆同时也是"被记忆",谁来记忆,或者说谁被允许记忆,记忆什么或以怎样的方式记忆,甚至包括记忆主体应当选择怎样的途径来表达记忆,记忆的态度、方式和内容都与记忆主体的身份限定息息相关。

我们仍可举上述同类题材的电影为例来说明这一点。对于同样以表现南京大屠杀为宗旨的电影或纪录片来说,主体身份的鲜明差异主要体现为两点:第一,外国导演和中国导演之间的差异。第二,中国导演之间及其与中国普通民众之间的差异。对外国导演而言,南京大屠杀完全是一场"身外之事",他们不仅在现实层面上是彻底的旁观者,也可以在精神层面上做陌生的"异乡人",因为他们对中国的历史、文化、现实、政治都不太了解。所以说,他们拍摄南京大屠杀题材的电影,本质上可谓基于一种普泛的人性或世界性的人道主义,是一种深切的同情。在理论意义上,他们对这段历史记忆的表述完全可以不受任何限制,可以充分地"个体化"或"私人化",这种状态类似于小说写作中的第三人称视角,是一种可以客观化地主观讲述、理想化的全知全能的视角。无论对于战争中的侵略者还是受害者,对于当时历史的亲历者还是他们的后代,这些外国导演都可以进行全方位的拍摄,揭露战争中残酷的杀戮,反映受害者的痛苦挣扎,挖掘战争情境下人性的畸变与复杂,等等。正因为这样,外国导演拍摄的此类题材的电影就多为纪录片,强调史料本身的力量,让那些原本沉默的照片、数据、书信、日记等说话，而让本应控诉的人物沉默。以《张纯如——南京大屠杀》为代表的一系列纪录片都是这样。相比之下，中国导演无论如何也无法做到如此"客观"或"不偏不倚"。因为任何一个时代的中国导演，他即便不是历史的亲历者或见证人，他也无法逃避对这份历史遗产的承担，面对、记忆和反思这些历史，是中国导演乃至中国人永远的沉重职责。对于陆川或张艺谋等人而言，对南京大屠杀的记忆已经成为一种集体无意识，不能推卸也无法摆脱。所以，他们的拍摄必然是一种"有限制的叙述"，这一限制既包括他们个人作为历史当事人的有限性，也包括中国民众已然形成的集体情感和集体期待。

陆川或张艺谋的电影记忆只能是中国民众对于南京大屠杀的集体记忆的个人表达，而陆川个人或张艺谋个人，在此只是一个集体情感的出口。他们的电影基调不能超脱于中国民众的痛苦，他们对历史细节的虚构和想象也不被允许越出中国民众集体记忆所框定的范围。也就是说，在陆川和张艺谋拍摄南京大屠杀的电影之前，中国民众的集体记忆与集体身份已经对他们的叙述方式、记忆立场，甚至记忆范围有了预期和设定，而这种无形的预期和设定已经先天地影响或决定了待拍电影的成败。和个人化的外国导演不同，中国导演拍摄此类题材的电影，其拍摄意图和行为绝不可能是真正意义上的个体化行为，也绝无可能完全实现导演个体的拍摄意图。因此，不论张艺谋的情色是否有价值，它首先就通不过中国民众的记忆和情感；而陆川稍显矫情的故事也因背离了作者在社会框架中的身份界定而讨不到观众的欢心。

除了与外国导演之间的显著不同，不同的中国导演书写记忆的方式也极其不同。就像陆川和张艺谋，如果要分析他们二人的差异，我们就不能仅仅局限在比较他们的生活经历、教育背景、知识框架、艺术观念等，我们还必须把两个个体推回到孕育他们的两个时代的社会中，去分析20世纪50年代和20世纪70年代的深刻距离。在其中，体现出来的依然是历史、政治、经济以及时代精神的巨大差别。表述记忆的差异缘于理解记忆的差异，而后者，恰恰鲜明地体现出记忆主体的权限及其与主体身份的关系。这一点，在集体记忆或社会记忆的层面上表现得尤其明显。因为后者要通过社会交往、文化习俗、礼仪风尚、传统习惯、家庭、宗教、信仰等来体现，而即便是个体记忆，也如法国心理学家哈布瓦赫所说，个体只能在社会中才能获得记忆，才能进行回忆、识别和对记忆加以定位。"存在着一个所谓的集体记忆和记忆的社会框架；从而，我们的个体思想将自身置于这些框架内，并汇入到能够进行回忆的记忆中去。"① 在每一种特定的集体记忆的形式中，除了整个社会共同的规则之外，肯定还存在着一些思考的习俗和模式独属于这个特定的形式，并以更为强制的方式灌输给群体每个成员的观念和情感，从而实现集体记忆的协和性和一个群体传统的巩固与流传。通常状况下，集体记忆被社会的主流意识形态所规定，并与其保持高度的一致，控制集体记忆也因此被转化为权力斗争的重要武器。

三

记忆的危机本质上源于语言论转向及分析历史哲学的兴起，后者不再侧重于历史事实本身，而逐渐强调对语言符号的运用及对历史事实的解释。相应的，记忆研究的重心也从"记忆什么"及"谁来记忆"转向"我们如何记忆"及"人类为什么记忆"。谈到"如何记忆"与"为什么记忆"，我们就不能不谈遗忘的问题。心理学上认为，"抑制与执行控制机制相关"，"抑制导致遗忘。……抑制水平随抑制产生项目与线索间关联强度而异……关联度越高……越受到抑制，因此在最终测验中的回忆水平也就越低"，但"抑制是短暂的。……被遗忘的记忆可以在一段时间后（24小时）或者在出现相关任务后被再次提取"。② 也就是说，遗忘不是记忆的对立面，不是记忆的完全抹除，毋宁说，遗忘是记忆的另一种形式，是被有意识或无意识地压抑住的记忆。

在当下的历史研究和社会学研究中，遗忘越来越成为一个重要的主题，这恰恰是人们害怕失去记忆、意图拯救记忆缺失的努力在各个社会层面的反映，也可以说是记忆危机的另一种表现形式。比如越来越多的纪念日、方兴未艾的图像志、日益火爆的博物馆热，等等。因为，随着电子技术的日益发展，我们的记忆越来越依赖外部的"符号贮存系统"，而人类本身的记忆机制和记忆能力却渐趋退化，正如丹尼尔·夏克特所说："随着记忆外部保存设备的不断进步，具有重大社会意义的知识和时间的代际传递，对

---

① 〔法〕莫里斯·哈布瓦赫：《论集体记忆》，毕然、郭金华译，上海人民出版社，2002，第69页。
② 杨治良等编著《记忆心理学》（第三版），华东师范大学出版社，2012，第111页。

老年人的自传性回忆的依赖性越来越小。这可能是导致所谓'记忆危机'的原因之一。记忆危机产生于19世纪,并因近年来电子传媒的巨大进展而加剧,它指的是那种与过去的及传统的记忆形式的分离感。现在,最重要的社会记忆都是由传媒的电子档案加以贮存的,而不是由个别的记忆者和叙事者的头脑加以贮存的。随着电子编码信息的大量涌现,老年人的叙事职能已大为削弱。"① 遗忘是因为太容易记住,丹尼尔·夏克特意义上的"记忆危机"实际上是在探讨现代生活中记忆之主客分离的问题。简单地说就是,我们把记忆的工作交由外在于人的设备去完成,对帮助记忆的物质、事件和场所越是信任,我们自身的记忆力就越是脆弱;而越依赖那些外在的事物来完成记忆,我们的情感和经验就越容易被其利用、扭曲和控制,从而引发更深层面的"记忆危机"。这首先不是"记不住"而是"不去记"的问题,而这一问题必然又会导致借助记忆和遗忘来争夺社会力量、谋取统治权力的问题。

这一点,在战争纪念碑的修建上表现得尤其突出。比如美国,越南战争被视为美国历史上的"一个悲剧",朝鲜战争也被认为是"一场错误的战争",这两场战争带来了无以计数的伤亡和灾难,美国政府还特意为此在华盛顿的中心广场上修筑了朝鲜战争纪念碑和越南战争纪念碑以志纪念。两座纪念碑象征了美国历史上黑暗的一页。一方面,它警示并激发活着的人重新思考自由的代价;但另一方面,它也重塑了美国对战争角色的想象和界定,无法避免地掩盖了庞杂的历史细节,模糊了后人对战争性质的思考。它们是两座成功建构了美国人的战争记忆的建筑,但它们同时也开启了美国人的遗忘之旅;它以看得见摸得着的造型承载了与战争相关的种种空洞的概念,但也正因为它的具象化而束缚了人们对战争记忆的重述。它是一个无法规避的记忆与遗忘的双面体。英国学者罗伯特·贝文在《记忆的毁灭:战争中的建筑》一书中对这其中的悖论性有过十分精辟的论述:

> 不论是由破坏者还是被伤害者来进行重建,建筑都有可能被用来掩盖过去,消除曾经目睹历史真相的空白、空洞和废墟。而且不论哪一方来重建,都反映了建筑被破坏后这一方在当时形势下的权力关系中的地位。记忆与忘却永远交织在一起。二者之间的紧张关系也不会

---

① 〔美〕丹尼尔·夏克特:《找寻逝去的自我:大脑、心灵和往事的记忆》,第353页。

使这种联系疏远起来。忘记过去是常态，我们许多人的生活都注定要被忘记。在试图构建一种有意义的、有内在联系的记述或身份认同时，不论是个人还是集体被记住的部分都只是局部的和不一定准确的。在发生了通过消灭物质文化而进行的强迫忘却的情况下，重建过程中的陷阱就尤其具有欺骗性。但是，放弃重建将是一种令人绝望的结论。人们还有要铭记过去、清算责任和避免破坏再次发生等的重建需要。在此之上，还有要在花丛间的建筑中表达真相的需要。但是，是谁的真相被表现了呢？是不是虚假的记忆被以建筑的形式树立起来了呢？①

遗忘不仅体现了记忆的不稳定性，还有可能质疑记忆的真实与否。对于个体，尤其是对于群体（社团、民族、国家等）而言，记住什么，忘记什么，往往与其对主体身份的塑造有关，是为了印证现实的合法性而对过去所提出的要求。所以，有历史学家宣称，"记忆与遗忘的抗争也牵涉到权力"②；"记忆和忘记是各阶级、群体记忆个体们的焦点问题之一，这个问题曾经支配过并且正在支配着社会的历史。各种忘记以及消失的历史都体现出了集体记忆中存在着操纵机制"③。我们常说：忘记过去就意味着背叛，然而，历史总是向前进的，人类究竟要忘记多少才能既不影响现实的合法性又不阻碍历史的向前发展呢？人类学家玛丽·道格拉斯说，"任何机制想要维持良好状况，就必须控制其成员的记忆"，要使其成员"忘记不合乎其正义形象的经验，使他们想起能够维系住自我欣赏观念的事件"④。可见，遗忘和记忆一样，都能够被转化成政治斗争的武器。有选择的遗忘，就和有目的的记忆一样，都是一种解放性的力量，也是社会发展的巨大诱因。

事实上，不论是记忆客体的边界、记忆主体的权限，还是记忆与遗忘之间的关系，作为一个整体，它们都反映出记忆研究的复杂性。现在的记

---

① 〔英〕罗伯特·贝文：《记忆的毁灭：战争中的建筑》，魏欣译，三联书店，2010，第220页。
② 〔美〕乔伊斯·阿普尔比、林恩·亨特、玛格丽特·雅各布：《历史的真相》，刘北成、薛绚译，上海人民出版社，2011，第233页。
③ 〔法〕雅克·勒高夫：《历史与记忆》，方仁杰、倪复生译，中国人民大学出版社，2010，第60页。
④ 转引自乔伊斯·阿普尔比、林恩·亨特、玛格丽特·雅各布《历史的真相》，第93页。

忆研究面临前所未有的危机：一为虚假的记忆对峙真实的历史，二为虚伪的记忆挑战人类的信任底线，三为渐趋脆弱的记忆力叫板日益强大的记忆设备或"记忆之物"，这些危机已到了我们不得不去应对的时候了。与记忆危机的研究相关的，还有忏悔、谅解、创伤、记忆遗产等多方面的问题，这真正需要伦理学、社会学、历史学、哲学、心理学等多学科的共同介入与努力。本文立足于记忆要素的内部分析，略涉及记忆危机的伦理学及社会表征，期待能够抛砖引玉，共同推动和深化对这一重大主题的探究。

"科学家的悲剧"：周行功故事的生产、传播与记忆

冯筱才[*]

摘要：周行功的故事，是20世纪40年代国共相争氛围下的一个重要宣传案例。自从这个故事报道问世后，以其为典型案例的"国民党统治下科学家的悲剧"便不断被各种文化载体再生产并广泛传播，一直绵延至今。虽然这一故事的内容与原型史实之间落差巨大，但并不影响"新闻通讯"与"文学产品"互相复制，进而为塑造国民的"历史记忆"服务。这个故事从谣言到新闻再到文学，最终进入历史，这种信息的扭曲、放大、复述过程，也是中国人的历史知识或国民历史记忆的生产过程。也正因为构成国民历史记忆的"知识"往往脱离基本史实，20世纪中国人的文化价值也可能因此发生潜在的扭曲变化。这个案例也可以让我们对20世纪文学与历史、政治之间纠缠不清的复杂谱系有所了解。

关键词：周行功　记忆　故事　传播

Abstract: As a typical case which reflected the tragedy of scientists under the rule of KMT, Zhou Xinggong's story is of particular importance for propaganda purposes in 1940s. Although the story is very different from Zhou's real experiences, it has been reproduced, recreated, repropogated and finally penetrated in social reality and serves the goal of shaping people's "historical memory". From being a rumor, to being news to being a literary

---

[*] 冯筱才，华东师范大学历史系教授。

text and finally to being a kind of history, the process which distorted, magnified and retold the original information is also one of the production of historical knowledge and memory among Chinese people. It is because the "knowledges" constructing our historical memory are always detached from the real history that our cultural values probably have been distorted and changed. This paper aims to explore deeply the complicated relations among history, literature in the 20th century and politics.

Keywords：Zhou Xinggong memory story propagate

一　前言

1948年1月15日，在上海出版的《人物杂志》刊登了一篇人物通讯，标题是《一个为罪恶的社会所杀害的航空工程专家周行功》，文章一开始便称：

> 这便是中国。这是一片可怕的沙漠！科学家在这里得不到寄托的沃土，艺术家在这里沾不着滋润的雨露！有的是口号和标语、手令和训词、世故和人事，不少的学人和专家，便在这风沙的大漠上，现实生活的八阵图中、人为的诈毒的罗网里摸索、挣扎、哀鸣，而至于倒下。①

随即，文章便向读者讲述了一个极其令人"悲愤"的故事：一个清华学校出身的留美工程师周行功，为了报国，放弃优渥的生活甚至妻儿，返回祖国，但无法实现理想，又因战事失去了大学教职，甚至任教的中学也把他解聘了，周行功流落于荒寺又染上鸦片毒瘾，最终在严冬的深夜倒毙于成都街头。

这个科学家的悲剧故事，在当时国共内战的炮火中可能没有引起太多人的关注。但是，1949年之后却一再被人提起，成为国民党政府迫害知识分子的典型案例。不仅科技史书会讲到此事，周的故事甚至也进入杂文、诗歌等文学领域，甚至被编入中学作文教科书。其故事也正式进入历史，

---

① 陈仓：《一个为罪恶的社会所杀害的航空工程专家周行功》，《人物杂志》沪版第3卷，第1期，1948年1月15日，第6页。

如《中国科技史》《中国航空史》都曾引用这个事例,说明国民党政府对待科学家的态度。其叙述基本与上述报道一样。"周行功"由此也成为一个历史人物而被人们植入记忆。

目前学术界关于历史与记忆之间关系的研究,多聚焦于历史创伤及民族认同塑造等问题。① 如有关斯大林主义与纳粹主义的历史记忆的研究,便多定位于欧洲民族认同与国族重建等议题上。② 政权交替之后,新政权往往倾向于主导旧政权历史的建构,以塑造自身的正当性与合法性,并试图规训国民"历史记忆"甚至支配相关"文化"生产过程,但学术界对这方面的研究却不多见。如笔者就很难查到1949年前后中共如何塑造国民党政权历史的研究文献。

由于国民政府时代离现在并不遥远,甚至许多老人都有亲身经历,因此,历史建构要成功地发展出一套叙述,有效地引起公众共鸣,并进而形成新社会或新文化认同的基础,极为不易。然而,上述周行功的故事被报道出来后,并未受到任何质疑,后来更成为一种"历史事实"在各种记忆文本间不断复制,并构成有关国民党统治时期中国历史的一个重要细节。

本文试图通过分析周行功故事的生产、传播与记忆,来探讨20世纪中国的历史是如何建构起来的,这种建构与大众历史记忆以及文化形塑间的关系。为了帮助读者了解这一故事,笔者从对新闻报道文本的探讨入手,继而对人物原型进行历史考证,然后就新闻文本生产之幕后背景及政治进行研究,最后再分析其在1949年后不断出现于各种文学文本的原因,及其与大众历史记忆之间的关系。

二 "新闻"之起源:周行功最初报道及其分析

《一个为罪恶的社会所杀害的航空工程专家周行功》一文在《人物杂志》上发表时,其署名作者是陈仓。从文章行文我们可以看出,陈对周行

---

① Paul A. Cohen, *Speaking to History: The Story of King GouJian in Twentieth-century China*. Berkeley: University of California Press, 2009.
② Henry Rouso (ed.), *Stalinism and Nazism: History and Memory Compared*. Lincoln and London: University of Nebraska Press, 1999.

功的背景并不十分了解，故事内容泰半系耳闻而来。① 然而，此篇报道之风格又是属于人物写实性质的，言谈举止描写得异常生动，整篇文字读来，主人公音容宛然，形象跃然纸上，文学性远甚于新闻性。

从文风上来讲，这篇人物通讯颇具感染力，如在表述上经常会加入作者的评论，或者以感叹句来引起读者的共鸣。在叙述周获得学位时，文章称"大家可以想象得到的，二十多岁的周先生当时的心境是多么快乐呵"。作者对周行功的心理动态也颇用心去描述，虽然文章并没有交代这些主观的感受是依据什么体察出来的。如"他沉恋着彼邦的科学环境，他挚爱着他的师友和学校，他留下了。……那时的周行功，沉浸在天真的兴奋中；他强烈地做着回国献身的打算，憧憬着祖国光辉的远景"，此类主观的想象，充满于文章，作者使用多种修辞手法，甚至富有煽情色彩，如以排比句表达周行功的爱国之情。"他坚定的意志却丝毫不受撼动，柔情牵不住他的归思，眼泪浇不熄他报国的烈火。"

为了与周行功后来的穷苦潦倒形成鲜明对比，文章使用了大量的形容词，呈现一个在出国前拥有优质工作与幸福家庭的周行功。然而，费尽艰辛回到祖国的周行功却没有得到施展才华的机会，被安排进了航空委员会当一名顾问。作者把周行功刻画成一个"实际工作者"——坚持真理，疾恶如仇，最终被航空委员会免职。对于这样的挫折，作者认为是周长期在异国生活，并且长期进行科学工作，导致他性格"出奇孤僻"，无法与世俗化的中国官方机构兼容。

此类描述与解释逻辑贯穿着整篇文章，然而细加分析，我们可以发现种种不合逻辑之处。作者一方面指周行功与现实"格格不入"，是一个内敛的不善于交际的人物，这种人多半会选择退避现实，返回家庭的安全港湾，或更安全的环境之中。然而，作者为了强调其悲剧的产生，却不是这么来设计情节的。他为了保持其"尊严"，不愿意向美国女人（帝国主义与家庭权利的双重符号）表示其无用，甚至为此在遭遇困境时不愿意返回美国。

---

① 如对其籍贯信息，陈仓只称"周先生是山东西南部人，哪一县已经记不清了，家境相当富裕"。对其去美国的时间，也只是称"约在民国六七年间（1917年至1918年）"。但是奇怪的是，在一些与全文中心相关的细节上，作者的陈述则毫无移易之意，如称周获得博士学位，又娶了美国女人做太太，生了三个孩子。为了表述个人经历反差的需要，文章一开始就称周行功"天资聪明"，在美国麻省理工学院也是以"优良的成绩毕了业，而且入了研究院"。以上文字皆引自陈仓《一个为罪恶的社会所杀害的航空工程专家周行功》。

这不但有悖常理，也让人怀疑其作为有三个孩子的父亲角色的真实性。难道为了不能在妻子面前证明他和他的祖国如此无用，他居然会放弃自己最起码的家庭责任吗？另外一个令人怀疑之处是，讲周此时想回山东老家的愿望也因战火连天而无法实现。

在被航空委员会免职之后，周行功接到武汉大学的聘书，而且是航空工程系的特约讲座。这种显赫的位置，却是在他被航空委员会开除后一筹莫展时接到的，情节相当不合常理。按当时留学生回国任职惯例，通常都是由国内高校发出聘书，许诺待遇，很少有人一回国就专门担任某政府机构顾问一类闲差，此种职务也多半是一个兼职，不能算作主业。接着更不合情理的描述出现了：为了返乡，周放弃武汉大学特约教授的职务不愿意随校西迁。这与前面说周从航空委员会退职后因交通问题无法返乡发生矛盾，即使是为了返乡，周也完全可以循例请假探亲。作为一个优秀的科学家，难道周行功对交通路线没有起码的判断？紧接着，文章又写到，周在武汉失守之际不愿意西迁，但后来却又莫名其妙地"只好狼狈移居四川"。似乎周除了在工程技术上有所特长外，无论对日常生活还是时事走向都缺乏基本的判断。

即使前面所述都没问题，周前面在武大当过特约讲座，又拥有羡人的麻省理工大学的博士学位以及美国工程师的头衔，那么在当时的情形下，即使入川也极容易找到一个大学的教职。此点大家从钱钟书的《围城》中便可以看出，方鸿渐拿一个"克莱登大学"的假冒文凭都可以被聘为三闾大学的副教授，更不用说当时中国急需的工程专家。但是，按照作者的叙述，周入川后并没有找到大学教职，作者的解释是周志不在此，他是一个"实际的工作者"，因此，自我界定的理想服务场所是工厂而不是学校，似乎大学就是一个空洞的机关。

但按诸战时史实，许多工程类专家一方面在大学任教，同时又在为许多公私工厂或研究所工作，这在当时并不构成问题。另外，作者又称周因在外国待的时间较长（如果从他出国到回国，不过20年左右），因此"写中国字讲中国话已很生硬"，所以无法应付大学教职，这一点更不合常识，汉语是他的母语，他出国前所有的中文训练都已经完成，怎么会出现母语运用障碍呢？至于所谓为工作"钻营"一说，在当时中国政府急需人才，尤其是军工人才的状况下，很难想象需要依靠找关系去觅一个工作职位。

由于失业，周被迫"闲住在家里"，1939年他在恐慌中去了成都县立中学教物理,但其"教学法是失败的",作者也承认中学生没法听懂他的课,但其指出的原因仍是所谓母语表达障碍,又称他常用英文来表达科学名词。其实用英文来表达科学名词在当时中国学校课堂上是极普遍的现象,并不会影响学生接触新的知识。文章又称周的教学法失败的另一个原因是"他喜欢在黑板上画各种复杂的图形"。通常稍懂教学法的人都知道,画图有助于向学生解释课本知识,怎么会阻碍学生理解知识?不过,为了说明周行功本质并不坏,作者又指其"态度是诚恳而热情的",学生对他的处境表示同情甚至"尊敬",这与前面讲学生排斥他的教学又发生矛盾,学生们如何会尊敬一个完全不会教他们知识的老师呢?奇怪的是,作者还称周行功把这个班级的学生教到了毕业,那这不是公然误人子弟吗?不过在文章中,周行功最后还是被这个中学解聘了。

之后,周又得到四川省立高级工业专科学校的聘书,但仅一月又被学校解聘,可见其不能胜任教师职务确为事实。文章也提及周此时出现精神问题,"神志失态","绝望到底"。尽管他已准备"再度赴美","向他的夫人投降",但太平洋战争爆发阻挠了他的行程。在这里,作者似乎忘掉一个基本的史实,1941年12月,尽管太平洋战争爆发,但在一开始,中美之间的交通仍未中断,无论是空中航线,还是经由缅甸、印度再赴美的陆海联运,均是有可能让周到达美国的。文章前后矛盾的是,周行功的妻子后来由于得不到他的消息,顺利从美国来到中国寻夫,这其实也暗示当时中美航路在一定程度上仍是可以打通的。

作者在这篇文章中,将民族主义与家庭关系搅在一起叙述,如讲周行功的美国妻子找到他后,居然不愿意让周上前握手"表示亲热",其原因则是"一种倨傲民族的优越感,在她的潜意识中迸发了"。甚至讲她"竟吝啬于向行将没顶的丈夫抛下一个救生圈",要与周离婚。这与前面讲她历尽战时之艰辛,不远万里来中国寻夫之细节实际又形成冲突。

随后文章称穷困潦倒的周行功染上鸦片毒瘾,失业失志之后,周终于"蓬头垢面,半痴半狂",典尽衣物,一无所有了。周行功在此后也消失于人们的视线,直至1946年的深秋,他的学生在地摊上见到他,听到他讲述抽烟耗去他妻子给他的大部分钱,然后又进了勒戒所与游民习艺所,等等。次日,他的学生再来寻他时,便不见其踪影。后来冬天来临,有人发现成都盐市口有一具冻死的尸体,"看过的朋友都说像周行功"。

以上就是陈仓所讲述的周行功的故事。从故事本身来说,其情节充满矛盾，甚至有许多不合逻辑之处。但这并没有减少其影响力，1949年后这个故事则在更大范围持久地扩散开来。究其原因，当然与这个故事刊登背后的政治潜台词有重要关系。这个故事的中心是谴责国民党政府迫害科学家。因此，其情节之编织，皆围绕此点展开。如先描写周行功的聪慧与成就，以及在美国的幸福生活。而在讲到"政府"与"官员"时，作者全是负面的描写，几乎将周的回国写成是其受骗。为了解决其个人能力与回国后境遇的差异，又特别从"社会恶劣"与"政府腐败"两点着墨，周的不得志，不是由于其自身能力太差，而是社会太恶劣，政治太腐败，从而达到谴责的效果。

故事中周行功的一生带有鲜明的对比色彩：从留美博士、工程师到倒毙街头的乞丐，从有美国妻子、三个孩子的幸福家庭到无家可归者，从功成名就的科学家到失业者，从强烈的爱国主义者到政府遗弃儿。这些鲜明的对比，使这个故事显得极富轰动性，并使其成为声讨国民党压迫科学家的最有力的证据。周行功的故事也与中国传统崇尚读书，尤其是近代崇洋留学的社会心理，完全不相吻合。因此，实际上也暗暗带有反美的色彩。如周行功对其美国妻子说的那番话，"中国是有希望的，比你的美国还有希望，将来和平了，我再来接你们，到美丽而可爱的中国大陆上生活去"，便很有挽救民族自尊的意味，民族主义完全压倒家庭温情。

周行功的故事，在许多细节上都与大众的日常生活经历或常识存在背离之处。可能是写作太过仓促，作者并没有对矛盾之处进行周全的解释，这就为故事的受众接受带来阻碍。但是，陈仓笔下这个离奇故事，究竟又来源于何处呢？如果周行功这个人物不是凭空虚构，那么，其原型又是谁呢？

三 人物历史考证：周行功原型之经历与遭遇

笔者对周行功发生兴趣，也正是由于其身份与境遇的巨大反差：一个清华与麻省理工两所名校的毕业生、航空工程专业博士、美国注册工程师、武汉大学特聘教授，以及航空委员会顾问，怎么最后会成为街头饿殍呢？不要说是在60多年前的中国，即使在今日，这种消息如果属实，肯定也会登上全国各大媒体的头条。这个故事，也与笔者所了解的民国时期归国留学生，尤其是工程类专家的经历不大相合，因此这个故事引起笔者一些怀疑，并引发了笔者的考证癖。

如前所述，《人物杂志》最早对周行功的报道，并没有讲清他的一些细节，比如籍贯、年龄等。但是，1996年出版的《单县志》却主动对号，将周行功的故事收入该志，因此，笔者怀疑这个人似乎与单县有关系。但是，原来的县志主编已经不清楚当时是哪位编者写了这个人物的词条。但是由于县志上记载其为该县周郑庄人氏，因此，笔者随即到该村调查。事先笔者已经发现这个村在近代史上曾经出过一个著名人物周自齐，难道这个曾担任清华学堂首任监督与国务总理的名人与周传功有什么关系？① 周郑庄村现属成武县孙寺镇郑庄村，历史文化底蕴深厚。但当笔者通过电话向村支书问起周行功时，他表示没有这个人，并告诉笔者此事应该到成武县去询问，当笔者问到市委党校退休老师周传让先生时，他告诉笔者："周行功就是周传璋！"。笔者满腹疑问："周传璋是什么人？县志上周行功的简传与周传璋的历史是一致的吗？"对此，周传让先生也表示不大清楚。他向笔者介绍了另外一位周传璋的亲属周在春先生。

周在春的祖父与周传璋是同辈兄弟，据他介绍，周传璋与周自齐只能算族中远亲，不是同一支。周传璋这一支在村中势力最大，其祖父有三子。周传璋早年确实在清华读书，后来去美国，具体情形不详。后来据说回国，在武汉大学教过书，最终在重庆病逝。他有一个原配居乡，1959年过世，但周传璋一直未返乡，他在南京曾重新结婚，育有一女。②

笔者也了解到周郑庄同时去过清华与麻省理工的，其实只有周传璋一人。因此，《单县志》上记载的"周行功"确实指的就是"周传璋"，尽管传记信息未必准确。笔者随即翻查民国时代出版的清华校友录，终于查到了周传璋的名字。据1937年出版的《清华同学录》记载：周传璋，山东单县人，1926年从麻省理工学院航空工程系毕业，获学士学位。后来又入纽约大学飞机设计专业就读，1927年获得工学副学士（A.E.）学位。③ 当时他的地址登记为"南京铁管巷四达里13号"。

笔者从《清华周刊》上也查到周传璋早年在清华学校就读时的点滴记

---

① 周自齐（1871~1923），字子廙，山东单县人，曾祖父周鸣銮为清嘉庆己巳恩科进士，后任广东分巡雷琼兵备道；祖父周毓桂，清道光丙戌科进士，后任广东雷州知府。1894年周自齐应京兆试，科顺天乡试副榜。历任驻美公使馆参赞、领事，外务部右丞、左丞，山东都督兼民政长、中国银行总裁、财政总长、交通总长、陆军总长。1922年3月，署理国务总理。1922年6月2日，代行大总统职务，旋因黎元洪复职大总统，周退出政界。次年9月病故于上海。周1909年曾任游美学务处监督，1911年任清华学堂监督。
② 采访周在春先生记录，2013年3月。
③ 国立清华大学校长办公处编《清华同学录》，1937年4月，第182页。

录。周在校时体育成绩相当不错。如1917年5月,周传璋参加孔教会武艺科比赛,结果与黄人杰、冀朝鼎并列第一。① 周大约是孔教会的活跃成员。1920年4月,周参加清华学校第九次周年运动大会,获得掷标枪项目第四名。② 另外,周传璋也是学校"辞命研究会"成员,1918年周亦曾参加中等科演说比赛,可见其表达能力亦不差。《清华周刊》1921年纪念号有文章在介绍清华学校的社团时,就提到一个叫"佛学研究会"的社团,成立于1920年冬,拥有30余名会员,是"专门研究佛家理的一个会,丝毫不带宗教的色彩",其研究方法以读经听讲并行,以国文教授徐镜澄为顾问,周传璋担任该会的会计兼干事,可见周少年时对佛学颇有研究兴趣。1922年第249期周刊上还刊载过周传璋的一篇文章,题目是《售品公社利息之来由》,由这篇文章,我们可以发现,他又曾经担任过清华学校师生合办的消费合作社——售品公社的会计。③ 这条消息也显示周传璋在同学圈中属较具理财能力者,其个人也有一定公益思想。专门研究清华校史的苏云峰先生在其著作中也曾提到周传璋的名字,称周传璋是时任游美学务处总办周自齐的孙子,同时周自齐的堂弟周自安也在清华就读,是1926级的学生。④

然而,关于他留学之后的经历,清华校史资料中并无什么记载。笔者查阅《申报》发现,周传璋是1923年7月出国的,其预定赴"米萨出色州"工业专门学校攻读飞机专业。⑤ 这里讲的学校应该就是麻省理工学院。同时赴美的还有顾毓琇、梁思成、吴文藻、吴景超、施嘉炀、徐宗涑、李先闻、孙立人等。⑥ 在1935年出版的麻省理工学院中国同学录中,笔者找到了周传璋的学籍信息。周英文名是Chow. George. Chuan-Chung,曾在电机工程系就读,属于1926级的学生。但是,该资料上并没有显示其获得学士学位,也就是说,周可能没有完成其在麻省理工的学业。⑦

---

① 《孔教会丛志》,《清华周刊》1917年第111期,第30~31页。
② 《周年运动会》,《清华周刊》1920年第186期,第30页。
③ 《售品公社利息之来由》,《清华周刊》1922年第249期,第22~24页。
④ 苏云峰:《从清华学堂到清华大学1911~1929:近代中国高等教育研究》,三联出版社,2001,第212页。
⑤ 《清华学校本届赴美学生》,《申报》1923年7月20日,第13版。
⑥ 《清华学校本届赴美学生》,《申报》1923年7月20日,第13版。
⑦ Eugene Chen Koo (ed.), *Massachusetts Institute of Technology Chinese Students Directory for the Past Fifty Years*. Cambridge: Massachusetts Institute of Technology Chinese Students Directory, 1931, p. 23.

2009年，与周传璋曾为清华同级校友的李先闻院士的回忆录出版。在这本书中，李先闻给我们讲了一个目前为止大概是信息最丰富的周传璋传奇故事。李是在讲述自己在武汉大学工学院任教经历时突然提到周传璋的：

> 1937年5月，东湖开放，我去游泳。汤佩松把我拉在一旁问我："你知不知道 George C. C. Chow？"我说不晓得。原来1923年级同学周传璋君打来电报，说不日即携眷来校。周在班中功课似不太好。他是清华第一任总办周自齐的族孙。据周的族祖周自安（清华1926级）告诉我说，传璋幼时甚聪明，在乡有神童之誉。毕业后，到 M. I. T. 学工科，半年后，被开除。嗣进纽约城大学，上了二十多个钟点的飞行训练，到各家飞机厂作绘图员。后来流落到纽约的黑人区，娶了一个"丁大姐"作太太。她本来在纽约大学学教育，已将博士学位手续办好，只欠博士论文的付印。据说，丁大姐交周三百元印刷费，周把印刷费用掉，论文放在火炉中烧掉，丁大姐的博士文凭，就随灰飞去了。周的族叔那时候在粤汉铁路当副局长。有一天武大当局在某处宴客，周的族叔，就推荐周传璋来武大担任教育部聘教授，来教航空工程。他说："传璋在美十余年，在各处当工程师，实在是航空界了不起的人才。"当局亦没有打听清楚，就答应聘传璋了。先寄路费去，还请传璋到各处找蓝图带回来。汤佩松在美很久，关于传璋的种种，知道甚清楚。教育部当时为发展航空工程，在中央及武汉都给有一笔巨款，请两校设航空工程讲座，月支五百元，比一般教授的三百元，优厚太多了。当时在美学航空工程的甚众，为什么当局不打听清楚，贸然地，因有关系人介绍，就把这位不学无术的同班同学，请来此为清华丢脸。周来后，住在我们楼上。我亦跟人潮去欢迎他。他的高论，我还记得："飞机用油量，每一小时飞一百英里的话，与一小时飞二百英里的，同是飞一小时，用油量不是加倍，而是几何式的增加。"讲完后，我亦随着众人鼓掌，但是鼓掌的人并不太多。跟着授课，上课时，武大的机械系主任、教授、讲师、助教们及学生旁听的，挤满了一屋，甚至有在门外听的。但传璋的学问很有限，好像一窍不通。第一课以后，只有选读该课的，不得不去上课。但传璋在上课时不教书，带了一只梵亚铃演奏给学生们听，并且自我解嘲地说："这是给你们陶冶性情。"在月考时出了一些中文题目，好像是礼、义、廉、耻等，叫学生们译

成英文。学生一律交白卷,全系大哗,传璋因之被学校解聘。

　　传璋还把我们请去,述说他回国教书的经过,自称他还要告武汉当局,以不守约等罪名。同学们以传璋神经已失常,劝他不要乱来。跟着传璋失踪,夫人(丁大姐)每天渡江寻夫,后来被逼去南京。传璋流落汉口,清华同学李××义助传璋到南京。假若我是一个导演编剧人,或是一个小说家,传璋的资料,可以写一大本了。其实,错不在传璋本人,错是在聘他的人们。国家的一桩大事,是这样糊里糊涂地去办理,我不用再说下去了。①

从李先闻的回忆,我们大致清楚了周传璋的一些经历细节:首先他是周自齐的族孙,这与笔者的采访相合。他在麻省理工仅读半年被开除,所以没有拿到学位。其纽约大学"A. E."学位大概就是学了20几个小时的飞行训练得来的。他确实在纽约结婚,但太太是"丁大姐",并非美国人。其回国,是与当时国民政府欲发展航空工程,特别给武汉大学部聘教授名额,打算创办航空工程系有关。但后来却因其无法胜任教学迅速被解聘,其太太流落到南京,周自己先去汉口,后来去向不明。不过究竟周传璋是什么时候到武汉大学的,有待进一步考证,但至少武汉大学准备请周传璋为部聘教授,此事至少在1935年就定下来了。因为我们从顾毓琇的一篇文字中可以看到记载。

1935年4月,清华大学工学院院长顾毓琇为纪念清华二十四周年撰写了《清华的工程人才》,其中指出:

　　航空界的技术方面人才十分缺少,而清华的同学,便不得不负起相当的责任来,现在航空委员会主持技术的便是本校同学钱昌祚先生。中央大学要办航空,罗荣安先生便帮张可诒先生在筹备。武汉大学要办航空便要请周传璋先生去帮忙,我们一共学航空的不过十个人左右,现在又要航空委员会,又要三个大学(连本校在内)办航空组,自然有供不应求的趋向了。②

---

① 李先闻:《李先闻自述》,湖南教育出版社,2009,第110~112页。
② 《国立清华大学24周年纪念特刊》副刊号外,1935年4月29日,载清华大学校史研究室《清华大学史料选编》第2卷(上册),清华大学出版社,1991,第245页。

可见当时聘请周传璋一事，是中央政府为发展航空工业所决定的一件大事，而且认为周具备与钱昌祚及罗荣安相同的专业学术水准。① 不过，既然周根本就没有从麻省理工毕业，在专业学术上也无甚造诣，那么教育部或更高层的政府当局，以及武汉大学怎么会没有对其资历做起码调查呢？这只能说明当时政府主管者及大学行政层确有失职之处。此事应是国民政府时期"高端人才引进"的一桩重要丑闻吧。奇怪的是，顾毓琇本人也是清华与麻省理工出身的工程专家，尽管与周传璋不同年级，为何不清楚其在美经历？经查，1929 年 9 月，周传璋还在美国参加了中国工程学会第 11 届年会，并在会上发表其论文，该文后来刊登于中国工程师学会主办的《工程》杂志上。一般的清华同学可能也没想到他会被退学，正在纽约艰难度生。②

李先闻的回忆也透露了其他的细节，比如周传璋在武大受到刺激后精神已失常。失踪后其妻"每日渡江寻夫"，最后在绝望中去了南京，周则是由同学义助才由汉赴宁。但后来的经历，李便没有再讲。但是笔者从陶行知的记录中，得知 1938 年 11 月，周传璋还在航空委员会技术厅十二科任职。当时该厅似设于贵阳，1939 年 1 月迁往四川成都。③ 或周到南京后，在同学帮助下获得此职位。这也与前面陈仓所讲周担任过"航空委员会顾问"一节稍能衔接。周与武汉大学也再无瓜葛，由于其任职时间极短，加上此事又属校方行政过错，因此连武汉大学档案馆现在也查不到周传璋的记录。④

李先闻提到周的族叔指的是当时粤汉铁路局副局长周钟歧，他也曾担任平汉路管理委员会委员，当时武汉大学的经费很大一部分是由交通部所

---

① 钱昌祚，著名航空工程师，1919 年清华学校保送留学美国，1922 年在麻省理工学院机械工程系毕业后进读航空工程研究班，1924 年获硕士学位。回国后先后任教于浙江工业专门学校、清华大学。曾担任国民党政府中央航空学校教育长、航空机械学校校长、航空委员会技术厅副厅长等职。1934 年起担任中国航空工程学会会长。罗荣安，航空教育专家，1918 年自清华学校毕业赴麻省理工学院机械工程科就读，1923 年从航空工程系获硕士学位，1935 年返国创办中央大学自动工程研究班以及航空工程学系。
② George C. Chow, "Aerodynamics and Airplane Design",《工程》1930 年第 6 卷第 1 期，第 74～97 页。
③ 第十二科是负责航空工程的部门，隶属第二厅第五处。1938 年航委会改组，技术厅厅长为黄光锐，钱昌祚副之。技术厅下属技术处，处长吴家铸，副处长李柏龄，处下设两科，科长刘树钧、力一湖。《空军沿革史初稿》，国民党航空委员会，1939，第 1964～1965 页。
④ 据 2013 年 3 月 26 日武汉大学档案馆查询复函。

属铁路局拨付。① 因此，所谓周钟歧向武汉大学校长王星拱举荐周传璋一事应有其脉络可寻。周自安毕业于哈佛大学商学院，曾服务于中国航空公司，1944年曾任国民政府军政部兵工署总务处处长，1946年任交通部财务司司长。汤佩松与周自安是清华同级校友，汤化龙之子，著名病理学家，在霍普金斯大学获得博士学位，1933年归国任武汉大学理学院生物学系教授。②

也正因为相关履历资料极少，后来《单县志》将周传璋误作周行功，且完全依据不可靠的新闻报告（或"纪实文学"）来叙述其经历。一些对清华校史有兴趣者，也偶尔会提到周的名字，但其叙述更可能以讹传讹，如网络上有心者曾收集清华学校1923届留美学生资料，这一届学生确实群星灿烂，但在介绍周传璋时，资料却基本上是错误的，尤其称周获得纽约大学飞机工程硕士学位更是大谬，估计是由"A. E."这一学位臆想而来。③

四 政治史之探究：周行功故事生产背景及其传播

编撰历史，通常都是选择性进行的工作，尤其是校史或地方史编撰，更容易受"本位主义"的影响，爱校情怀或爱乡情结，通常会支配历史编撰者的视线与思维。正因为如此，历史通常不但由所谓"胜利者"来书写，而且也只书写"胜利者"的故事。地方史志所列人物传，绝大多数关注"乡贤名士"，或拥有一定功勋业绩者。校史编撰更有强烈的"名人"意识，成绩不佳的学生或毕业后事业失败者，通常是不会被载入他们编的史书的。也正因为此，像周传璋这样的人物，便很难进入清华校史，更不用说地方史书。反讽的是，由于一篇充满漏洞的通讯报道，一个被作者制造出来的人物周行功却被地方志编撰者看中并收入了县志。如果周行功是以周传璋为原型加以"艺术化"处理生产出来的，《人物杂志》及作者陈仓为什么要发表这篇虚假报道呢？这就必须从这篇报道出笼的时代背景谈起。

1948年，众所周知是中国"两种命运决战"的一年。国共两党力量的

---

① 1933年5月，蒋介石曾致电交通部次长何兢武，称原由平汉铁路局常月津贴武汉大学八千元不能停止拨付，以免损害造就华中人才大计。蒋介石致何兢武电，1933年5月26日，国史馆藏蒋中正总统文物档，002-090102-00004-074。
② 汤佩松：《为接朝霞顾夕阳：一个生理科学家的回忆录》，科学出版社，1988，第39页。
③ 资料称，"周传璋，山东单县人，1926年毕业于麻省理工学院电机工程专业，1927年获纽约大学飞机工程硕士学位，早年曾在清华工学院机械系航空组执教过"。《梁思成那届"清华放洋生"大追踪（下）》，http://blog.sina.com.cn/s/blog_6359347901011y68.html。

最后决战不仅表现在军事战场，也在"第二条战线"展开。中共运用其掌握的舆论工具，对国民党政权进行全面的出击。《人物杂志》即是中共领导下的在国民党统治区内出版发行的刊物，原作者陈仓，更是中共地下党的秘密工作人员。因此，周行功故事的发表，其实就是中共针对国民党政权所发动的舆论战的产物。

《人物杂志》于 1946 年 1 月创办于重庆，8 月又在上海出版。该杂志是在中共南方局的领导下，由张知辛以及蒋一苇、高明等人创办，在《新华日报》的配合下开展工作。张知辛早年即已参加两湖农民运动，追随其舅舅雷震寰（中共党员），战时曾任全国慰劳抗日将士委员会副总干事。战后周恩来要求其在国统区进行统战工作，遂有《人物杂志》创办。郭沫若、阳翰笙等人曾指导其创办方针。创刊词中表示要为"彷徨中的青年""指出一条正确的奋斗的道路"。① 该杂志出版发行后，据称甚为畅销，最高发行量达到 2 万份，影响甚大，杂志社将每期杂志都送 5 份到延安中共中央。②《人物杂志》、《科学与生活》以及《彷徨》是战后与中共南方局有直接组织联系的三大外围刊物。

《人物杂志》从一开始就表示要以"表扬好人，批判坏人"为宗旨，③这八个字从第 2 卷第 1 期起亦醒目地标在每期杂志封面上。杂志问世后，便开始根据中共地下党指示，有针对性地选择各类人物进行报道，"歌颂正面人物，揭露旧社会的黑暗，以此配合进步的文化运动"。④ 周恩来所写《论郭沫若与鲁迅》一文也曾在该刊发表，郭沫若则为其撰写《论郁达夫》，均是对《人物杂志》的公开支持。也许由于蒋一苇曾担任《科学与生活》的主编，科学界人物也成为《人物杂志》的重要报道对象。中共为争取科学家及知识分子，运用其控制的媒体发表了一些分量很重的文章揭露科学家在国民党统治下的不幸遭遇，如《人物杂志》第 1 年第 2 期报道白季眉教授，谴责"是非颠倒，有才能者被湮没"的丑恶社会。⑤ 第 5~6 期又报道

---

① 张攻非：《我的父亲张知辛和中国第一本人物杂志》，《人物》2011 年第 10 期；杨天堂：《杨天堂文集》，暨南大学出版社，1998，第 398 页。
② 公盾：《花圈——悼念张知辛同志》，榕树文学丛刊编辑部编辑《榕树文学丛刊 一九七九年第一辑 散文专辑》，第 258 页。
③ 四川省地方志编纂委员会：《四川省志·出版志》，四川人民出版社，2001，第 156 页。
④ 蒋一苇：《关于〈科学与生活〉、〈彷徨〉、〈人物杂志〉三个外围刊物的史实》，《重庆党史资料》1984 年第 8 期。
⑤ 文华：《白季眉教授》，《人物杂志》第 2 年第 2 期，1946 年 3 月 1 日，第 2~6 页。

了当时引起轰动的中央大学地质系主任朱森教授之死，文章愤怒地表示"这位青年科学家，非但没有得到社会上的鼓励和国家的爱护，反而遭遇到这种不合理社会的嫉恨与摧残，而默默地死去了"。① 这个"三斗平价米"迫害教授致死事件，曾引发重庆政府政治风潮，牵涉到 CC 系与朱家骅等不同派别势力在教育界的权力斗争。② 在第 1 年第 7 期，更刊登一篇《记兵工专家郝贵林之死：悲惨时代的一只插曲》的文章，③ 这篇报道更早出现于《新华日报》，标题是"留法三十年老工程师郝贵林先生失业自尽"。④ 第 3 年第 11 期报道气象学家陈一得，作者斥责在"不把人当人的封建官僚的社会"里，科学工作者也没有得到应有的尊重，强调"封建势力、官僚政治实在是中国科学工作的最大阻力"。⑤

周行功的报道也正是在这种氛围中问世的，陈仓在文章第二段即将周的故事与前面《人物杂志》披露过的"郝贵林"的故事，以及另外一位名叫"杨时仙"的科学家的悲惨经历放在一起：

> 绝望的郝贵林（航空工程专家）吊死在重庆的公共厕所中，悲愤的杨时仙把生命交给了碘酒和剪刀！一片可怕的沙漠！此刻，笔者以无比悲愤的心情，介绍另一位与郝杨两人同命运的受难者——工程师周行功先生，虽然手头资料的欠缺，有待于周先生过去相知的友好补正，但也代表个人微弱而真切的一声愤怒的控诉！⑥

不过，在这里，郝贵林的身份被标为"航空工程专家"，而按照此前报道的介绍，郝应是一位"兵工专家"。至于"杨时仙"，不知是否是名字讹误，查不到其报道信息。无论如何，中共推出这些科学家不幸遭遇的

---

① 周颖：《朱森教授之死》，《人物杂志》沪版第 1 年第 5～6 期，1946 年 12 月 10 日，第 1 页。
② 任美锷：《回忆与怀念》，韩存志主编《资深院士回忆录》第 2 卷，上海科技教育出版社，2006，第 26～27 页。
③ 米叶：《记兵工专家郝贵林之死：悲惨时代的一只插曲》，《人物杂志》第 1 年第 7 期，第 8～12 页。
④ 《留法三十年老工程师郝贵林先生失业自尽》，《新华日报》1946 年 6 月 17 日。
⑤ 石青农：《气象学家陈一得》，《人物杂志》沪版第 2 年第 11 期，1947 年 11 月 15 日，第 4～5 页。
⑥ 陈仓：《一个为罪恶的社会所杀害的航空工程专家周行功》。

报道，显然是为了造成较大的反国民党政府的舆论。周行功文章刊登后，中共地下党领导的另外一家杂志《中学时代》也立即呼应，发表署名"史复"的另外一篇文章——《国家不需要他吗？记被社会摧残的航空工程专家周行功》，作者"史复"自称是与周行功较熟悉的"学生"，但在叙述其经历时，与其原型周传璋更不吻合。①《人物杂志》后来又发表一篇《周行功的求学精神》，希望将周的故事讲得更加圆满。作者向响英自称是省立成都高工毕业的学生，曾向周请教求学之道，周则告诉她自己在麻省理工先读航空工程，毕业后再读土木，后读机械，又读电机，"每系都毕了业"，最后又回到了航空工程，虽然作者称这时周已带有几分"神经失常的神情"，但同学们仍为他勤苦认真的求学精神"惊异得瞪目结舌"。② 这个对周行功的经历补充有些幼稚且自相矛盾，既然周精神已失常，他自我吹嘘的"跨专业求学旅行"怎么可能是真实的呢？奇怪的是，这两篇报道的作者似乎均难以查到信息，或是专为发表这篇周行功的文章而使用的笔名。

周行功最早的报道者陈仓，原名陈泽群。父亲陈一言，广西中共党组织创始人，后赴上海，是地下党核心干部之一，曾任大夏大学中共支部书记，以及虹口区委宣传部长。1931年赴日，创建左联东京支盟，任干事长。陈泽群生于1927年，14岁考入空军幼年学校，该校设于四川灌县（今属都江堰市），离成都50余公里。在其父亲影响下，陈泽群很早就成为中共地下工作者，③ 他在空军幼年学校曾发起组织中共外围团体"北斗读书会"。1947年陈升入空军军官学校，该校设于成都太平寺，也正是在这个时候，陈泽群即以"陈仓"为笔名，在1947年11月完成了这篇"航空工程专家周行功"人物通讯。1949年后，他成为湖北省有名的杂文家，但1957年也因为其发表的文字被打成极右分子，晚年得失忆症，2008年逝世。④

---

① 史复:《国家不需要他吗？论被社会摧残的航空工程专家周行功》，《中学时代》第15期，1948年3月2日，第8页。《中学时代》是中共上海市学生委员会创办的公开发行的刊物，针对"广大政治态度上中间和进步的中学生"，由中学区委负责。马福龙：《中学时代》，载中共上海市委党史资料征集委员会主编《解放战争时期上海学生运动史》，第514页。
② 向响英：《周行功的求学精神》，《人物杂志》沪版第3卷第3~4期，1948年4月15日。
③ 陈泽群的中共地下工作者的身份在1980年代才得到政府承认，也因此获得离休干部待遇。鄢烈山：《武汉杂文家陈泽群》，《南方周末》2009年2月25日。
④ 余坦坦：《陈泽群的冷暖人生》，《杂文月刊》2007年第2期。

陈泽群能写出周行功的故事并不偶然。他在空军学校读书时，耳闻目睹，对当时航空教育界应较熟悉。周传璋曾在航空委员会任职，并短时间担任武汉大学航空工程特聘教授，因此，或者陈泽群从某些渠道获得一些信息。空军学校所在地，也许与后来周传璋流落处所很接近，这也是信息获得的条件。当然，最重要的背景还是陈泽群当时的中共地下党员身份。按知情人回忆，《人物杂志》的稿件除了外界投稿，有相当一部分是地下党安排供给的。① 或许陈泽群这篇通讯就是党交给他的宣传任务。

抗日战争时期，退居后方的科教界人士，在物价高昂、社会不稳的情形下，生活质量急剧下降，许多人确实面临困境，加上医疗及卫生设施不佳，科教精英之中英年早逝者也颇有人在。同时，国民党政府在战时的腐败，尤其是官僚资本的横行以及吏治不佳，都是事实，也正因为如此，中共的宣传报道很容易引发大众尤其是知识群体的共鸣。然而，从《人物杂志》所报道的科教界人物的悲惨故事来看，有一些也确实是言过其实，或违背事实。周行功的故事，则更加是一个内容充满矛盾的编造作品。尽管如此，由于这个故事是在打击国民党统治合法性的政治背景下被生产出来的，所以，只要国共两党敌对状态未停止，这种故事的传播便仍有其需求。这也是1949年后周行功故事持续在中国内地出版物上流传的根本原因。

五　1949年后周行功故事的文学传播史

1949年后，周行功的故事随着新政权的建立得到更大范围的扩散。国共两党之间虽然渐渐停止直接军事冲突，但对峙一直在继续。作为官方历史教育的一部分，对国民党"反动政权"的揭露报道仍有其需求。

1956年，我们在一册题为"做一个社会主义知识分子"的杂文集中，可以发现对周行功故事的引用：

> 实际上，有真才实学的科学家和工程师，大都是感到"英雄无用武之地"，有的甚至于求一安身糊口之处而不可得。如留美多年的航空

---

① 张攻非：《我的父亲张知辛与中国第一本人物杂志》，《人物》2011年第10期。

工程师周行功,旅欧三十余载的兵工专家郝贵林,他们都满怀热情归国,结果只是游浪街头,失业自杀。郝在遗书中说自己"学会一身本领,无法施展",这正道出了当时知识分子的一种普遍的苦闷"自己在学术事业方面找不到真正的出路"。①

在这篇杂文中,作者黄磷不但把中共宣传的两个悲剧科学家样板"郝贵林"与"周行功"放在一起举为实例,反衬出社会主义中国对知识分子的重视,郝与周则成为黑暗旧中国压迫知识分子的显例。黄在文中指周是"自杀"身亡,与此前冻饿而死的报道不合。

1979 年,四川省科普创作协会主编的《科学文艺》杂志刊登了一篇报告文学,题目是《黑夜中一颗消逝了的明星》,讲的则完全是周行功的故事,这是继陈仓报道之后,又一次对周行功故事的大规模文字重塑。与此前新闻性质的人物通讯不同,这篇文字明白注明是"报告文学",作者刘恩义也是当地著名的科普文学作家。

与陈仓报道不同,刘恩义这篇报告文学对周行功的履历进行了更大尺寸的再造。如称周是麻省理工学院"引人注目的明星",由于他的毕业论文有"特殊创见",获得了硕士学位,毕业后又在研究院获得了"两重博士学位",同时被聘为英国、美国、比利时、墨西哥四国航空技术顾问,他对飞机形状的研究,"对美国乃至世界的航空事业的发展都起着举足轻重的作用"。抗战爆发,周抛下美国妻子与两个女儿奔向了重庆,但当局只让他当武汉大学的讲座教授,他为了投入抗战拒绝了这一职位,却接受了航委会顾问的虚职。与陈仓的叙述不同,周被航委会解职是因为他想申诉经费克扣一事。之后,周被成都高工聘请,由于绘图能力强,赢得了师生的尊敬,但最后仍失业。虽然在成都县中又获得物理教师职位,但一把大火把其书籍资料及博士文凭都烧毁了,工作也丢了。后面的叙述与陈文类似,妻子来找他,但仍弃他而去,周流离失所最终陈尸街头。《华西晚报》刊出消息:"著名科学家、前高工教师周行功先生冻馁而死。"②

在文章最后,作者表示"后来,无产阶级政权从根本上改变了人的命运,也改变了科学的命运。像周行功先生这样的老一辈科学家的生命和事

---

① 黄磷:《做一个社会主义知识分子》,中国青年出版社,1956,第 17 页
② 刘恩义:《黑夜中一颗消逝了的明星》,《科学文艺》1979 年第 2 期。

业在第二代、第三代身上得到了延续和发展"。由于当时正处在"文革"结束不久的"声讨四人帮"的政治氛围中,作者随即将周行功的故事与当时的现实联系起来:当然,社会主义的明朗天空有时也会出现乌云。在"四害"横行时,人们就看到,历史曾表现了与过去惊人的相似之处。但是,历史无论怎样曲折,总是要前进的……粉碎"四人帮"以后,党中央领导我们进行新的长征。在祖国万里晴空中,科学的群星正把璀璨的光华撒向全世界,撒向无垠的宇宙。① 周悲惨的文学形象,成为"拨乱反正"之后中国迎来"科学春天"的反面背景。

从故事叙述来看,笔者认为刘恩义的报告文学大多数内容是与陈仓原报道雷同的,只是在一些故事细节上进行了加工,使人物的悲剧形象更加突出。但这些细节加工,可能离故事原型周传璋的经历更为遥远。对周行功的成就更为夸张的叙述甚至编造,以及更富矛盾性的结局的描述,也冲淡了故事的历史性。不过,由于陈仓文章发表得很早,此后周行功的名字虽然有人提及,但完整的故事可能有些湮没。因此,这篇报告文学将周行功的故事重新改造发表,在当时大力提倡"科学现代化"的时代氛围中,引起了读者的关注。刘文发表后,《科学文艺》杂志社曾刊登读者来信,称故事深深打动了他们。② 1981年9月这篇报告文学获得四川省科普文学创作一等奖。③

可能由于受这些再创造的故事的影响,周行功的名字在此后传播甚广,甚至进入国民历史记忆库,尤其对青少年影响甚大。这类具有典型意义的"爱国故事"发表于通俗刊物上,常常会随着杂志传播,有时也会成为中学生作文写作的内容。一个高二的学生,就在一篇题为《一颗闪烁的星》的作文中完整复述了刘恩义所讲述的周行功故事,作文是这么开头的:

> 三十年代,一颗闪烁的航空科学明星,在中国的夜空上空。他就是刚从清华大学毕业的周行功。为了祖国的繁荣富强,他远涉重洋,到美国麻省理工学院深造。千般勤奋,万般刻苦,他终于获得了许多

---

① 刘恩义:《黑夜中一颗消逝了的明星》,《科学文艺》1979年第2期。
② "科学文艺信箱",《科学文艺》1980年第2期,第95页。
③ 《四川省一批优秀科普作品获奖》,《科学文艺》1981年第6期。

人梦寐以求的博士学位。他的地位青云直上。……①

接下来作者大致上是依照刘恩义的文章记述周的经历，但有意思的是，她对刘版故事也不是完全接受。或为了渲染其中心思想，她将刘笔下钦佩周行功学问的"美国学者"改写成对周"垂涎三尺"的"大腹便便的老板"，又把他一对女儿改写成了"一对爱子"。不知何故，作文又将周返国的时间从1937年改成了1941年。不过，到作文最后，作者的总结却显得更加直接，更符合中学政治（或历史）教科书中的说教：

> 这就是一个爱国科学家在旧中国的悲惨遭遇。他的悲惨遭遇是旧中国广大爱国的科学工作者的缩影。它清楚地告诉人们：旧中国黑暗腐朽的社会制度，是造成人民愚昧无知、造成经济文化停滞不前，造成中国贫穷、落后的根本原因。②

1985年初出版的一册初中生作文竞赛获奖作品集也包括了一篇引用周行功故事的作文，这个初三学生在其作文中记叙他母亲从小给他灌输爱国主义故事，如带他到杨靖宇烈士墓前，讲杨靖宇的故事，使其增加了对烈士的敬仰。又讲到母亲给他"讲周行功的故事，使我懂得了做人的尊严"。③ 无论小作者的母亲是否真的给他讲过周行功的故事，这至少说明周行功的故事已进入普通民众的记忆中，成为中小学生作文素材记忆库中的材料。

在1990年代初，周行功的故事也成为中小学国旗升旗仪式中讲话稿的题材，甚至被编入了青少年思想政治读物，以作为揭露旧中国黑暗现实的例证：

> 在美国取得博士学位的航空工程专家周行功，抗战时期别妻抛子，只身返国，准备为国家的抗战贡献才智，国民党政府对他冷淡、刁难，

---

① 钟晓雅：《一颗闪烁的星》，冯明生、张作富编《中学生记叙文写作训练》，四川少年儿童出版社，1982，第45页。
② 钟晓雅：《一颗闪烁的星》，冯明生、张作富编《中学生记叙文写作训练》，第45页。
③ 吴悦春：《我的母亲》，吉林省中学语文教学研究会编《吉林省中小学生作文竞赛获奖作品：初中生作文选》，吉林人民出版社，1985。

最终使他游乞街头，一腔报国之心化成了一缕幽魂。可谁知道，又有多少个周行功被黑暗的旧中国无情吞噬了呢？①

其实，这个故事不但成为文学的内容，后来也曾为历史刊物反复转载。1987年，全国政协主办的杂志《纵横》，为深刻揭露国民党统治下的旧中国的黑暗，又将周行功的"不幸遭遇"重新刊登。② 当时风行一时的《读者文摘》也转载了这一故事。③ 更早的重复报道，也出现在《航空史研究》这本杂志上。④ 经过反复报道，周行功的故事，也渐渐由一则带有谣传性质的"新闻"，堂而皇之地进入了"历史"。1996年出版的山东《单县志》，出现了这个地方"名人"的简传：

> 单县周郑庄（今属成武县）人。1917年考入清华大学，1920年被该校选送美国深造，就读于美国麻省理工学院，专攻航空工程。以优异的成绩毕业后，又考入研究院获博士学位。先后在美国担任教授、工程师，并取得"注册工程师"资格。他在美国20余年与美国姑娘结了婚，生育三个孩子，家庭幸福美满。周行功热爱祖国，抗日战争前，中国向美国购置多种性能的飞机，他为确保飞机的质量，亲自义务率领技术人员细致检查飞机的各个部件。1937年抗日战争爆发后，他为抗日救国毅然抛弃美国的优厚待遇，告别娇妻稚子，只身回到祖国，被重庆的国民政府分配到国民政府所属的航空委员会任顾问。他目睹国民党消极抗日，政治腐败，大失所望，断然拒绝了官方的高薪聘任，自谋职业。先后到武汉大学航空工程系任特约讲师，四川省立高级工业专科学校任讲师，几次受聘时间短暂。为了生活，变卖了所有的衣物，但他洁身自爱，不食国民政府"嗟来之食"，终因贫困染病死在四川成都。⑤

---

① 刘群辉：《国庆日的思考》，何龙祥、李自齐、王俊岭主编《国旗下的讲话》，科学普及出版社，1993，第325页。
② 陈仓：《一个为罪恶社会所吞噬的航空工程专家》，《纵横》1987年第1期（总第19期），第47~50页。
③ 《读者文摘》1987年第8期，第21~23页。
④ 姜长英：《航空专家的悲剧》，《航空史研究》第3辑，1984年第1期。
⑤ 山东省单县地方史志编纂委员会编《单县志》，山东人民出版社，1996，第738~739页。

通常地方志书上的"人物传记",虽然未必属于专业的历史撰述,但因作者、编者对地情、人情均较熟悉,故志书传记有时值得研究者参考。然而,这个简传却有点令人感到意外,这不仅在于传主的姓名有问题,而且其表述也可能大多来自《纵横》上的转载报道,而非亲自采访。不过,与原报道相比较,仍有两点区别:首先这个简传落实了周行功的籍贯,其次它也指明周是"因贫困染病"而死。

不过,比起上面这些"历史"叙述,文学叙述也许更能受到人们关注。周行功故事进入文学领域被再加工生产,笔者能找到的最新资料,就是2001年山东籍的诗人纪宇以128行的篇幅,将周行功的故事写成了他的一节长诗。① 由报道我们可以知道,《20世纪诗典》是纪宇所写的一首20000行长诗,"抒写了20世纪中国与世界的重大历史进程"。② 周行功的故事,无疑是被诗人作为描写旧社会黑暗的一个重要案例,他把周的故事题为"一个爱国者与他的报国梦",其内容基本上是复述《纵横》上对此事的转载报道。在这节诗的最后,纪宇从周行功的名字入手,就其一生遭遇写下一个提问:

当年的中国不会造飞机
会造飞机的周行功　无功而行
是国家不需要他的本领
还是他注定要在美国成功?③

六　结语

周行功故事自1948年问世后,一直在中国社会流传着。2008年,我们仍然可以从一册科技简史图书中发现"周行功"的名字。④ 尽管这个故事是在20世纪40年代末国共相争氛围下产生的,但由于它成为一个重要宣传案例,故能伴随有关国民党统治中国时期"科学家悲剧"舆论生产而持续存

---

① 纪宇:《20世纪诗典》,作家出版社,2000,第176~179页。
② 《20世纪诗典》,《光明日报》2001年8月23日。
③ 纪宇:《20世纪诗典》,第179页。
④ 杨水旸编著《简明科学技术史》,国防工业出版社,2008,第281页。杨指"长期的军阀混战和反共内战延缓了中国科学发展的进程",周行功事件便是其列出的一个例证。

在。在这个故事生产、传播与记忆的过程中,"新闻通讯"与"文学产品"、"历史传记"之间不断互相复制,但所讲细节与事实本身之间的落差之大,却有些荒谬。

中国现代史知识之制造,以及公众历史记忆之塑造与传播,从这个故事中可看出基本的脉络。新闻、历史、文学,这三个知识领域表面上有区分,但从周行功故事的生产与传播来看,几乎所有的叙述文本都可以视作一种"文学建构",许多细节都是虚构的。但是,如果我们把文学定义为"以语言文字为工具形象化地反映客观现实、表现作家心灵世界的艺术",①那么,所有这些叙述可能又不能称之为合格的"文学"作品,而更像是一种宣传作品。周行功故事的生产与传播,虽是20世纪中国历史演化过程中的一个小小事件,但正由于其荒谬性,恰恰使我们能够对20世纪文学与历史、政治之间纠缠不清的复杂谱系有所了解。从谣言到新闻再到文学,最终进入历史,这种信息的扭曲、放大、复述过程,也是中国人历史知识,或国民历史记忆的生产过程。今天中国人所熟知的近现代历史,多半便是在这种脉络中被建构出来的。

生活在当下,当我们打开电视机,便可以看到无数对国民党时代中国的描写,"国民党"也是中国内地影视重要的题材。但是如果我们认真去分析这些影视作品中的"历史知识",便会发现绝大多数信息仍来源于1949年后的历史教科书,以及过去僵化的历史叙述。依据这些"历史知识",观众们得以想象"国民党"与"民国",并建构其对过去历史的"历史记忆"。亦会把它作为分析当下中国的一个知识背景。但是,这种知识的基础如果多是建立在国共斗争时期陈旧的"历史叙述"之上的,那么,它不但无助于民众培养出实际的历史意识,也可能对社会文化认同造成不利影响。

所谓文化者,以文化世也。文质而世朴,人民知书达理,社会道德于兹养成。无论新闻、文学还是历史,如果全为宣传服务,那么建构"国民记忆"的同时,其实也扭曲了基本的事实与价值,这些点滴的破坏与建构,便使20世纪中国人的全部文化发生了根本性的变化。历史知识决定历史记忆,并与公众文化价值之形塑紧密联系在一起。但若公共历史叙述完全受

---

① 中国社会科学院语言研究所词典编辑室编《现代汉语词典》,商务印书馆,1996,第1319页。

控制，那么，所谓"历史记忆"的公共表达，便只剩下按照官方意识形态及政治利益进行表达的一种可能。这种扭曲的建构性历史记忆，最终弥漫于各种知识灌输体系之中，便很可能成为受众想象历史的主要来源，尤其是随着当事人或"历史知情人"的渐渐消逝，加上研究环境与研究者素质的制约，探究过去的历史究竟如何，在很大程度上，就成为一个不大可能的事情了。

战争创伤及其艺术再现问题
——论奥布莱恩的小说《他们背负着的东西》

凌海衡[*]

摘要:"越战"是美国叙事作品的热门题材,然而,这些作品常常因其真实的模仿和娴熟的处理所带来的审美快感而遭到人们的质疑。显然,对这类事件的再现背负着沉重的伦理意义。本文以美国当代小说家提姆·奥布莱恩的《他们背负着的东西》为切入口,深入探讨"越战"小说的再现手段与伦理意义之间的关系。通过诉诸创伤理论,本文认为,奥布莱恩通过运用各种后现代叙事手段深刻刻画了"越战"对参战士兵造成的创伤。但与其说奥布莱恩是在告诉读者"越战"的真相,或者是在向读者诉说痛苦的创伤体验,毋宁说他是在通过反复讨论如何讲述战争故事的方式竭力将书写创伤体验的困难传递给读者,要求读者聆听叙述者内心的苦痛,聆听他们是如何竭力摆脱战争创伤阴影的。

关键词:提姆·奥布莱恩 《他们背负着的东西》 创伤体验 再现

Abstract: The Vietnam War has always been a popular subject matter for American narratives, yet it is controversial among readers because of the pleasures produced by the true-to-life portraitures in such works. No doubt, the representations of such events imply great ethical consequences. This article delves into the relations between the ethical meanings and fictional representations of the Vietnam War through a deep analysis of Tim O'Brien's

---

[*] 凌海衡,华南师范大学外国语言文化学院教授。

Things They Carried. By resorting to contemporary trauma theories, this article analyses the various postmodern narrative modes adopted by O'Brien to depict the great traumas produced by the Vietnam War onto the soldiers. This article tries to prove that, rather than narrating the true stories of the War, or recounting the painful traumatic experiences, O'Brien is actually trying to convey to the reader the great difficulties of writing about trauma, and thus demand the reader to listen to the great pains of the narrators and the ways in which they attempt to break away from the shadows of the War.

Keywords: Tim O'Brien   *Things They Carried*   trauma   representation

对于大多数美国人来说,"越战"从一开始就是梦魇般的创伤体验。"越战"不是"炮弹休克"(shell shock)这一用来研究"一战"士兵心理紊乱的术语所能概括的。事实上,热带雨林的恶劣气候、越南游击队神出鬼没的偷袭、亲眼目睹战友及敌人的恐怖死状以及更重要的对战争正义性的怀疑,都给参战的士兵带来了无尽的创伤折磨及道德困惑。因此,"越战"成了当代美国叙事作品的热门题材。在美国文化中,关于"越战"的各种电玩、电影、电视、小说、回忆录、媒体报道等是如此流行,以至于它成了当代美国文化的一个重要部分。这些作品的现实主义技巧将"越战"的种种困境描写得栩栩如生,让读者或观众有身临其境的感觉,以至于"越南"或"越战"这些词语具有了多重延伸意义。根据米德尔顿的研究,甚至有字典赋予"Vietnam"一词以这么一条定义:"一种你应该立即逃离的创伤性事件或糟糕局面。"他举例说,"二战"历史学家马丁·摩根就用"非常越南"(very Vietnam-ish)一词来评价斯皮尔伯格导演的"二战"大片《拯救大兵瑞恩》(*Saving Private Ryan*),因为该片有"悲观精神""绝望感""徒劳"等特征。又比如,一部关于伊拉克战争中美国士兵伤亡的电影 *Grace is Gone* 也被说成"非常越南"(very Vietnam-esque)[①]。诸如此类的用法充分表明了"越南"一词与创伤和恐惧感之间存在着紧密的关系。

然而,由于这些叙事作品在描绘痛苦的创伤体验时所采用的逼真的模仿和娴熟的处理技巧常常会给受众带来审美快感,它们逐渐遭到了人们的

---

① Alexis Middleton, *A True War Story: Reality and Fiction in the American Literature and Film of the Vietnam War*, MA thesis, Brigham Young University, August 2008, p. 4.

质疑。许多"越战"老兵甚至在他们的汽车保险杠上贴上"越战是战争，不是电影"的字样，对电影和其他叙事作品将"越战"娱乐化的行为提出强烈的抗议。这些张贴物提醒人们，尽管越南战争有着许多超现实或非现实的因素，它始终是一场无数人因其而丧生的、给美国人带来沉重的痛苦回忆的真实战争。因此，任何对这类事件的再现都背负着沉重的伦理意义。许多艺术家勇敢地承担起了这一重负，积极地投身于探索新的叙事手法中，试图创作出既能重现"越战"创伤又能阻断读者的阅读快感，从而引领读者展开批判性反思的艺术作品，"最警觉的从暗处看世界的小说家、诗人、剧作家们不愿借助线性的、模仿性的叙事所具有的可靠且又诱人的力量来净化战争，相反，他们梳理残骸，奉献出诸多解构性的、质疑性的、由令人不安的意象并列构成的拼贴性作品。"①

在这众多的艺术家中，亲历过"越战"恐怖场景的当代小说家提姆·奥布莱恩（Tim O'Brien）因其独特的叙事手法引起了人们广泛的关注。然而，与其他"越战"小说家不同的是，奥布莱恩并不仅仅局限于逼真地再现"越战"的恐怖场面以及美国大兵所体验到的苦难创伤，而是将笔触伸向自己写作的困难，力图通过反复地向读者诉说书写真实战争故事的艰难来警醒读者，要求读者反复聆听幸存者内心的苦痛，聆听他们如何竭力摆脱创伤的阴影，进而追问战争的原因。

一 奥布莱恩与"越战"小说

奥布莱恩所有的小说都摆脱不了"越战"这个庞大的阴影，用他自己的话来说，"越南生活在我内心。我有时只是用另一种说法来称呼它。我把它叫做生活。越南、离婚、父亲去世——所有这些事情会一直纠缠下去。即使你以为它们已经消失了，它们会像气泡一样不断再冒出来"②。

1968 年，刚刚获得政治学学士学位的奥布莱恩应征入伍，当了一名步兵，被派遣到越南参战。他所在的野战排曾经卷入惨绝人寰的"美莱村大屠杀"（My Lai Massacre）中。在这场大屠杀中，美军杀害了五百多名手无

---

① Don Ringnalda, *Fighting and Writing the Vietnam War*. Jackson: University Press of Mississippi, 1994, p. xi.

② Mort, John, "The Booklist Interview: Tim O'Brien", *Booklist* 90 (August 1994): 1990–91.

寸铁的妇女和儿童，焚毁了整个美莱村。奥布莱恩本人是在大屠杀一年之后才随队抵达这个村子的，他说："我们当时不知道为什么那个地方对我们那么仇视。我们不知道一年前那里发生过大屠杀。后来我们才知道这个消息，当时我们还在那里，于是我们全都知道了。"① 服完兵役之后，奥布莱恩就读于哈佛大学研究生院，并获得了在《华盛顿邮报》实习的机会。1973 年他出版了战争回忆录《如果我死于沙场，装上我，把我运回家》(*If I Die in a Combat Zone, Box Me Up and Ship Me Home*)，从此开始了创作生涯。迄今为止，奥布莱恩出版了 8 部作品，包括《北部之光》(*Northern Lights*, 1975)、《追随卡乔托》(*Going After Cacciato*, 1978，获 1979 年度美国国家图书奖)、《核时代》(*The Nuclear Age*, 1985)、《他们背负着的东西》(*The Things They Carried*, 1990)、《在林中湖里》(*In the Lake of the Woods*, 1994)、《发情的公猫》(*Tomcat in Love*, 1998)、《七月啊七月》(*July, July*, 2002) 和《如果我死于沙场，装上我，把我运回家》。这 8 部作品或多或少都与"越战"有关，以至于评论家们普遍认为，他是当代最重要的"越战"小说家，虽然他本人极力否认这一点。②

在这些作品中，《他们背负着的东西》③ 是奥布莱恩最负盛名的作品。该书曾经进入普利策奖及美国国家图书评论家协会奖 (National Book Critics Circle Award) 的决赛，也曾获得过法国的最佳外文书奖 (Prix du Meilleur Livre Etranger)，因此被公认为是最重要的"越战"小说。在百老汇图书公司 1990 年印制的版本中，封面之后有着长达 8 页纸的对该书的赞誉，出自多达 35 种报刊的评论。这本书收集了 22 篇相互关联的故事，大半在成书之前就已经发表在各种文学杂志上。比如，下面五个故事就曾经发表在《士绅》杂志 (*Esquire*) 上：《他们背负着的东西》(*The Things They Carried*)、《如何讲述一个真实的战争故事》(*How to Tell a True War Story*)、《茶蓬江上的情人》(*Sweetheart of the Song Tra Bong*)、《鬼战士》(*The Ghost Soldiers*)、和《死者的生平》(*The Lives of the Dead*)。

书中所有的故事都与作者本人的"越战"经历有关，然而有趣的是，它

---

① http://www.nytimes.com/books/98/09/20/specials/obrien-storyteller.html.
② McCaffery, Larry, "Interview with Tim O'Brien", *Chicago Review* 33.2 (1982), p.131.
③ O'Brien, Tim, *The Things They Carried*. New York: Broadway Books, 1990. 本文凡引用该书的文字时，均只在引文后标明页码，不再一一注明出处。

的副标题却是《一部虚构作品》(a work of fiction)。显然,这部作品并非传统的战争故事。赫伯尔指出,"在整部作品中,这些故事都是通过各种各样的话语姿态而创作的,包括回忆、表白、解释,以及明确的讲故事行为等"①。奥布莱恩本人在访谈中也承认,这部作品"半是小说,半是故事集。它也部分是非虚构作品"②。里昂则认为它是"短篇小说、散论、轶事、叙事片断、笑话、传说、传记素描和自传速写,以及哲学旁白"等的文集③。就连该书正文前面的评论都给出了不同的说法。比如,《迈阿密先驱报》(Miami Herald)将该书看作文学现实主义的作品,称"这些故事有着察知到的有形细节所特有的具体性,这使得它们像是现实主义艺术的典范"(第 iii 页)。其他评论者则视其为一种完全不同艺术风格的作品。《时代》周刊认为,该书捕捉到了"自由落体般的恐惧感,以及战争的超现实性"(第 iv 页)。很显然,这是一本难以界定其类型的著作,因为它本身包含着各种各样的风格和体裁。正如纳帕斯德克指出的,这部作品"抵制简单的归类:它部分是小说,部分是故事集,部分是散论,部分是新闻报道;更重要的是,它同时是所有这些文类"④。

除此之外,每一个读者都会注意到该书形式的复杂性,或者说形式的混乱性。作者采用了各种后现代叙事手段,如时间顺序的颠倒、各种元素的拼贴、同一事件的不同角度叙说等,这些手法赋予小说以一种超现实的形式。这正是作者想要达到的效果,奥布莱恩在一次访谈中提出,战争小说包含种种超现实的因素:"在战争中,理性官能慢慢降低作用……接管过来的是超现实主义,是想象的生命。士兵的头脑成为经历的一个部分——大脑好像流出你的头部,融入你周围战场上的各种因素之中。它就好像走出了你的身体。战争是一种超现实的体验,因此,作家以一种超现实的手法来表现战争的某些方面,就显得很自然,也很恰当。"他还说:"对于参战的人来说,每一种战争看起来都是没有形式的。"⑤ 据此,奥布莱恩放弃了传统现实主义的手法。根据德国哲学家阿多诺的理论,如果采用现实主义手法去模仿,那必然意味着作者会对支离破碎的、超现实的感觉进行整

---

① Mark A. Heberle, *A Trauma Artist*: *Tim O'Brien and the Fiction of Vietnam*. Iowa City: University of Iowa Press, 2001, p. 178.
② Martin Naparsteck, "An Interview with Tim O'Brien", *Contemporary Literature* 32.1 (1991), p. 1.
③ Gene Lyons, "No More Bugles, No More Drums", *Entertainment Weekly* 23 Feb. 1990, p. 52.
④ Naparsteck, p. 1.
⑤ McCaffrey, Larry, "Interview with Tim O'Brien", *Chicago Review* 33 (1982), p. 135.

理，赋予整饬的形式。① 奥布莱恩采取的是"超现实的手法"，像在战争中一样，他让自己的"理性官能"降低作用，而让感觉、想象接管。让人赞叹的是，这种种高度形式化的叙事技巧并未削弱其内容的真实性。正如哈罗德·布鲁姆所说，"奥布莱恩编织了一个完全超现实的、虚构出来的故事，但众多作家、读者和批评家都说它是一部对'越战'最真实、最有说服力、最直言不讳的描绘"②。

然而，并非所有的评论家都给予好评。吉姆·内尔森在其《交战的小说：文化政治与"越战"叙事》一书中就提出，这部作品"只是一种新的唯美主义，是对讲故事和文学想象的力量的一种信任"③。他认为，该书对"越战"的高度虚构化的再现是失败的，因为它们无法也未能呈现战争的现实。他写道："讲述'越战'的超现实性和非现实性，就是混淆物质性事实和感觉性体验，就是对该场战争的神秘化。诚然，从士兵的角度来看，战争的混乱是超现实的，而且战争的某些因素……可能是'非现实的'。但这种看法的问题是，它主导了对'越战'的文学描绘。如果我们像许多批评家那样，视'越战'为对定局性（finality）的抗拒，那就等于说，'越战'是无法说清的，因此也就等于说我们无法从中取得教训。这种对定局性的否定，就是否定对战争的任何肯定的、明确的理解。"④ 米德尔顿认为，内尔森的质疑提出了一个关于创伤事件之再现方式的严肃的伦理问题，"任何一个试图再现'越战'的艺术家都面临这么一个挑战，即如何再现这一跨越了二十年美国历史至今依然左右着人们对战争中的美国的看法的、极为复杂的而在情感上又极具重要性的事件"⑤。

不过，无论是内尔森还是米德尔顿都忽视了一点，即《他们背负着的东西》并非只是关注对"越战"的描写。实际上，"越战"叙事之于奥布莱恩，只是一种"抵达人类心灵及其所承受的压力"的一种方式。正如作者对访谈者所说，这部书"记述了所有我身上的、内心中的垃圾，物质的和

---

① 见拙作《让语言自身言说：从语言的角度看阿多诺的现代主义美学及其政治意义》，《文艺研究》2006年第1期。
② Harold Bloom, *Bloom's Guides*: *Tim O'Brien's The Things They Carried*, Chelsea House, 2005, p. 15.
③ Jim Neilson, *Warring Fictions*: *Cultural Politics and the Vietnam War Narrative*, Jackson: Mississippi University Press, 1998, p. 197.
④ Neilson, p. 195.
⑤ Middleton, 2008, pp. 95-96.

精神的负担"①。事实上，由于《他们背负着的东西》描绘了战争给士兵们带来的沉重精神负担，它甚至得到了精神病专家的推崇，他们认为该书对战争创伤进行了富有洞见的再现。② 因此之故，赫伯尔将奥布莱恩称为"创伤艺术家"，"虽然越南既是创伤发生的场所，又是奥布莱恩战后事业的源头，但是他拒绝被称为战争作家，这表明'创伤作家'是一个更恰当的标签"③。在赫伯尔看来，《他们背负着的东西》是一部既关涉创伤，又关涉康复的作品，因为作品本身就说过，"这点非常真实：故事能够拯救我们"（第255页）。他认为，这部作品"将讲故事这一行为本身当作最重要的题材来处理，从而协调了这两点真理（即创伤与康复）"④。经过详细的分析，他提出："作为将自己无法背负的东西转译为真实的战争故事的一名创伤幸存者，奥布莱恩……经历了恐惧、内疚和悲伤，最后获得了他本人的平和心境"⑤。这一结论与内尔森等人的观点其实有着相似之处，不同的是，赫伯尔认为作品描述的不是"越战"本身，而是作者的创伤与康复过程。

这些观点的问题在于，人们要么只关注该书的形式特征，要么只关注它的内容。极少有人关注到这两者之间的关联，尤其是该书的元小说特征与其故事内容之间的关系。诚然，人们普遍注意到该书的元小说特征。就连作者本人也在一次访谈中明白地说："这整部书都是关于虚构、关于我们为什么进行虚构的。……我在努力地书写虚构是如何发生的。"⑥ 不过，人们往往将这些形式技巧当作讲述内容的工具而已。卡罗维在她的文章中细致

---

① Lee, Don, "About Tim O'Brien", *Ploughshares* 21.3 (Winter 1995-96), p. 200.
② 参见 Judith Herman, *Trauma and Recovery*, New York: Basic Books, 1992; 以及 Jonathan Shay: *Achilles in Vietnam: Combat Trauma and the Undoing of Character*, New York: Touchstone, 1994。
③ Heberle, 2001, p. xix.
④ Heberle, 2001, p. 178.
⑤ Heberle, 2001, p. 215.
⑥ Debra Shostak, "A Conversation With Tim O'Brien", *Artful Dodge*, October 2, 1991, 见 http://www.wooster.edu/artfuldodge/interviews/obrien.html. 有关该书叙事形式的讨论亦可参见 Steven Kaplan, "The Undying Uncertainty of the Narrator in Tim O'Brien's *The Things They Carried*", *Critique*, Vol. 35, No. 1, Fall 1993, pp. 43 - 52; John H. Timmerman, "Tim O'Brien and the Art of the True War Story: 'Night March' and 'Speaking of Courage'", *Twentieth Century Literature*, Vol. 46, No. 1, Spring 2000, pp. 100 - 114; Janis E. Haswell, "The Craft of the Short Story in Retelling the Viet Nam War: Tim O'Brien's *The Things They Carried*", *The South Carolina Review*, Vol. 37, No. 1, Fall 2004, pp. 94 - 109; Michael Kaufman, "The Solace of Bad Form: Tim O'Brien's Postmodernist Revisions of Vietnam in 'Speaking of Courage'", *Critique*, Vol. 46, No. 4, Summer 2005, pp. 333-343。

入微地梳理了奥布莱恩的各种元小说手法，但她也只是得出这样的结论："《他们背负着的东西》探讨了写作的过程……通过检视想象和记忆……通过在一部作品中提供如此多重的技巧，奥布莱恩挖掘了虚构创作的根源。通过如此广泛地关注什么是或不是战争故事，通过审视战争故事的写作过程，奥布莱恩书写了一个战争故事。"[①] 显然，对于卡罗维而言，对战争故事的"书写"才是该书的最终旨归。将奥布莱恩称为"创伤艺术家"的赫伯尔也认真分析过《他们背负着的东西》所采用的种种形式手段，包括元小说手法，"在全书中，故事的创作经过了许多话语姿态，包括回忆、忏悔、解释，也包括明显的讲故事；而且许多故事被不断重复，用更多的细节来补充说明，或增补了额外的解释或评论。这种对虚构过程的无尽复制见证了创伤与叙事之间的相互依赖"。然而紧接着他又说，"最终，作品既表明了通过写作而超越创伤的需要，也表明了这样做的不可能性"[②]。就是说，写作或对写作的讨论，其实都是为了讲述创伤与康复之间的关系。

将这种视形式手段为讲述内容的工具的观点推到极致，就是无限强调形式本身的重要性。如有评论家所说，"在这部小说中，真相与虚构之间的令人目眩的相互作用不仅仅是美学后现代的游戏手法，它也是一种形式，这种形式是作者在自己整个生涯中对故事的力量与能力的关注的一种主题上的延续"[③]。笔者认为，这种观点太过执著于奥布莱恩的元小说情结，忽视了他关注形式、关注故事的能力背后的根本原因，即满腔的创伤该如何去诉说的问题。本文认为，该书无处不在的元叙事结构向我们表明，与其说它是在告诉读者"越战"的真相，或者是在向读者诉说痛苦的创伤体验，毋宁说它是在力图将书写创伤体验的困难传递给读者。也就是说，这部小说的宗旨，是要描绘这种书写的困难。

二 创伤叙事：讲述真相的证词

或许别的战争作家能够将语言视为透明的工具，能够有效地、充分地

[①] Catherine Calloway, "'How to Tell a True War Story': Metafiction in *The Things They Carried*", *Critique*, Vol. 36, No. 4, Summer 1995, p. 251.

[②] Heberle, 2001, p. 178.

[③] Maria S. Bonn, "Can Stories Save Us? Tim O'Brien and the Efficacy of the Text", *Critique* 36 (Fall 1994), p. 13.

再现他们的创伤体验，但对于饱受创伤体验折磨的奥布莱恩来说，语言再现是相当艰难的。因此，与后结构主义理论家不同的是，奥布莱恩对语言再现现实的能力、对艺术传递内心感受的能力的怀疑并非出于纯粹的理论思考，而是出于沉重的精神压力。这是因为，能否有效地再现残酷的过去和传达内心的焦虑，关涉作者自我疗伤的有效性。科尔克等人认为，心理健康与个体是否能够将时间体验叙事化（to narrativise temporal experience）有关。① 他们的理论来自法国精神病专家皮埃尔·让内（Pierre Janet, 1859-1947）。根据科尔克的挖掘，让内所说的"叙事记忆"（narrative memory, 即理解和组织过去的方式）深受创伤体验的困扰。创伤记忆拒绝被放逐到幸存者对过去的感知中，因此拒绝被同化到"叙事记忆"中。创伤性事件经由诸如侵入性思想、噩梦、闪回或幻觉等持续不断的、无意识中进行的现象而得到重现。因此他们把创伤看作主体之叙事化官能（narrativising faculty）的一种紊乱。② 因此，从创伤中康复过来的过程就意味着创伤性事件之被融入连贯的、组织好了的对过去的叙事中。科尔克写道："创伤记忆是未被同化的，极其强烈的体验碎片。这种体验须整合到已有的精神图式中，必须被转化为叙事语言。而要想成功实现这点，遭受创伤的病人必须常常回到记忆中，以最终完成它。"③ 也就是说，当"故事能够被讲述出来，当病人能够回顾所发生的事情，并将它安置到他的人生历史、自传及其个性整体中"的时候，"彻底的康复"就能成功地发生。④ 奥布莱恩在《他们背负着的东西》中所持的观点，与科尔克等人的理论颇有共通之处。他在书中写道："四十三岁了。战争发生在半辈子前，然而回忆却使它回到现在。有时候记忆会导向一个故事，使它成为永远。这就是故事所要做的。故事是要把过去与未来连接起来的。故事是夜深人静的时候当你不记得你是怎样从你过去的样子走向你现在的样子时所要东西。故事是为了永恒的，那时记忆被抹拭了，除了故事之外没有什么东西能够回忆起来。"（第40页）他还说，"故事能够拯救我们"（第225页）。就像书中的叙事者们，

---

① Bessela A. Van der Kolk & Onno Van der Hart, "The Intrusive Past: The Flexibility of Memory and the Engraving of Trauma", in Cathy Caruth (ed.): *Trauma: Explorations in Memory*, Baltimore: The John Hopkins University Press, 1995, pp. 158-182.
② Van der Kolk & Van der Hart, 1995, p. 160.
③ Van der Kolk & Van der Hart, 1995, p. 176.
④ Van der Kolk & Van der Hart, 1995, p. 176.

奥布莱恩迫切地希望能够运用各种叙事技巧来恰当地讲述自己的故事，以便获得拯救。

不过，奥布莱恩竭力讲述真实的战争故事，其原因并不仅仅是为了自己获得拯救。当奥布莱恩和其他"越战"士兵回到美国的时候，他们发现，国内的民众急于恢复战前的生活，因此他们采取了一种对创伤体验的集体否定，就是说，他们拒绝直面痛苦的战争记忆。而另一方面，饱受战争创伤的老兵则挣扎着想摆脱战争所带来的心灵创伤。奥布莱恩在一篇文章中曾经哀叹说，美国在战后调整得太好了。美国人普遍希望，"越战"结束之后，一切都重新回到某种"正常"的状态。这么一种希望在奥布莱恩看来是得到了完美的实现。但是，这是一种遗忘。他本来是"企望我们会多一点困惑"的。①"越战"的确是苦涩的记忆，可是忘记它就意味着背叛历史，意味着同样的事情还可能再发生。正是出于这一点，奥布莱恩试图通过不断地讲述"真实的战争故事"，来引发美国人对"越战"产生"困惑"，从而真正去反思它。"越战"文学研究专家林纳尔达也坚持认为，"就'越战'经历而言，美国最需要做的，就是去理解它"②。只有感到"困惑"，才会产生"理解"的需要，才会真正反思造成战争的原因。

正如苏珊·菲尔曼和多莉·劳伯所说，伦理、政治、道德甚至是无意识的律令迫使人们充当创伤性事件的证人，这意味着言说者必须讲述"真实的战争故事"。然而，如菲尔曼所研究的，作证的行为有着相当的风险，因为"证词无法由他人来转述、重复或报道，因为那样会丧失其作为证词的功能。因此，证人的负担——即使有其他证人和他／她一道——是一种极其独特的、无法和人交流的、独自背负的重担。诗人保罗·策兰说，'谁也无法为证人作证'。作证意味着背负起责任的孤独境况，或更准确地说，是背负起孤独境况的责任"③。作证的另一个问题是，虽然证人是唯一能够讲述真相的人，然而被讲述的真相并不仅仅属于他／她本人。菲尔曼解释说，作证必须超越证人个体的私人体验，因为他人必须能够听懂证人所要讲述的真相，"由于证词是对他人说的，因此，处于孤独境况的证人乃是那

---

① Tim O'Brien, "We're Adjusted Too Well", *The Wounded Generation: America After Vietnam*, ed. A. D. Horne, Englewood Cliffs: Prentice, 1981, p. 207.
② Ringnalda, *Fighting and Writing in Vietnam*, 1994, p. ix.
③ Felman & Laub, 1992, p. 3.

外在于他的事件、现实、立场、维度的一个载体"①。因此,讲述战争的真相,不仅关涉奥布莱恩个人救赎的问题,也关涉为历史作证促使世人对给人类带来无尽创伤的战争进行认真的思考。但问题是,战争真相和个人创伤能否经由语言而传递给世人呢?

奥布莱恩对这个问题是感到悲观的。他曾经对访谈者说:"我知道我写过,但与此同时,我又觉得我好像没写过这些文字,好像有人将这些文字引向我这里一样。……一旦故事开始运作,我就再也感觉不到自己在充分掌控着一切。我感到我在受自己的创造物的摆布。我能左右它们,然而它们也在左右着我。这听起来很神秘,或许真的太神秘了,但这确实是我的感觉。"② 就是说,语言有着自身的逻辑,言说着的主体并不能真正驾驭这一媒介。但是,作为一名作家,对于奥布莱恩来说,最大的问题是,作为"未经中介的"真实存在的创伤体验与象征符号即语言之间存在着巨大的鸿沟,这两者之间难以确立对应关系。亲历过纳粹迫害的哲学家阿多诺就深知,苦难在公共领域中并不容易得到表达。人们都明白,我们要承认苦难的存在,要想法为苦难留出空间,但当我们试图在公共领域中表达苦难的时候,苦难始终无法得到充分的概念化。因为进入概念之中的客体永远都会留下一些残余。在苦难的概念化过程中,总是有些东西不被听到,得不到表达。在阿多诺看来,难言之痛的表述本身就是一种颠覆性的行为。他说:"有必要让苦难发出声音,这是一切真理的条件。因为苦难是一种客观性,它沉重地压在主体之上;它的最主观的体验,它的表达,是要以客观的方式来传达的。"③ 根据阿多诺的非同一性哲学,人类体验是无法化约为概念和范畴的。但人类的状况却是由这些概念和范畴界定的,它们就是人类所能认识的东西。但与此同时,那幽灵般纠缠着概念化的非同一物使得我们无法通过表达来触及真实本身。无论我们有着多么高超的叙事技巧,人们的痛苦体验与人们所能表达出来的东西之间,永远存在着本质性的差异。任何一个牙疼过的人都知道这一点。我们永远也无法保证,在表达的时候,痛苦体验与痛苦述说之间能够完全同一,"当前,每一种表达行为都在歪曲真理,出卖真理。同时,无论用语言做什么事,都会蒙受这种悖论

---

① Felman & Laub, 1992, p. 3.
② *Artful Dodge*, 1991, http://www.wooster.edu/artfuldodge/interviews/obrien.html.
③ Theodor Adorno, *Negative Dialectics*, New York: Continuum Press, 1987, pp. 17-18.

之苦"①。

在《他们背负着的东西》中，奥布莱恩始终被这种悖论之苦纠缠着。所以，在该书中，他常常放弃对痛苦体验的再现，而去反反复复地讨论该如何讲故事。看看他的目录——22 章中有 4 章连标题都是与众不同的："如何讲述一个真正的战争故事""风格""注释""好的形式"。奥布莱恩说："真正的战争故事是无法讲述的。"因此，他不厌其烦地在书中讨论应该如何"讲述一个真实的战争故事"。因此，这部作品有着明显的元小说技巧。人们都知道，所谓元小说，指的是"一种虚构作品，这种作品有意识地、系统地关注自身的虚构性，为的是质疑现实与虚构之间的关系。在对自身建构方法进行批判的过程中，这种写作不仅审视叙述性虚构作品的根本结构，而且还探索这个世界在文学虚构文本之外的可能的虚构性"②。虽然奥布莱恩采用元小说技巧的目的并不是要系统地关注小说作为虚构物的地位，但是他的确非常关注现实与虚构之间的关系。在他看来，真实与虚构之间的界线是非常模糊的，"在一切战争故事中，尤其是在真实的战争故事中，人们很难将已经发生过的事情（what happened）与似乎发生过的事情（what seemed to happen）区分开来"（第 71 页）。他接着说，"在许多情况下，真实的战争故事是不能相信的。如果你相信它，你就会怀疑它。……在其他情况下，你甚至无法讲述一个真实的故事。有时它是无法被讲述的"（第 71 页）。为此，奥布莱恩区分出故事真相（story-truth）与事实真相（happening-truth）。他说，"我希望你知道为什么故事真相有时比事实真相更加真实"（第 179 页）。为了说明这两者的区别，他在《好的形式》中甚至给出了例子：

> 这是事实真相：我曾经当过兵。到处都是尸体，真实的尸体，真实的人脸，但当时我还年轻，我不敢看。如今，二十年之后，留给我的是没有人脸的责任，没有人脸的悲伤。
>
> 这是故事真相：他身材纤细，死了，大约二十岁上下，颇有些优雅。他躺在美溪村（My Khe）旁一条红土小路中间。他的下巴嵌进喉咙里了，一只眼睛闭上，另一只眼睛则是一个星形的洞。我杀了他。

---

① Adorno, 1987, p. 41.
② Patricia Waugh, *Metafiction: The Theory and Practice of Self-Conscious Fiction*, London & New York: Methuen, 1984, p. 2.

> 我想，故事能做的，就是使事情在场出现。
>
> 我能看到我以前永远无法看到的东西。我能把人脸与悲伤、爱、怜悯、上帝联系起来。我能勇敢起来，我能让自己重新感觉到。（第180页）

事实真相与故事真相的区别不在于是否真正发生过，而在于故事真相能够栩栩如生地再现当时的情况，虽然它是虚构出来的。然而问题是，如果真是那样的话，那么作者根本就不用考虑事实真相了。他可以像传统小说家一样去虚构，去模仿。如果只需要妙笔生花，就能够"使事情在场出现"，又何必再喋喋不休地去区分两者的不同呢？

奥布莱恩的元小说技巧／内容关注的真实存在与象征，其实就是符号、能指与所指之间不可通约的问题。在此，我们可以回到早期叙事学那里找到分析的途径。众所周知，热拉尔·热奈特在其经典著作《叙事话语》中，将叙事文本分为三个层次。首先是叙事（Récit, narrative），这是最核心的，热奈特将之定义为"讲述一个事件或一系列事件的口头或书面的话语"[1]。其次是故事（Histoire, story），指的是相继发生的事件。事件本身，而不是被讲述的方式，构成了故事，因此是叙事的内容。热奈特用语言学的术语来说明这两者的区别。他说，故事是"所指，或内容"；而叙事则是"能指、陈述、话语，或叙事文本本身"[2]。热奈特还引进了第三个术语，即叙述（narration, narrating），即"包括在本身之内的叙事行为"（the act of narrating taken in itself）[3]。热奈特解释说，叙述是"生产着的叙事行为，以及该行为发生于其中的全部真实或虚构的情景"[4]。不过，在整部《叙事话语》中，热奈特几乎都是在讨论《追忆似水年华》中故事情节的错乱安排，而极少关注这个叙述范畴。从理论上来说，他的分析并没有多少新意，只是重复了俄国形式主义对故事与情节所作的区分。这里暂且放下叙述这一层面，先来看看热奈特的叙事／能指与故事／所指在《他们背负着的东西》中的运作情况。

在奥布莱恩的写作生涯中，对于同一个故事／所指，他写出了许多不

---

[1] Gérard Genette, *Narrative Discourse: An Essay in Method*, Trans. Jane Lewin, Ithaca: Cornell University Press, 1980, p. 25.
[2] Genette, 1980, p. 27.
[3] Genette, 1980, p. 26.
[4] Genette, 1980, p. 27.

同的叙事／能指。在这些作品中，故事内容基本相同，但是叙事却大不相同，因为他采用了不同的细节、措辞和结构。《他们背负着的东西》出版之前，有一些故事被奥布莱恩反复讲述和修改了十多年。而且，当一个故事被反复讲述的时候，叙事者越来越依赖对先前叙事的记忆，而不是对事件本身的记忆。这些叙事成了鲍德里亚所说的拟像，因为它们再现的是先前的叙事，而不是故事，或真实事件。奥布莱恩的故事不知道被讲述过多少遍了，以至于每一个叙事都在表达和阐释其他叙事。这也许就是为什么有不少批评家将奥布莱恩看作一名着迷于文字游戏的后现代小说家。但是，奥布莱恩在书中写道：

> 这不是游戏。它是一种形式。此时此刻，就在我虚构我自己的时候，我想到的是，我想告诉你为什么这本书要写成这个样子。比如，我想跟你讲：二十年前，我看见一个人死在美溪村的一条小路旁。我没杀他。但你知道，我当时就在那里。我在那里，这就已经够有罪了。我记得他的脸。那不是一张漂亮的脸。因为他的下巴在喉咙里。而我记得感觉到责任和悲伤的负担。我责怪自己。这是对的，因为我当时在场。（第179页）

这个虚构出来的故事使得奥布莱恩能够呈现给读者一个关于许多士兵是如何体验到内疚和痛苦的独特的真理。因此，奥布莱恩所要传递的是他的体验和感觉，而不是要去再现当时发生的事情。故事真假无所谓，能把感觉传递给读者才是最重要的。所以他坚持说"一个真正的战争故事永远都不会是关于战争的。它讲的是阳光。它讲的是当你知道自己必须翻山越岭去做自己害怕做的事情时，黎明是如何以一种特殊的方式倾洒在河面上的。这个故事讲的是爱和记忆。它讲的是悲伤。它讲的是从来不给回信的姐妹，讲的是从来就不听你讲的人"（第85页）。为什么他这么说？因为他的目的不是讲述战争，而是战争对他的影响。然而这影响却又无法形容，无法描绘，也无法绕开。也就是说，奥布莱恩的叙事所要处理的，并不是热奈特所说的指涉那些相继发生的事件的所谓故事，也不是科尔克所说的故事。在后者那里，只要"故事能够被讲述出来"，"彻底的康复"就能成功地发生。[1] 因此，奥布莱恩

---

[1] Van der Kolk & van der Hart, 1995, p.176.

这个"创伤艺术家"在《他们背负着的东西》中所讲述的并不是"康复"。他的叙事所要处理的，是他的创伤体验。

三 如何讲述和聆听一个真实的战争故事

奥布莱恩的叙事任务因此变得更加艰巨。前面所讨论的真实存在／象征符号、能指／所指、痛苦体验／概念性表述之间的鸿沟，在《他们背负着的东西》中，并不仅仅存在于叙事文本与战争故事中，也存在于叙事文本与创伤体验中。在后者这里，这道鸿沟更加难以逾越，因为创伤体验的表述，必须借助战争故事。也就是说，这里甚至存在着两条鸿沟：战争故事／叙事文本、创伤体验／叙事文本。为了解决这个问题，奥布莱恩至少采取了两条策略：一是虚构一些故事；二是反复讲述同一个故事。然而这两条策略能否成功地传递他的创伤体验？奥布莱恩自己也没有把握。因此，他采取了元小说的技巧，直接讨论起这些策略的效果，时而为自己辩护，时而又否定自己。这一层面的文本，就是热奈特区别出来了但未给予充分讨论的所谓的叙述层面，或元小说层面。

关于虚构策略，前面讨论故事真相与事件真相时已经涉及。奥布莱恩认为，虽然他没有射杀那个越南士兵，但他却虚构出自己的杀戮来，因为他觉得，当时自己身在杀戮现场却没有阻止杀戮，这本身就是一种有罪的行为。因此虚构出自己杀人的故事就更能够说明自己的内疚。也就是说，当事件真相或曰真实经历无法传递自己的创伤体验时，奥布莱恩就诉诸故事真相，即虚构的故事。除此之外，奥布莱恩有时还借助于书中的人物，来表达类似的意思。在《他们背负着的东西》中，好多人物都会讲故事。奥布莱恩通过描写和评论这些故事中的故事讲述，来深入探讨故事真相与事件真相的问题。雷特·祁利（Rat Kiley）就是其中的一个典型。在《茶蓬江上的情人》一章中，他讲述了一个17岁的美国少女因追随男朋友而来到越南的故事。这位姑娘在越南待得久了之后，居然跟一帮专门深入敌人后方打探消息甚至暗杀敌人的士兵跑了，变得冷酷无情，脖子上甚至挂了一串敌人的舌头作为自己的项链。许多批评家都指出这个故事与康拉德《黑暗的心》有着共同之处。但是这个故事是否真实，连该书的叙述者都表示怀疑：雷特·祁利"指天画地发誓故事的真实性，可是我认为，那说到底并不能保证什么。在阿尔法师的士兵当中，雷特以夸张和讲大话而闻名，人们都认为他有夸大事实的压迫症。所以我们大部分人通常都会对他所说的一切打上百分之六七十的折扣。"然而,叙述者同时又指出,"这不是欺骗的问题。恰恰相反:他想给事实真相加热,让它不断升温,直到你能准确地感受到他所感受到东西"(第89页)。其实这也是奥布莱恩的目的。对他来说,讲故事的目的不是要去模仿、再现以前的事情。事情本身并不重要,重要的是要让读者"准确地感受到他所感受到的东西"。他在访谈中也说过:"人们不能为了确切的真相而阅读文学,而应该为了它的情感特质。我觉得,文学中重要的是一些非常简单的东西,即它是否让人感动,它是否让人感觉真实。"[1]

那么,《茶蓬江上的情人》要读者感受到的究竟是什么呢?读者不得而知。但奥布莱恩本人在别的地方提起过。1979年,他在《士绅》杂志中发表了一篇文章,对现代传媒所再现的关于"越战"的老套形象表达了他的强烈失望。他尤其看不惯科波拉(Francis Ford Coppola)导演的著名"越战"影片《现代启示录》(*Apocalypse Now*)。这是有他的原因的。因为虽然该片有着自觉的超现实主义手法,人们依然常常将其看作一部现实主义的、真实的"越战"电影。比如,约翰·斯道雷在其《文化理论与通俗文化导论》一书中就说,"《现代启示录》成了判断对美国'越战'的再现作品是否属于现实主义的标杆。问'它看起来是否像《现代启示录》'这么一个问题实际上就等于问'它是否是现实主义的'"[2]。根据一项调查,61%的受访者认为,该片呈现了"一幅关于'越战'是什么样子的相当现实主义的图画"。[3] 奥布莱恩在文章中指出:"《现代启示录》提供了经过花哨加工的老套形象:古怪的、麻木的、易怒的美国大兵。这部电影有着清楚的隐喻性意图,然而它却传递了这么一个清楚的信息:不仅战争是疯狂的,参战的人也是如此……这部电影似乎在说,'越战'是一个疯狂的垃圾桶,美国大兵是其中的居民……"[4] 显然,作为一名"越战"老兵,奥布莱恩对这部改编自康拉德《黑暗的心》的电影所表现的美国大兵的形象相当不满。因此,他在《茶蓬江上的情人》中重写了康拉德的《黑暗的心》。他将库茨

---

[1] Naparsteck, 1991, p. 9.
[2] John Storey, *Introductory Guide to Cultural Theory and Popular Culture*, 1993, pp. 162–163.
[3] 以上事例均转引自 Alexis Middleton, p. 9。
[4] Tim O'Brien, "The Violent Vet", *Esquire*, Vol. 92, No. 6, Dec. 1979, p. 100.

(Kurtz)塑造为一名来自美国主流社会的天真女孩,一名年仅 17 岁的拉拉队长。奥布莱恩认为,通过叙述这个女孩如何成长为一个恐怖杀手,读者就会领悟到"越战"是如何改造人的,因而无法"将罪责全部推到退役的美国大兵"身上。①

再来看看另一个策略,即以不同形式反复讲述同一个故事。比如,奥布莱恩讲述过一个关于一名美国大兵如何因为战友的死而对着一头小水牛拼命开枪的故事。这个情节在以下六个章节中得到了反复的叙述:《旋转》("Spin")、《在雨水河中》("On the Rainy River")、《被我枪杀的人》("The Man I Killed")、《埋伏》("Ambush")、《好的形式》("Good Form"),以及《死者的生平》("The Lives of the Dead")。每次都是从不同的角度,用不同的篇幅来讲述。这不是唯一的情况,在全书中,被反复讲述得最多的,还有围绕特德·拉文达尔(Ted Lavender)、科特·莱蒙(Curt Lemon)和齐奥瓦(Kiowa)这三位士兵的死亡而发生的事情。作者为自己的做法所作的辩护是,"只有当故事好像无止境地讲下去的时候,你才能讲述出真正的战争故事"(第 76 页)。或许因为所有这些叙事加起来,它们之间就会相互衬托、相互映照,从而间接传达创伤体验。由于他觉得自己总是无法传递"真正的真相",无法让读者真正理解自己的内心感受,因此他唯一能做的,就是反反复复地以不同的方式来讲述同样的故事,"耐心地讲,这里添一些,那里减一点,编出一些新的东西来,以讲出真正的真相"(第 85 页)。我们甚至可以说,他在自己所有作品中的反复叙说,本身就是其精神创伤的一个体现。

"如果你一直讲个不停,你就能讲述真正的战争故事"(第 85 页)。奥布莱恩采用这种反复讲述的方式,显然不是为了故事本身。实际上,讲什么并不重要,重要的是不断进行的讲述行为。正如伊瑟尔所说,再现是一种述行性行为(representation as a performative act)。这种行为与《他们背负着的东西》中的人物桑德斯(Mitchel Sanders)所玩的溜溜球一样。玩溜溜球不是要得出什么结果,其乐趣就在于不断地把球抛出去,让它被绳子拉回来,又抛出去。同样,奥布莱恩的写作目的,不是给大家讲述越南战争的故事,而是要通过这种絮絮叨叨的方式来诉说他本人和其他参战的美国大兵心灵所遭受到的创伤。如果他像一般的小说家那样讲战争故事,那么

---

① Tim O'Brien, 1979, p. 100.

读者会沉浸在激烈的战斗故事中,忘却讲故事者的存在,更遑论体味后者所承受的苦楚。絮絮叨叨的讲述阻断了读者的阅读快感,但使得真实的经历深深地刻写在读者的脑海中。正如杰弗里·哈特曼所说,"牢记一首诗就是要将诗存放在脑子里,不是把它消解为各种有用的意义"[①]。因此,奥布莱恩不是在讲故事写小说,他是在写诗,因为他说:"(我们在阅读的时候)除了故事本身之外,没有什么东西值得去记忆。"因此,作为叙述者,他不得不一次又一次地以不同方式去讲述同一个故事,"这对我来说还行。我以前讲过很多次,很多种版本——但现在要讲的才是真正发生过的事情"(第85页)。因为真正发生过的事情,只有在被讲述的那一短暂的时刻才算是真实的。内心的苦楚无法传递,但问题是,这些苦楚只能在传递的过程中才有可能被读者重新体验。这样做的好处是,通过反复地促使读者参与决定究竟是什么东西"真正地"发生在一个特定的情景中,通过强迫读者去经历那种明确认识真正发生过的事情的不可能性,奥布莱恩摆脱了独自记忆和理解事件的责任。他把读者拉入同谋中,无论你是什么时代的人,什么地方的人,都被他拉入他和战友们的战争创伤当中。

然而,无论是在虚构还是在讲述真实的经历,絮絮叨叨、反复讲述究竟能否达到预期的效果,奥布莱恩心中没有底。他始终不敢确定读者是否能够真正理解他的内心痛苦。前面提到,在《他们背负着的东西》一书中有许多讲故事的情景,包括他自己以及书中人物的讲述,几乎都涉及听众的反应,比如在《如何讲述一个真实的战争故事》中,叙述者回忆起自己曾经好几次对着公众讲述枪杀水牛的故事。就像鲁迅笔下的祥林嫂那样,他在刚开始时也感动了一些听众,"我讲这个故事时,经常有人在会后走上前来跟我说,她很喜欢。讲这话的总是个女人。有时候是个老女人,脾气好,很仁慈,又懂人情。她会说,她通常讨厌战争故事,她不理解为什么人们愿意在血污中打滚。但她喜欢这个故事。可怜的小水牛,让她很难受,有时甚至流些眼泪。她会说,你应该将这一切抛诸脑后,找些新的故事来讲"(第84页)。叙述者没有直接说出自己对这些听众的感受,但他接着写道:"……她根本没听。这不是战争故事,而是关于爱的故事。但你不能那么说。你所能做的,就是再讲一次,耐心地讲,这里添一些,那里减一点,

---

① Geoffrey Hartman, *Criticism in the Wilderness: The Study of Literature Today*. New Haven: Yale University Press, 1980, p.274.

编出一些新的东西来,以讲出真正的真相"(第85页)。当你要诉说自己的痛苦经历的时候,听众相当重要。他们的同情和理解能够减轻你的痛苦。维科洛·罗利指出,虽然创伤幸存者的痛苦经历和心理防御会使他们疏远公众,但为了治疗,社会应该为他们讲述自己的故事提供文化形式和机会,让他们获得某种社会承认,甚至是社会的接受。① 如果没有这么一种公众的同情,创伤症状会加重。弗吉尼亚·沃尔夫小说《达洛卫夫人》中的赛普蒂莫斯(Septimus)就是一个例子②。

奥布莱恩也给出了类似的例子。参加"越战"的美国大兵在越南的时候渴望生还家乡,然而当他们回到家乡之后,却发现战争的梦魇如影随形。更糟糕的是,当他们想诉说的时候,却发现没有听众,或者即使有听众,他们也无法把自己的感受说明白。在《说起勇气》一章中,波克(Norman Bowker)满腹的烦恼无法排遣,只好驾着他老爸的车在湖边一遍又一遍地兜圈,就像时钟的指针一样,只是除了一片湖水之外,没人聆听那滴答声。只有那湖,"对于沉默而言,是一个好听众"(第138页)。可怜的"越战"老兵,"战争结束了,没什么地方好去了"(第137页)。家乡就在眼前,然而"市镇好像有些遥远。萨丽结婚了,麦克斯淹死了,他爸爸在家看国家电视网转播的棒球赛"(第139页)。他能说的,也就是人们耳熟能详的,无数"越战"士兵讲述过的乏味的故事。他无法像奥布莱恩那样,反反复复、絮絮叨叨地讲述这些故事,所以他只好不说。他开始在脑海中设想和父亲交谈的情形,在这一虚构出来的讲述中,当他触及最让他痛苦的、战友死于粪场的场景时,他迟疑了:"——你肯定你想听这事?"在想象中,他觉得父亲会这样回答:"——嘿,我是你老爸啊!"(第162页)是啊,老爸本来就有责任听儿子的诉苦。但现实是,老爸在看棒球赛!波克多么渴望老爸来听啊,因为老爸能够理解他所要讲的"不是让人讨厌的语言,而是事实。他老爸会交叉双臂等着他讲"(第165页)。然而,事实上没人会来听,他老爸也不会听。因为,他意识到,"一个很好的战争故事……不是战争故事所要的,不是讨论英勇事迹所要的,镇里没人想知道那可怕的恶

---

① Vicroy Laurie, *Trauma and Survival in Contemporary Fiction*, Charlottesville: University of Virginia Press, 2002, p. 19.
② 关于《达洛卫夫人》中的创伤问题,参见 Tsai Mei-Yu: "Traumatic Encounter with History: The War and the Politics of Memory in *Mrs. Dalloway*", *NTU Studies in Language and Literature*, No. 18 (Dec. 2007), pp. 61-90。

臭。他们想要善良的意图，美好的行为。但也不怪镇里的人，真的。这是一个不错的小镇，很繁荣，房屋整齐美观，一切卫生设施都很方便"（第169页）。痛苦的回忆依然无法摆脱，甚至越来越强烈，直到后来像电影一样在脑海中重演。最后，他终于意识到诉说的不可能性，于是他把车停下来（如果说车是他老爸的象征，那么离开车就等于和老爸告别），走进湖中央，好像给自己施洗礼一样。他看着国庆的烟花，"他觉得，对于一个小镇来说，这是非常好看的节目"（第173页）。就这样，由于找不到听众，他自杀了。

然而，即便找到了听众，依然会有被误解的危险。因此，奥布莱恩在书中不断地提醒他的读者，真实的战争故事不是什么。实际上，他是怕读者误解。人们都期望能从故事中获得教育意义，但奥布莱恩警告说："一个真正的战争故事从来都不是道德的。它不会教导人们，不会鼓励美德，不会提出正确的人类行为方式，也不会阻止人们去做人们总是在做的事情。如果一个故事似乎是讲道德的，千万别相信。如果在战争故事讲完的时候你感到非常振奋，或如果你觉得端正品行的某个小部分被从更大范围的废墟中抢救出来了，那么你就成了一个非常古老而又糟糕的谎言的受害者。"（第69页）那么，战争故事究竟讲的是什么？就连奥布莱恩本人也不知道："一个真正的战争故事常常甚至没有任何意义，或者，直到二十年之后，在你睡着的时候，它的意义才会击中你；于是你爬起来，摇醒你老婆，开始给她讲这个故事，然而当你快讲完的时候，你又忘记要讲的意义了。于是，你长时间躺在那里，看着故事发生在你的脑子里。你听着老婆的呼吸。战争结束了。你闭上眼睛。你笑了，你在想，上帝，那意义是什么啊？"（第82页）因此，奥布莱恩甚至要求读者不要对故事进行概括总结，无论总结出来的是什么，"战争故事并不概括。它们不会沉湎于抽象或分析"。最终，故事"沦为内脏本能。一个真正的战争故事，如果得到真实的讲述，会让肚子相信"（第78页）。奥布莱恩无奈地说："真的，关于一个真正的战争最终是没有什么好说的，除了可能说一声'哦'。"（第77页）

所有这些无奈，表明奥布莱恩感到深刻的困惑，读者也跟着感到深刻的困惑。正如先前所说，这种困惑会产生"理解"的需要，会引导人们真正反思造成战争的原因。因此，奥布莱恩通过元小说技巧来向我们传达书写创伤体验的艰难和必要，最终向我们提出了一个沉重的要求：与其在他人的创伤叙事中寻找事情的真相，不如仔细聆听叙述者内心的苦痛，聆听他们如何竭力摆脱创伤的阴影,只有这样,才能找到战争的根源,才能最终避免战争。正如凯茜·卡露丝在《创伤:记忆中的探索》一书的序言中所说,"聆听创伤的危机,不仅是要为事件而聆听,而更应该在证词中聆听到幸存者如何摆脱创伤;就是说,治疗学的听众所面临的挑战,就是如何聆听这种摆脱"①。

---

① Caruth, "Introduction to Trauma and Experience", in *Trauma: Explorations in Memory*. Baltimore: Johns Hopkins University Press, 1995, p. 10.

记忆的消费与政治
——《南京！南京！》与《金陵十三钗》的变奏

贺桂梅*

摘要：本文认为同样是叙述南京大屠杀题材，《南京！南京！》与《金陵十三钗》这两部商业影片呈现了意义丰富的"变奏"关系。论文从电影叙事媒介、影片叙述结构与性别秩序、城市空间书写、国族身份的政治修辞、国族叙事的历史符码五个层面，分析两部影片的意识形态内涵。这种关于民族创伤记忆的书写，紧密地联系着当下中国的文化认同，并与国际性的文化市场运作形成了直接的互动关系，由此，文化消费与政治想象、国族叙事与性别秩序、民族主义与跨国认同及西方中心主义等，共同构造了一处暧昧的话语纠结场域。

关键词：南京大屠杀 新战争片 女性 国族 南京 政治（无）意识

Abstract: Centering on the same topic of the Nanking Massacre, two commercial films, *City of Life and Death* and *The Flowers of War*, present a rich sense of variation. From the perspectives of medium, structure of film narrative and gender order, city writing, political rhetoric of national identity and historical code of national narrative, this essay analyses the ideological implications of these two films. The narrative of national trauma in these films is closely related to the contemporary cultural identity of China and the international cultural market. Therefore, an ambiguous discursive field comes

---

* 贺桂梅，北京大学中文系副教授。

out as a result of the interaction between cultural consumption and political imagination, together with the relationship between national narrative and gender order, the conversation between nationalism and transnational identity as well as western centrism.

Keywords: Nanking Massacre new war film female nation Nanking political unconscious

在近年的中国影坛（或者不如说中国电影/大众文化工业市场）上，引人注目地出现了两部以南京大屠杀为题材的商业影片：《南京！南京！》（陆川导演，2009年）与《金陵十三钗》（张艺谋导演，2011年）。这两部高投资、大制作的中国大片，不仅讲述了同样的故事——1937年南京被日军攻陷后的大屠杀记忆，而且有极为类似的影像元素和叙事格局——废墟般的南京城、战争暴力、战死的中国士兵、大屠杀场景、挺身而出的中国女人、乱世方舟般的教堂空间等。它们在高度相似性中表现出来的差异性，构成了颇有意味的变奏关系。

自21世纪初期，由张艺谋等人开创"中国大片"这一制作模式以来，商业电影已经成为中国投入高且回收也相对高的大产业形态之一。《南京！南京！》于2007年开拍，投资8000万人民币，2009年4月公映；《金陵十三钗》策划自2006年，投入资金据称达6亿人民币，当时被称为"投资最高的中国电影"，于2011年12月公映。尽管作为一种工业/产业形态，商业电影具备工业体系复制再生产的许多特点，因而形成了颇为丰富的"类型电影"特征，不过，《金陵十三钗》与《南京！南京！》的相似性仍旧是意味深长的。也就是说，这两部"大片"间的变奏关系，显示出的是近年中国电影工业运作与大众文化消费，在政治（无）意识、历史记忆建构、性别秩序想象与国族认同叙事等多个层面的症候性表达。

一 "大片"新类型："让子弹飞一会儿"

可以说，《南京！南京！》与《金陵十三钗》首先是一种新类型的中国大片。作为一种高投资、大制作，以国际市场为主要目标的电影工业形态，饱受诟病的"中国大片"一直有着鲜明的"类型化"特征。2002年张艺谋导演、张伟平制作的《英雄》开启了中国式大片的基本制作模式。此后，

《十面埋伏》（张艺谋，2004 年）、《无极》（陈凯歌，2005 年）、《夜宴》（冯小刚，2006 年）、《满城尽带黄金甲》（张艺谋，2006 年）等喧腾一时的大片，都是古装武侠类型。其叙事时间和故事场景都放在古典时代王朝中国的某个时期，同时纳入武侠片的人物关系、情节模式与类型特点。事实上，古装武侠这一大片类型的真正源头，是 2000 年由台湾导演李安在好莱坞工业体系中执导的《卧虎藏龙》。如有评论这样写道："《卧虎藏龙》的成功说明亚洲观众对动作片的热情很高，但同时也证明古装戏和漂亮的武打动作结合在一起，能够在各种人群中引起共鸣，包括艺术电影迷和普通观众。亚洲动作片明星越来越为西方观众所熟悉，他们的矫健身手和东方情调也成为一个有力的卖点。因此，《卧虎藏龙》自然成为处于困境之中的大陆导演们仿效的样板。"① 这一类型的大片，使张艺谋们第一次找到了将中国电影制作纳入好莱坞全球电影市场的可能性途径。21 世纪初的中国电影业正是在这个过程中，找到了自认为成功的商业化道路。

中国式大片的第二种主要类型，事实上也由李安开启，那就是他 2007 年导演的、被称为当年亚洲电影票房冠军的《色·戒》所形成的谍战/言情片。此后，诸多大片导演都延续了这一类型制作模式，使中国电影出现了"谍影重重"的现象。诸如《秋喜》（孙周，2009 年）、《风声》（陈国富，2009 年）、《东风雨》（柳云龙，2010 年）、《听风者》（麦兆辉，2012 年）等②。在这种类型的大片中，男女主人公的间谍身份，颇有意味地呈现了后冷战时代身份认同的困惑与重构，人们可以在全球化时代国族身份流动、冷战意识形态在东亚地区的失效与有效、中产阶级族群的主体认同等多个层面，找到关于自我认同的种种象征性或现实性的启示。

在很大程度上可以说，《南京！南京！》与《金陵十三钗》的变奏/复沓，呈现的是中国式大片第三种类型即新战争片的基本特征。事实上，自从 2007 年冯小刚成功转型，拍摄出"新战争片"《集结号》之后，高科技特效的战争场面，就成了中国大片导演追求的主要目标之一。在这些影片中，最成功、也将这一类型的诉求表现得最为直接的，或许是姜文导演的《让子弹飞》。在这部 2010 年中国电影的票房冠军影片中，充满银幕的，不仅是让中国"腐女"们感到赏心悦目的三大男明星演员（姜文、周润发、

---

① 《〈英雄〉揭幕中国大片时代》，《华尔街日报》2002 年 12 月 26 日。
② 相关分析参见戴锦华《谍影重重——间谍片的文化初析》，《电影艺术》2010 年第 1 期。

葛优）的对手戏，也不仅是让对中国现实问题感到不满的左派与右派们都各有心得的"革命"叙述，更直接的冲击其实是视觉和音效极度饱满、不无夸张的枪弹炸裂的战争暴力场面。这也是电影为何名为"让子弹飞"的原因了。作为一个有着高艺术素养并且不屑于与商业电影为伍的导演，姜文在经历了《太阳照常升起》票房失败之后，可以说是主动地迎合商业电影的消费口味而制作了《让子弹飞》。《集结号》和《让子弹飞》中的战争场面，极大地突破了原有中国电影中战争题材片、枪战片等的影像格局和视听效果。在枪械配置、画面构图、音效、烟火爆破、服装设计、外景地选择以及多机位镜头拍摄等许多方面，事实上应该说，这些电影已经在塑造一种新的影像语言。《南京！南京！》则无疑也是这些新战争片中的一部。

在《南京！南京！》中，颇具视听震撼效果的是影片前 1/3 段落的巷战。手提摄影机的使用、烟火的爆破特效、黑白画质的选择、战争场面的设计与子弹炸裂人体的感官效果等，使一些影评者认为《南京！南京！》应当从属于"《集结号》所开创的中国战争片序列，而非我们耳熟能详的'革命历史题材'影片"，同时也看出了它与好莱坞战争片如《拯救大兵瑞恩》《硫磺岛家书》《辛德勒的名单》等的视听风格的直接关联[①]。正如中国大片所追求的"国际市场"，事实上不言而喻地意味着好莱坞电影工业体系覆盖下的国际市场，中国大片之"新战争片"的灵感与源泉，也主要来自好莱坞。其中特别重要的是斯皮尔伯格（Steven Spielberg）的《辛德勒的名单》（*Schindler's List*，1994 年）、《拯救大兵瑞恩》（*Saving Private Ryan*，1998 年）以及好莱坞电视剧《兄弟连》（*Band of Brothers*，2001 年）等所起的示范效应。这种关联性最直接的表现，是《金陵十三钗》前 40 分钟战争场面的制作者，正是高价从好莱坞请来的威廉姆斯（Joss Williams）电影特效团队，他们也是《拯救大兵瑞恩》《兄弟连》《特洛伊》等一系列好莱坞大片战争场面的制作者。这也显示出中国战争大片这一类型的另一特征，即相对于前一时期武侠片与谍战片而言，它们的资金、明星演员、电影技术的制作等，不再局限于亚洲的华语电影圈，而表现出了程度更高的国际化运作的特点。《集结号》的一个主要卖点，就是其战争场面主要由韩国一家战争特效制作公司完成，这就是制作了韩国好莱坞式战争大片《太极旗飘扬》（姜帝圭，2004 年）的 MK pictures 公司。这也正如《金陵十三钗》

---

① 胤祥：《〈南京！南京！〉：陆川的历史景片》，豆瓣电影（douban.com）2009 年 4 月 22 日。

之于好莱坞的威廉姆斯团队，以及克里斯蒂安·贝尔（Christian Bale）这个好莱坞一线明星出演一部"中国电影"的主人公，显示出中国商业大片越来越深地成为国际电影工业的内在组成部分。

中国战争大片的出现也表现出了明确的类型化特征。除去对好莱坞式战争特效场面的追求这一工业技术层面的共同特征之外，另一主要特征是，它们主要表现的是现代中国的战争历史。在这之前，表现相似历史的影片常被称为"战争题材"或"革命历史题材"影片。对战争特效的追求，使得这些影片完全摆脱了"老战争片"的影像与造型风格，并且在叙事倾向上也有着新的追求，那就是：在重写现代中国战争历史的过程中，实现个人与历史的某种"和解"。正如《集结号》被导演称作"为有委屈的人而拍"，新战争片试图化解或"治愈"在现代化过程中民族—国家对个人的重压或伤害，以及由此留下的历史恩怨。重温人们在现代历史中遭遇的伤痛时刻，目的并非再度加深那种伤害感，毋宁说，乃是要在"中国崛起"这一新的历史情境下，通过重新诉说创伤记忆来"治疗"在现代化过程中作为"落后"民族而承受的历史伤痛。而战争，无疑是这种历史创痛最为集中的呈现。这也造就了这些战争大片与"老战争片"及"主旋律"影片的不同之处：它们往往通过一种个人叙事视点来讲述历史，在某种"怀旧"的影像情调中，让痛苦的历史不那么具有威胁性地再度浮现于现实之中，并通过重新讲述而使郁积的伤痛得以化解。在此，个人性叙事视点与治疗式历史叙述，成为新战争片的某些明确标记。

这也构成了《南京！南京！》与《金陵十三钗》的重要叙事特征。《金陵十三钗》选择当年从南京城中逃出的幸存者作为叙事人，讲述南京沦陷时刻的记忆，本身即给观影者留出了一种"事后"追忆的安全心理距离。而《南京！南京！》则以德国人拉贝（以当年留下的明信片）和一位日军士兵作为主要视点发出者，从而将南京大屠杀记忆中的中国人置于某种"外在"的观看位置之上。"外国"叙事人所造成的这种间离效果，正如同今天的中国人重新面对大屠杀事件时历史的也是心理的观看距离。在认同与间隔之间，"怀旧"几乎成为影片必然而内在的构成部分。这不仅表现在两部影片都程度不同地使用了黑白影像画面和纪录片式的拍摄风格，也表现在影片治疗式的叙事效果：人们能够直面并重温历史创伤的时刻，往往是在自己确认已经远离那种危险，并将"创伤"内化为当下自我的构成部分的时刻。只有在这样的时刻，"怀旧"才可能出现，并平息过去的创伤所留下的被伤害记忆。换句话说,"怀旧"是某种确认"现在"的方式。

不过,正如同"中国崛起"是一个如此暧昧和引起如此多争议的说法一样,关于当下中国的认知与叙事并非是一件确定无疑的事情,这也使得所谓"怀旧"与"治疗"式历史叙述并不总是很容易就能成功的。特别是在面对南京大屠杀这样的危及整个中华民族现代认同的创伤记忆时,就更是如此。

二 战争+女性:当男英雄半路死后

《南京!南京!》与《金陵十三钗》固然表现了新战争片的典型特征,不过是更具有独特性的两部影片。其叙事结构上的最大特点,是它们都表现出了某种"拼贴"性,即影片前部外景空间中的战争片和影片后部室内空间的言情/剧情片两者的拼合。就其作为战争片"异类"而言,两部影片最重要的因素是女性人物在战争情境中的出场,从而改变了一般战争片的基本格局。无论《集结号》还是《让子弹飞》或《拯救大兵瑞恩》《兄弟连》,它们作为战争片的主要特色是"男人片",即主人公是清一色的男性。如《集结号》《让子弹飞》,甚至在中国文化市场上孕育出了一种专以看男人戏为乐趣的特殊观众群"腐女"。这背后蕴含的社会观念与性别秩序,当然是因为"战争"一直被视为男人的职责,"战场"也被视为"男人的天下"这一普遍观念了。这也就意味着,如果要表现战争,就无法相应地纳入女性人物形象;即便有女性人物出场,很大程度上也主要是作为战争的受害者/客体,为男性英雄拯救的对象,并由此在战争片中纳入言情的因素。

不过,有意味的是,正是在有意无意之间,《南京!南京!》改变了这一基本叙事规则。

《南京!南京!》又名《生死之城》,讲述了1937年12月日军攻陷南京城后,入城的日本士兵与反抗的中国士兵,特别是德国人拉贝组织的难民营中的中国秘书及其妻女、难民安全委员会的女教师、遭难的中国女性等各色人等的生与死。尽管导演试图全方位地展示不同人物的视点,但影片事实上主要透过日军下级军官角川(中泉英雄饰)的观看视点而展开叙事,并以拉贝(John Paisley饰)留下的明信片组织叙事结构。在影片中,几乎所有的中国人都死去了:男人被屠杀、女人遭强暴。而作为侵略者一员的角川,在目睹战争的残酷之后,无法承受精神上的巨大压力也选择了自杀。

在他死前，放走了被俘的两名中国士兵。那是仅有的从生死之城中逃出去的中国人。

但有趣的是，影片公映版的这种叙事格局，却并非导演（同时也是编剧）陆川的本意。据叙述《南京！南京！》拍摄过程的纪录片《地狱之旅》（导演李静、乔宇，2012年），在导演最初的设想中，逃出南京城的人原定为男一号、国民党下级军官陆剑雄（刘烨饰）。但是在影片的拍摄过程中，导演遇到的最大问题是：陆剑雄如何能够躲过大屠杀而活下去，特别是如何"出城"？他一次一次"被人救"："被拉贝救过，被姜老师救过，被唐秘书救过"。这使得导演和演员都觉得这个人物的戏"有很大问题，不成立"。为什么"不成立"呢？一是导演无法找到一个恰当的具体办法，使这个身材高大的中国军人能够逃脱日军的追捕而到达南京城外；另一方面则是，男一号的这种被动性违背了潜在的叙事规则与性别游戏规则：陆剑雄在影片中作为"抵抗的中国军人"的象征，本应作为主体去拯救客体（女人或孩子），如果他反转为客体（被人救），则意味着男性英雄/国族主体无法成立。于是，导演最终痛下决心：陆剑雄"必须杀掉"。由此造成的后果是：几乎是第一次，在如此大投资的商业/主旋律大片中，作为主角的男性英雄中途就死掉了。这意味着这部影片更改了商业电影基本的叙事成规及观众获取观影快感的方式。

同时，"陆剑雄之死"也改变了影片的基本叙事格局。从导演最初的设想来看，《南京！南京！》原本是要拍成战争/言情片的，因此有男一号陆剑雄和女一号姜淑云（高圆圆饰）。陆剑雄的死，使得姜淑云这个归国女教师、难民营安全委员会成员，在影片中的主角位置也变得暧昧起来。如果陆剑雄不死，这两人本应发展出一段乱世恋情。而在公映版的影片中，姜淑云从未见过陆剑雄，只是从死里逃生的小豆子（陆剑雄身边的小兵）和顺子（陆剑雄的副官）嘴里得知："都死了，就剩下我们两个人。"陆剑雄死后，影片的叙事空间从巷战/屠杀的街头与外景，转入难民营的室内空间。基本的叙事冲突，则是日军四次闯入难民营强奸中国女性，而姜淑云代表的安全委员会则一次一次地试图保护遭到暴力侵犯的难民营女人。在这种权力关系格局中，姜淑云（以及难民营安全委员）某种意义上取代了陆剑雄的主体位置，担负起保护女人的责任。

有意味的是，正是在难民营安全委员会与难民营的女人，在保护者与被保护者的关系格局中，姜淑云与难民营女人小江（江一燕饰）演绎出了一份暧昧的姐妹情。

小江在影片中的身份并不那么明确。在拒绝剪发一场戏中,她说自己"凭本事吃饭",似乎暗示她是妓女。但在姜淑云与日军争辩"留长发、用口红的就是妓女吗?"时,又暗示小江并非如此。小江在《南京!南京!》中的出场,或许在导演最初的设想中,原本是陆剑雄与姜淑云恋情关系中一个并不那么重要的点缀。但是,在男性拯救者死亡和女性主人公被迫充当拯救者的关系格局中,小江开始反转商业电影大片的基本叙事规则。反转之一是,她的存在使得战争言情之"男女情"转变为女人之间的"姐妹情"。在影片中,有三条情感线索展开,其一是日军下级军官角川和日本慰安妇百合子(宫本裕子饰)的春妇情,其一是唐秘书(范伟饰)和唐太太(秦岚饰)的夫妻情,另一则是姜淑云与小江的姐妹情。但与前两份感情通过语言表述和场面渲染不同,姜淑云与小江之情,完全是通过画面和视觉语言而隐晦地传递出来的。

姜淑云与小江的最初相遇,是日军士兵第一次冲进难民营强奸妇女之后,女人们被迫剪去长发。小江拒绝。在姜淑云带领安全委员会成员巡视的过程中,她当面顶撞姜淑云:"我不剪。不打仗了我还靠这吃饭呢!"这是影片中一直在难民营忙着奔来跑去的姜淑云,第一次有了属于她的主观视点镜头。或许在导演的设想中,这种恋人相遇的对切镜头,本应发生在姜淑云与陆剑雄之间。两人第二次出现在同一场景中,是日军骗过安全委员会而第二次冲进难民营大肆强奸之后。姜淑云安慰被伤害的女人们后,走向同样遭到凌辱的小江。她独自靠在窗前,一言不发,姜走近坐下,抚摸她伤痕累累的手。两人第三次在同一视觉场景中,则是紧接着唐秘书(范伟饰)告密(告知日军难民营藏有中国伤兵)之后出现的一个欢快的场景。这几乎是影片中唯一轻松和愉悦的场景了:唐小妹(姚笛饰)在教孩子们唱越剧"梁山伯与祝英台",唐太太在招呼玩闹的孩子们,人群仿佛再度回到和平时期的日常生活情境中。当唐小妹唱到"情投意合相敬爱,我此心早许你梁山伯"时,画面出现的是姜淑云搂着小江,两人含笑对视。同时,在移动镜头中,日军军官(电影中另一个仅次于角川的日方重要人物)伊田修(木幡龙饰),从难民营外注视歌唱着的唐小妹。他是获知了唐秘书告密的消息而前来屠杀中国伤兵的,但电影同时暗示:正是在这个时刻,他"爱"上了美丽单纯的唐小妹。因此,唐小妹的歌声与画面上相拥的姜淑云与小江,是在明确地暗示她们之间的感情。

更值得注意的是，影片在姜淑云与小江的情感之上建立的第二个叙事的反转：小江从一个受保护的女人/客体，转换为拯救难民营的英雄/主体。而这种拯救，是以主动地付出她的女性躯体/生命为代价的。

在捕杀伤兵一场之后，日军第四次闯入难民营。这一次他们要求难民营提供100个女人作为慰安妇。难民营的女人们像牲口一样被赶入教堂牢笼一样狭窄的空间中，站在高处的是两拨人，一是拉贝和安全委员会成员，一是角川、伊田修等日军军官。拉贝和姜淑云在向女人们进行动员："你们的牺牲会给难民营换来食物、棉衣、过冬的煤。这意味着，这些孩子们可以活过这个冬天。"影片中最震撼人心的一幕出现在此时：人群中，小江举起手说："我去。"黑白片的画质、慢慢浮起的感伤的舒曼音乐（*Winter Time*）、高处投下的光影中浮动的灰尘，使得女人举起的纤弱之手，仿佛艺术品一般圣洁而近乎透明。它显然在昭示着女人纤弱的躯体，如何因承受巨大的牺牲而具有了受难的品质。但同时，影片有了两次深情的对切镜头：举手走出人群的小江，目光向上，平静而深情地注视姜淑云，对切姜淑云哭泣的脸；100个即将成为慰安妇的女人走出教堂之际，小江回头流泪注视，对切姜淑云痛苦扭曲的脸。影片中同样采取了这种对切镜头的，是唐秘书决定放弃逃生机会而与唐太太决别的时刻。显然，影片试图赋予柔弱的女人在如何承受巨大的牺牲时以情感的动力。但是，在原本应作为拯救者的男性英雄陆剑雄的死去，在原本应作为"拯救之父"的拉贝的无能（参照于历史上的真实人物，特别是与《南京！南京！》同期放映的《拉贝日记》，影片中的拉贝只能说是"无能"的），在用女人的躯体换来人们的"粮食、棉衣、过冬的煤"（这些原本是男人们应该挣来的日用品）的角色颠倒中，难民营——这个日军占领下中国人唯一的安全空间，事实上已经完全"女性化"了。在女人们一声声的"我去"中，难民营的人们，男人女人孩子们得以活下去。而这份"活着"的资格，是女人们挣来的。于是，才有挺身而出的小江与姜淑云的深情对视，有小江挽起另一个自愿去的女人的手，也有了影片最后姜淑云的死：她正是为了救那些男人们而死。在整部电影中，恐怕没有哪个时刻比那个形象猥琐的幸存士兵顺子一声一声的"姜老师救我"，更显出男人的无能乃至无赖了。

不过，如果因此认为《南京！南京！》表现出了女性（主义）立场，或许并非恰当的结论，毋宁说那不过是"男英雄半路死后"的必然结果。当男性英雄作为拯救者消失之后，女性的受害者才得以凸显到影片叙事的前台，并因而生发出不同的情感面相。不过有意味的是,恰恰是这样的时刻,常规的性别秩序本身受到了颠覆。这一方面深刻地(或许是不经意地)揭示出民族—国家与男权之间的内在同构关系,另一方面女性作为两者的客体位置也呈现出来。在后一意义上,影片正试图借此表现出某种超越民族主义的文化认同。值得分析的是小江与百合子、姜淑云与角川之间的对位关系,前一组合是跨国的受难者,后一组合是跨国的暧昧的拯救者。由于百合子这个日本慰安妇的出场,影片表达出了一种超越国族的性别认同,角川甚至曾有一瞬间发生过误认,以为躺在慰安床上的小江就是还活着的百合子。这与影片选择角川这个"日本人"作为南京大屠杀记忆的叙事人具有同样的意味,即努力尝试突破民族主义的限定,而在某种国际的、普遍"人性"的视野中批判战争的非人道性。这使得南京大屠杀记忆,游离出了单一的民族主义叙述视野,而被置于某种国际性的目光交互投射的场域中。跨国性构成了《南京!南京!》叙事上的重要特点,这是中国式大片所追求的国际市场视界的直观呈现,也与当下中国所面临的如何在全球化格局中重新认知自我的历史处境紧密相关。然而有意味的是,所谓"国际的""普遍人性"的视野,在影片中的具体呈现无一不与"西方(文明)"密切相关:作为"归国女教师"的姜淑云和曾在"教会学校学习"的角川,在国际性的难民营组织中成为两个真正超越国界限定的人,但他们是通过"英语"与"十字架"来认知对方的。而如果同时考虑到影片中最终得以逃出南京城的两个中国人(小豆子和顺子)形象上的"愚顽"/"不开化",就不能不意识到,所谓超越民族主义的国际视野是如何与西方中心主义纠缠不清的。

可以说,《南京!南京!》的拍摄完成,有着某些不按商业电影"牌理"出牌的特征。虽然从制作方式而言,这完全是一部商业电影,甚至是一部"主旋律"影片,但是导演陆川试图在影片中纳入的内容,却使其具有某种"四不像"的特点。有人称其走了一个"四边形":"陆川的电影破解了一种思维:被体制认可的影片一定是主旋律影片,被市场认可的影片一定是商业影片,被学院认可的一定是知识分子影片,被专业人士认可的一定是独立影片",而《南京!南京!》的独特性正在于它同时具有这些特征[①]。但是从影片的拍摄过程来看,对于第一次从小成本的独立电影制作转向商业大片制作的陆川而言,与其说他是在有意识地走这个"四边形",不如说这是

---

① 胡赳赳:《〈南京!南京!〉还是鬼子!》,《新周刊》2009年4月28日。

某种不得已的结果。这既是因为陆川尚不完全熟悉商业大片的制作方式，也是因为他试图在商业电影中加入游戏规则以外的内容。但有意味的是，《南京！南京！》公映后引起的巨大反响与争议，却使得这种不成熟或不规范变成了影片的某种特色。

最有意味的是，《南京！南京！》这一似乎是在偶然之中形成的叙事格局，却在两年后公映、表现同一题材的《金陵十三钗》这部"投资最贵"的影片中得以复制。

三　逃不出去的南京城：中国人的悲情

在很大程度上可以说，《金陵十三钗》是《南京！南京！》的精粹版。称其"精粹"，意味着《金陵十三钗》将存在于《南京！南京！》中的那些含糊、不明晰甚或纵横交错的人物关系，潜在的意识形态诉求，作了精到的萃取。自然，这里所谓"精到"，不过是商业大片叙事成规的精到而已。事实上，因为过分拘泥于模式化的叙事成规，并且有意识地要"避开"《南京！南京！》那些引起争议的"缺陷"，《金陵十三钗》在"精到"的同时也在很大程度上失去了更丰富的意义表述。

与《南京！南京！》一样，《金陵十三钗》也有着同样的"两截"：前40分钟是男性英雄李教官（佟大为饰）带领教导队的巷战与牺牲，后90分钟是天主教教堂这一更为纯粹的室内空间里，两群中国女人（14个妓女与12个未成年的女学生）和一个美国男人（男主人公约翰，Christian Bale饰）、一个男孩（陈乔治，黄天元饰）一起，与教堂外的日军周旋的故事。在同样的中国男性英雄死去、由女性主导的室内空间里，再一次的，女人们充当了拯救者，而且是身份如同小江一样暧昧的妓女。所不同的是，这一次被拯救对象是明确的，即一群"小女人"/处女，绝对意义上的作为拯救对象的客体；同时，帮助实施这次成功拯救活动的，是一个美国男人。

女人与战争的关系在这部电影中被明确地改写了。与《南京！南京！》相对混乱的叙事视点不同，《金陵十三钗》有确定的叙事人，即女学生书娟（张歆怡饰）。她透过高大的天主教教堂顶端那绚丽的窗花玻璃，张望着教堂内外发生的一切——"一个小女孩的视点，透过彩色玻璃，看一群美丽的女人"（导演语）。于是12个舍弃自己生命拯救他人的秦淮河妓女，在这样的视点中，被幻化为最美的形象："战争之花"。她们的躯体，在残酷的战争与大屠杀背景之下,作了极度的夸张与渲染,"华丽"与"香艳"(导演语)到极致。如果说新战争片刻意追求的视听效果,便是坚硬的子弹穿透人体的那种炸裂感,如果说战争的暴力性,永远是针对人体的暴力,那么在极度残酷的战争背景下,极力凸显女性身体的"华丽"与"香艳",特别是妓女式的挑逗与轻佻,无论怎么说,都已经隐含了将情色暴力化或将暴力情色化的观看方式。事实上,"战争+言情"的内在观影快感,正来自这种暴力与情色的暧昧组合。而《金陵十三钗》与《南京!南京!》的最大不同,就是对这种观看/消费方式作了最为商业化的提取:在战争暴力背景下,对像花朵一样香艳的女性身体的观看。

影片引导观看的方式,并非一个小女人对成熟女人的观看所能包容的,相反,在电影中,给出最多观看视点的,其实是男一号、职业入殓师,替代神父位置的美国人约翰。他与女一号、秦淮河头牌妓女玉墨(倪妮饰),上演了一场真正的"乱世恋情"。可以说,在《南京!南京!》中无法完成的战争/言情剧,在《金陵十三钗》中完成了,但条件是将中国抗日男英雄换成一个美国人,一个"长着西方人脸孔的混混"。

在《金陵十三钗》里,如同《南京!南京!》中的"陆剑雄必须杀掉",在教导队教授当时最先进的德式枪械技术的李教官,也"必须杀掉":他在影片开始后约40分钟时,就为了保护女学生们而骑士般地牺牲了。本来,他是"再有几步就出城了"的。事实上,就影片的叙事格局而言,他的存在与他的死,很像是电影中"多"出来的一部分:他与教堂里的女人们并没有太多交集,就如同陆剑雄与难民营的人们关系不大一样。但这个半路死去的男性英雄的存在是必要的:那是"中国人尊严"的象征。据称,张艺谋在拍摄这部分战争戏时,用了将近一个月的时间,这是拍摄一部正常影片需要的时间;而且投入《金陵十三钗》的巨资很大部分都花在这个段落。

如果是这样的话,那么也许可以说,正是这"多出来的部分"构成这两部影片相似与变奏的内在症结:相对影片故事"多"出来的并不是"多余的",毋宁说那是无法说出但又必须要说的深刻精神创伤的症候。这是一个"脓包""伤口"鼓出来的那部分"赘肉"般的存在。"英雄之死"显然直观地昭示着一种主体的"被阉割"情境,但是比这更多:人们不能不写"英雄",但又不能不写他的"死"。这种两难构成了《南京!南京!》《金陵十三钗》的"两截戏"。如果对两部电影如出一辙的"两截戏"作某种症候性解读的话，也许可以说，这正是中国人在面对南京大屠杀这一民族创伤记忆时的集体心理症候的一种具体呈现。无论《南京！南京！》还是《金陵十三钗》，其实都在讲述一个同样的故事：那就是中国人记忆与情感中"逃不出去的南京城"。

事实上，在这两部电影中，除了生生死死的男人与女人们，另一个最大的主人公就是南京城，1937年12月沦陷在日军铁蹄之下的当年的中华民国首都。两部电影都在讲述南京城沦陷时刻的故事。城市空间一直是被作为独立的影像元素加以构造的。被炮火轰毁的断壁残垣、死寂的堆满尸体的废墟、空旷的穿透性的城市空间，以及在废墟之上耸立的一个宛如诺亚方舟般的封闭空间（难民营或教堂），这些构成了南京城的基本视觉景观。与其说这是"城"，不如说是噩梦般的废墟、人类的末日与文明的尽头更合适一些。战争与城市空间关系的特性就表现在，炮火将一切私密的、封闭的、日常生活的空间，全部摧毁为破碎的、敞开的、丧失了日常形态的非人存在。更值得注意的是，在两部电影中，男性英雄的抗争都发生在开敞的街巷，而女性人物的拯救故事则发生在相对封闭的空间。从视觉的感官上而言，这不仅意味着男性的抗争发生在室外，女性的拯救发生在室内，同时也暗示出一般性别秩序中男女活动的空间特性。开敞的公共性的空间，是属于男性的，而封闭的私密性空间，则无疑常常是女性的。电影叙事的"两截戏"，从男性主导的巷战到女性主导的室内剧，同时也可以解读成一个朝向隐秘空间退却的心理过程。那个女性主导的封闭空间，无疑也在暗示着一种类似母体般的心理空间。因此，那一次又一次闯入室内进行强奸、骚扰的日军，就仿佛噩梦中的魔鬼一般，标示着那种女性化的（毋宁说是母性化的）心理空间的极度不安全感。于是，整部影片的情绪诉求，就是从室外的抵抗，到室内的逃避，进而是如何能够"逃出去"，从这个不安全的随时有着"魔鬼"闯入的女性空间逃出去，逃出南京城去。这在某种程度上也直观性地显示出人们进入创伤性记忆情境的心理过程。《金陵十三钗》开篇，书娟的旁白"我记得那天所有的人都在跑，好像永远也跑不出那场大雾"，就是一句极为精到的台词，它几乎概括了两部以南京大屠杀为题材的影片的全部内容与内在情绪。

在两部强调"中国人的反抗"的影片中，逃出去的人却少之又少。《南京！南京！》中是一个孩子（小豆子）和一个逃兵（顺子）（也包括尚未出生的唐太太腹中的孩子），《金陵十三钗》中是12个女学生。无疑，这是一种明确的国族叙事的象征：那个男孩和那群女孩，是中华民族得以延续、"中国不会亡"的表征。但是，有意味的是，谁帮助他们逃出去？在《南京！南京！》中，是无法承受侵略战争带来的心理和精神压力的日本下层军官角川。他将两人送出去，无疑是一种赎罪的标志，之后饮弹自尽。而在《金陵十三钗》中，把12个女学生送出城的，是美国人约翰。这也就是说，是两个"外国人"把"中国延续的希望"送出了城。如果说在影片中存在着拯救与被拯救，那么，拯救中华民族希望的，并不是那些中国的女人们与男人们：他们将永远地留在那座无生有死之城中了。

　　如果意识到南京大屠杀在现代中国人情感记忆中的特殊位置，就不难理解这种电影叙事中包含的极具症候性的民族心理了。正如孙歌所说，南京大屠杀已经成为"中国人感情记忆中一个最突出的象征符号"，它"象征着二战中日本军队在中国国土上犯下的罪行，象征着中国人对至今不肯真正认罪的日本政府以及日本右翼的愤怒，也象征着战后五十余年中国人与日本人在感情创伤方面无法修复的鸿沟"①。事实上，它还是"中国"这个老大帝国在走向现代化的过程中遭受的全部屈辱的一个标志性象征符号。南京城，彼时的中华民国首都，被20万日军包围，政府及官军逃出，在连续一周的时间内，30万放下武器的士兵和平民被屠杀或强暴致死。这一事件的惨烈与屈辱程度，超出了中国现代化进程中濒于亡国危机中的任何一次。如何面对和叙述这个历史事件，对于现代中国人而言，已经成为一种对高度符号化与象征化的情感记忆的书写行为。这也就意味着，它必然与如何理解"中国人"的国族叙事联系在一起，同时，它还与巨大的无以解脱的情感张力关联在一起。

　　讨论《南京！南京！》与《金陵十三钗》关于南京大屠杀记忆、战争与国族叙事的变奏时，首先值得提出的问题是：为什么在新世纪的今天，商业电影大片会选择这一题材作为叙事内容？虽被作为中华民族现代性创伤记忆中的极端事件，在大众文化领域，关于南京大屠杀的正面叙述却并不多。在1980年代，曾有《屠城血证》（罗冠群，1987年）等影片，但影响并不大。1996年，以拍摄战争题材著称的导演吴子牛拍摄了《南京，1937》，同样反响平平。这些侧重"记录""见证"南京大屠杀历史事件的影片，并未曾深入中国人记忆的内里去触摸敏感的情感神经，也就是说，

---

① 孙歌：《实话如何实说？》，《读书》2000年第3期。

不关心在个体/主体的国族认同层面引起的复杂情绪,而直接建立起了受伤害民族的反抗性主体。不同的是,《南京!南京!》与《金陵十三钗》更着力于触摸、释放那种被压抑在记忆深处的屈辱的主体感受。这一叙事特点显然与1990年代中期以来东亚格局中的中日关系的变迁相关,也与一种大众社会的新民族主义潮流和心理相关,但更与"大国崛起"背景下"治愈历史伤痛"这一民族心理诉求相关。

这两部影片特别是《南京!南京!》最主要的特征,在于试图从个体的视角直面充满创痛感的历史记忆:在无法接受被屠戮的境地与"必须"接受的历史"事实"之间,主观心理上的绝望挣扎,构成了《南京!南京!》的叙事基调。影片采取的黑白片画质,显然是有意识地试图将南京大屠杀作为"已经过去"的历史事件来处理。"怀旧"成为影片面对这一事件的主要方式,也给予观影者一种有距离的观看与体认位置。但是,与此同时,影片在画面构图方式上,却采取了两极镜头,即一方面是俯瞰全城的大全景镜头,另一方面则是有些突兀的大特写镜头。这种两极镜头的使用,使得影片的"怀旧"充满着某种主观性的情绪氛围。因此,影片虽然具有较为明晰的"纪录片"色彩,特别是某些长镜头、历史视觉资料的使用与黑白画质的交互使用,加重了"记录"历史的感觉,不过,两极化的构图方式,却强烈地凸显了历史书写者本身的情绪、情感和认同指向。仿佛人们在观看已经逝去的岁月中的残酷记忆。在这样的意义上,影片的主题曲采用舒曼的钢琴曲 *Winter Time*,感伤、寒冷、忧郁,带着某种怀旧的距离感和无法摆脱的噩梦般的心境,就成为影片基调最准确的表达。《金陵十三钗》选择孟书娟,这个从南京城幸运逃生的女学生的主观视点来讲述十三钗的故事,也带有这样的意图。

但有意味的是,尽管带着"治疗伤痛"的勇气和诉求努力直面南京大屠杀的历史记忆,但影片叙事的结果,却是这种伤痛几乎是无法被治愈也无法被转移的。这就形成了两部电影关于国族认同的扭曲性叙事。

《南京!南京!》在中国观众中引起关于"汉奸电影"的巨大争议,很大部分原因在于它真实地唤起了那种巨大的民族屈辱感,却无法同时给出解脱之道。导演陆川说,这部电影的拍摄起源于他的一个梦:一群日本士兵在一个占领了的城市废墟上舞蹈。影片中的最后一个重要段落,是日军在南京城举行的占领庆典仪式:在城市的废墟上,在背后的烟幕衬托下,祭奠战死者英灵的日军士兵抬着大鼓,节奏整齐地舞蹈着,仿佛鬼魅一般从城市的深处迎面而来。这完全是一个噩梦的场景。导演在解释这场舞蹈时说:"这场舞蹈是侵略的一方对被侵略一方的一场精神屠杀。它用一种精神控制的方式去屠杀着战争的参与者,使他们成为一个零部件,成为一个自觉的战争机器。这架机器同时在被侵略者被占领者的废墟上,对他们进行精神和文化上的一场屠杀。"(纪录片《地狱之旅》)在这里,有意味的是,所谓"精神和文化上的屠杀"到底指的是什么?显然,银幕上的那场舞蹈,是日本神道与民间传统融合的"英灵祭"。但是,对于不熟悉这种文化传统的中国人来说,它为什么是一种噩梦呢?这种精神控制为什么对中国人会有效呢?

可以说,《南京!南京!》这一占领庆典的舞蹈仪式所传递的内涵是极为复杂的。一方面,它直观地显示了日本军国主义运作的形态。日本学者高桥哲哉引用乔治·L.莫塞的论著,提及"英灵祭祀"在第一次世界大战后成了日本民族主义的重点,"民族主义这个宗教是把国民国家奉为神的宗教,可以认为英灵祭祀是它的典型的礼仪","'英灵'一词,在日本是以靖国神社为中心,是表彰战役士兵的词语"①。通过"英灵祭"这一仪式,民族主义/军国主义认同以一种宗教的形态得以施行。影片中,角川的崩溃,正发生于这一仪式展开的过程中,这也是促使他自杀的最后动因。作为"战争机器"的一部分,他无法保有任何有距离的观察、反省和批判性思考的心理空间。由于曾在"教会学校"学习的经历而具有某种批判意识的角川,在民族主义宗教性的压力和个人的拒斥性情绪之间的两难,才使他选择了自杀。这也就意味着,对战争残酷性的反思,和对民族主义宗教性压力的感知,这两者对于角川都是同样真实的。

值得一问的是,对于陆川这样的中国导演而言,这种日军侵略者的占领庆典,为什么是一个无法摆脱的噩梦呢?也就是说,他从这种军国主义的宗教仪式中感受到的巨大压力到底是什么?固然,这其中有导演陆川作为被侵略民族的一员对曾经的受害记忆的情绪反映。特别是在日本政府和日本右翼始终拒绝承认其战争罪行的当代处境下,这是某种真实的情绪。不过,从更深的层面而言,这却是在帝国主义战争中建构其民族认同的现代中国人的某种内在情感结构。

抗日战争在建构现代中国民族—国家认同方面扮演了重要角色。正是

---

① 〔日〕高桥哲哉:《国家与牺牲》,徐曼译,社会科学文献出版社,2008,第126、117页。

通过这场战争，中华民族的"天下主义"才得以最终转化为"民族主义"，作为"国民—国家"意义上的"中国人"认同才最后形成。如果意识到这一点的话，就会意识到现代中国的民族认同中始终包含着第三世界民族主义所具有的"受害"意识，一种面对强大异族侵略而被迫反抗的"被害者"主体认知。这正是第三世界民族主义与西欧式民族主义的不同。如果说"英灵祭"是西欧式国民—国家对战死士兵的表彰和祭奠，它所强调的乃是一种"崇高的牺牲"的逻辑，即为国家的牺牲是崇高的，因此，"被纪念的，不是战争的恐怖，而是光荣；不是悲剧，而是意义"①。那么，中国导演在面对南京大屠杀这段历史记忆时，无法找到的恰恰是这种"光荣"和"意义"。无论是陆剑雄的战死还是小江、姜淑云的拯救，其前提都含有在极度屈辱中对"中国"这个民族的某种绝望。与《金陵十三钗》将主要场景放在教导队的抵抗与教堂内的拯救不同，《南京！南京！》保留了许多对中华民族自我批判的叙事内容：那像潮水一样涌向南京城门的溃散的败兵，那像"割麦子"一样被机枪扫射而倒地的中国俘虏……因此，在陆剑雄将死的时刻，当周围的俘兵开始高喊"中国不会亡""中国万岁"时，唯有陆剑雄保持着他的沉默。但是，从观影的角度，陆剑雄的沉默比那些先是贪生怕死继而高喊"中国不会亡"的国民党士兵，要更深刻地唤起中国观众的"哀悼"之情：他的存在，使观众将对死者的"哀悼"转化为"自尊的感情"，"要把牺牲和丧失正当化的愿望蔓延了"。民族主义认同的悲情正是在这个时刻才真正产生。

悖谬的是，这种民族悲情只有在他们直面死亡的时刻，才变得"有尊严"——"他们都挣扎过，软弱过，但在死亡的瞬间，他们最终都用自己的方式活出了尊严"（《地狱之旅》，导演语）。某种意义上可以说，《南京！南京！》是一部痛苦地直面"中国人失败了"这一历史记忆的影片。片中，伊田修对着姜淑云和难民营安全委员会成员，强悍地提出要100个慰安妇的要求："你们没有选择。中国输了这场战争。南京已经不是你们的首都了。"这时，画面切换到姜淑云无语而痛苦扭曲的脸。承认"失败"，对于中国人关于南京大屠杀的情感记忆，是一次痛苦的改写：那意味着人们不能仅仅在受害者的位置上控诉侵略者的残暴，还同时必须承认自己为"失败者"的缘由。也正是在这一关键点上，《南京！南京！》暧昧地转到了日本右翼

---

① 〔日〕高桥哲哉：《国家与牺牲》，徐曼译，社会科学文献出版社，2008，第121页。

的逻辑上：没有什么正义与非正义的战争，只有打赢的战争和失败的战争；中国人打败了，所以他们应该接受任何战争后果。事实上，这部影片在叙述历史时最大的意识形态，在于它有意无意间将南京大屠杀书写为一场"正常"意义上的"战争"，而非恐怖的"大屠杀"。在视觉层面上，影片中的大屠杀场景主要是屠杀中国士兵而非平民，这就意味着牺牲与暴力乃是"战败"者必须接受的命运。日本右翼正是如此为其屠杀行径辩护的。但南京大屠杀的残暴性恰恰并非因战败导致的必然结果，而是对无数平民令人发指的残酷杀戮。正因此，它才是人类文明史上最野蛮的一页。这种叙述也是中国观众在影片中读出了如此多"汉奸"意味的原因吧。

在影片中，导演所谓"中国人的抵抗"，几乎可以说就是要坦然地直面作为失败者"死亡"的命运：在中国俘虏们震慑于大屠杀的残酷而不肯再站起来走向屠杀场的时刻，陆剑雄站起来，独自一人走向刑场；这一场面造成的悲情效果，正如小江在密集的人群中，举起手，主动充当慰安妇。当"中国人的尊严"必须用主动直面死亡来表现时，所谓"反抗"就变成了某种对"民族"的绝望。如果不惮于作一种精神分析的话，也许可以说，《南京！南京！》唤起的是某种男性主体遭到"阉割"的心理症候，一种痛苦的难以被治愈的创伤记忆。更具体地说，南京大屠杀记忆正是某种中国国族悲情想象的源头，它象征性地负载了一个"落后"民族在转向现代化过程中遭遇的全部"被害"记忆。中国男性英雄的早死、无法逃离南京这一死亡之城以及异族男性主体代替中国男人实施拯救行为等，都显示出这种主体想象在面对南京大屠杀这一历史记忆时的"被阉割"特性。侵略者在废墟上舞蹈，成为这种情绪的一种极致表现形态，透过噩梦的形态与巫术般的仪式，而将作为"被杀害的中国人"的创伤记忆延伸至现实之中。

但是，正如福柯那句用烂了的名言："重要的不是话语讲述的年代，而是讲述话语的年代。"比讲述了怎样的南京大屠杀记忆更重要的，是为何要在今天讲述？书写这一创伤时刻的当下中国，正被视为"崛起"的"大国"而受到各种讨论。能够在一种国际化情境中通过电影媒介书写这一记忆的行为本身，即是"崛起"的某种具体标志。第三世界民族主义的悲情和抵抗是正当的，正是这种民族认同成为当年的中国人摧垮、驱逐日本帝国主义的巨大精神力量。但今日中国已远非昔日中国，如果历史的重写只是唤起一种落后民族的受害意识与国族悲情的话，不仅显得矫情，而且可能因为不能恰当地认知现实而将民族认同引向扭曲的方向。不过，从另一层面而言，这种"悲情"的发泄或许也是一种治疗的过程：它通过将屈辱书写为"屈辱"，而确认现在的"成功"并因此治愈过去的创伤。事实上，这种关于南京大屠杀记忆的书写，因与当下的中国认同构成了如此紧密而紧张的关系，因此，借以讲述记忆的话语本身，其实已经变成了充满着种种力量角逐和竞争的场域。

四　英雄出处：国族身份的政治修辞

除却选取南京大屠杀这一题材、室内与室外的两截叙事结构、表达一种"逃不出去"的民族悲情这些共同之处以外，《金陵十三钗》与《南京！南京！》在人物的设置上也存在着明确的对位关系。其关系略图如下：

男性英雄：陆剑雄→李教官
拯救者：角川/姜淑云→约翰
献身者：小江→玉墨（及十二钗）
被拯救客体：小豆子→书娟（及12个女学生）
侵略日军：角川+伊田→长谷川大佐
变节或忏悔者：唐秘书（拉贝秘书）→孟秘书（书娟之父）

这种人物设计上的对位关系，与其说是出于模仿或复制，不如说更像是在揭示某种特定历史情境下共享的潜在心理结构。其中最有意味的，并不是被围困在生死之城中的中国人的种种反应方式：有挺身而出者、有勇于献身者、有苟且偷生者，以及注定作为民族希望而必须被拯救者，而是其中的三个关节点：其一是中国男性英雄"必须杀掉"，其二是拯救者无法不是"外国人"，其三也是最重要的，是真正献身受难的是女性而且是妓女/商女。很大程度上应该说，这三处复沓与变奏，显示的不仅是"中国人的悲情"，更是在讲述一个含义暧昧而丰富的"中国故事"：这既是一个关于"中国"的故事，也是一个通过勾连起中国"故"事而重构中国认同的故事。

与此前拍摄南京大屠杀题材的影片以及时下诸多抗日电视连续剧相比，《南京！南京！》《金陵十三钗》"让中国男性英雄无法逃出南京城"这一叙事是颇为意味深长的。

此前同类题材的电影与抗日剧，都会让男性主人公逃出南京城，而且有明确的政治选择，即前往延安或共产党领导的抗日区域。这意味着有关"中国"这一国族—民族的叙事，最终都将归结到政治意识形态的选择上，其前提是国民党与共产党的政治分歧与意识形态对立。但有意味的是，自从战后60周年，特别是2006年前国民党主席连战访问中国大陆之后，如何叙述国共关系，在中国内地的主流话语和大众文化中发生了极大变化。中国国家主席胡锦涛的讲话"中国国民党和中国共产党领导的抗日军队，分别担负着正面战场和敌后战场的作战任务……以国民党军队为主体的正面战场，组织了一系列大战……"①，成为抗战史重写的合法依据。在为纪念抗战胜利60周年而拍摄的主旋律影片《太行山上》（韦廉导演，2005年）中，国民党将领卫立煌与朱德、林彪、阎锡山的联合出场，表明有关抗战史的叙述发生了极大的改变。正是在纪念"二战"结束60周年的诸多文化活动中，特别是历史纪录片拍摄、电视剧制作、图书出版，"国民党和共产党联手抗日"甚至"国民党作为抗日的主力"等历史叙述，渐次成为大众文化的主流。其中影响最大的一部中央电视台的"主旋律片"《人间正道是沧桑》（张黎导演，2009年），明确表达了国共两党"历尽劫波兄弟在，相逢一笑泯恩仇"的政治主题。诸多的抗日剧中，国民党军队作为抗日战场上的民族英雄，变成了一个主要的叙事程式。在2009年李安导演的《色·戒》引起关于"汉奸电影"的争议时，北京的左派知识分子在指责这部电影玷污了王佳芝的历史人物原型时，似乎完全忘记了国民党的民族英雄与共产党抗日叙事的政治分歧，而自然地接受了统一的"中国"这一民族叙事。在《南京！南京！》《金陵十三钗》中，拼死抗争的民族英雄乃是国民党的下级军官，这一叙事形态，其实正是这种国共两党意识形态叙事改变的直接表现。同样有意味的是，两部影片程度不同的"纪录片"风格，不仅表明某种"还原历史真实"的叙事诉求，事实上也吻合于抗战史热潮中的纪录片热②。

---

① 参见曹聚仁、舒宗侨编著《中国抗战画史》，中国文史出版社，2011，第828页。
② 这一时期出现了多部表现抗战历史的纪录片，特别是阳光卫视的《国殇：1937-1945年中日战争正面战场纪实》（陈平总策划，陈君天、陈西林导演，2010）、中央电视台的《我的抗战》（崔永元制片，2009）等。

但是，更有意味的是，国民党军人因抗争而成为民族英雄的同时，他们也"无法"走出南京城，因为那将意味着另外的政治困局：他们将去哪里呢？去往共产党抗日根据地还是国民党主战场？这些都不是能够简单解决的问题。两部影片的意味深长之处正在这里。它们一方面承认了国民党抗日英雄的存在，同时又让他们"必须"死在南京城里；它们一方面让孩子（和那个形象猥琐的国民党副官）逃出南京城作为民族希望的延续，同时又并没有如同此前的抗日电影那样，让他们选择共产党的中国。某种意义上，这是一种妥协的结果：承认国民党的民族英雄，但判定他们并不能拯救中国的未来。共产党在影片中的缺席同样意味深长。这一缺席首先意味着，关于现代中国的国族叙事，可以不必完全笼罩在共产党的政治叙事之下。这或许也是一种"后冷战"时代的大度：因为冷战已然终结了，因此就不必再纠缠于意识形态的分歧。但是，"不出现"在文本中并不意味着在现实中"不存在"，可以说，国民党民族英雄"不能逃出"的原因也在这里。而同时，共产党在电影文本中的不出现，确实造就了关于中国叙事的难题：一种缺乏主体（男性英雄）的国族叙事如何展开？

这两部影片最引人注目的地方，就是它们缺乏男性国族主体。这一特点可以在多重维度上得到解释。正如上面论述所展开的，这首先可以解读为现代中国人的被害悲情。但是，问题不止于此。在战争的大屠杀背景下，当中国男性英雄死去，对于挣扎在难民营或外国教堂的弱势人群（女人和孩子）而言，能够拯救和保护她们的，乃是异族的男人。《南京！南京！》中的角川和《金陵十三钗》中的约翰，如果有共同的特点，那就是他们都与天主教这一西方宗教相关：角川是教会学校毕业的学生，会说一点英语。这种受教育背景，使他具有超出一般日军士兵的"人性"关怀。显然，如果意识到导演在影片中用以批判战争、呼唤人性的文化想象，乃是这些西方印记如此明显的符号时，很难不让人领会到影片在人群的种族/民族身份上表现出的内在文明等级：西方—日本—中国。事实上，在影片中，支配人物"超越国界"也超越战争的思想资源，正是当他/她们不再是中国人、日本人，而是受过西方教育的"知识分子"的时刻：角川正是凭借桌上的一个十字架项链，将姜淑云视为自己的"同类"；而姜淑云，这个"归国教师"，只有在说英语时，她才具备拯救者的能力。作为难民营安全委员会唯一的中国人，难民营解散的时刻，也是她被还原为中国人的时刻。那时，她唯一的可能,就是祈求角川给她一个有尊严的死:"shoot me"。《南京!南京!》的这种"西方中心主义",到了《金陵十三钗》中变成了人物活动、故事展开的唯一场域:在一个天主教教堂里,一个美国人和一群会说英语的中国人(女人与孩子)。在这种情境下,南京大屠杀的悲情,事实上成为某种"人类末日"般的情境。使约翰成为拯救者的,不仅是他那张"美国人的脸",同时还有他源自西方文化传统的人道主义情怀,后者正是促使他穿上神父的服装、铺开巨大的十字架白布,劝阻日军行凶的内在原因。

"西方"在电影文本中的这种呈现方式,既是某种历史事实的呈现,同时更应被视为支配现代世界运转的某种内在文明等级的现实呈现。这是后冷战时代新自由主义资本扩张的现实,也是现代殖民主义/帝国主义扩张过程中的文化现实。相当有意味的是,对于为何拍摄南京大屠杀这一题材,《南京!南京!》《金陵十三钗》的导演都不约而同地提及国际资本的影响:正是在好莱坞的提议下,才有了拍摄这一题材的设想,就更不用说《金陵十三钗》这部采用了好莱坞一线明星、一流的战争特效制作团队、以好莱坞的国际市场为主要目标的电影之基本诉求了。事实上,在 2009 年,与《南京!南京!》同期拍摄并在中国上映的南京大屠杀题材影片,还有德国导演加伦伯格(Florian Gallenberger)拍摄、中法德三国资金合作的《拉贝日记》(《约翰·拉贝》)。显然,西方资金为何在此时热衷于拍摄南京大屠杀题材的影片,有着在"中国崛起"背景下,拍摄一部关于中国人的影片会更容易获得中国市场这方面的考虑。不过,同样重要的是,正是在中国与日本这两个"亚洲"国家的残酷战争中,西方人出演着"文明"的角色。在这个意义上,德国人约翰·拉贝和美国人约翰无论如何都让人意会到他们共同的"西方人"身份。与之相比,《南京!南京!》的导演近乎故意地削弱了拉贝在南京大屠杀事件中的作用和地位,只是为了强调"中国人的抗争"和"民族的尊严"。但是,即便如此,西方文明(教会学校、英语以及与之关联的人性、人道主义)却成为影片更为内在的叙事逻辑:在文明的角川和野蛮的伊田修之间,不是人性的日军士兵与不那么人性的日军士兵的差别,而是受过西方文明教育的士兵与没有受过西方文明教育的士兵的差别;在无法忍受人性的拷问而私自放走中国士兵的角川,与那两个在银幕上形象猥琐的中国士兵(孩子与逃兵)之间,不是日本士兵与中国士兵的差别,而简直就是高尚的"人"与愚顽的"庸众"(低级人群)的差别。当导演试图反抗西方的文明强势,而表现某种民族尊严时,却更深地坠入西方中心主义的文化逻辑之中，这一点暴露出的乃是在现代的帝国主义/殖民主义扩张背后与资本主义现代世界体系同时扩散到全球的"现代西方文明"，是如何深刻地内在于非西方/亚洲人的文化想象之中。事实上，当人们追问为何德国能够在"二战"后忏悔而日本却总是无法洗清它与中国及亚洲国家的历史恩怨时，常常忘记了在主持东京审判的西方人（特别是美国）、在明治维新以来现代化的日本国民，甚至在 20 世纪 80 年代"新启蒙"运动以来的中国人心目中，共同分享的内在的文明等级。"二战"同盟国能在战后迫使法西斯德国彻底反省，正因为那是西方"自己"的、"内部"的事情。而对于日本与亚洲国家之间的恩怨，却以为那不过是"不开化的东方人"的事情。这种文明的等级主义事实上不仅存在于西方国家与亚洲国家之间，现代化的日本如何看待"落后"的中国，以及中国如何在"世界"格局中想象自我，都无法与这种内在的西方中心主义脱开干系。

正是从这样的角度，可以理解为何在中国导演拍摄的"中国大片"中，在南京大屠杀这样的民族创伤情境下，人们接受了观看"战争之花"这一中国镜像：那是中国男性英雄缺失而西方（或西方化的）男性扮演了援助者角色的时刻，作为中国化身的乃是女性和她们对"中国人"的拯救行为。与《南京！南京！》的暧昧与不明晰相比，《金陵十三钗》将这一点发挥到了极致：天主教教堂这个由西方（美国）上帝庇护的空间，比德国人拉贝组织的难民营要纯粹得多。略去了一切现实主义的、混沌不清的因素，人物关系被简化为一个西方神父，12 个秦淮河妓女和 12 个教堂唱诗班的女学生。与《南京！南京！》中一样，挺身而出拯救人群的是女人，且是身份暧昧的妓女。但不一样的是，《金陵十三钗》中，对于妓女和她们的拯救行为作了极度夸张、渲染的表达。

显然，那群在战争背景下显得极度"华丽、香艳"的妓女/商女，此时占据的正是"中国"这个国族的主体位置。美国人约翰充满情欲的目光，以及未成年少女书娟躲在暗处紧张地窥视/张望的目光，都在提示着玉墨这个"秦淮河的头牌"所具有的中国魅力。但是，如果因此认为《金陵十三钗》仅仅表现了一种"自我东方化"式的中国叙事，显然就将影片的复杂意味作了过于简单化的理解。事实上，呈现在《金陵十三钗》中的女性主体叙事，带出了极有历史意味的国族叙事，它使得人们必须将这种中国/女性主体形象放置在中国历史的特定文化语境中来加以指认，同时也非常明确地带出了中国历史上一种观看、理解、消费女性与民族（国族）关系的文化传统。

五 中国"故"事：商女/亡国恨

书娟作为影片叙事人是颇有意味的。如果仅仅是约翰的目光，会使得影片对中国的观看方式显得过于情欲化（男人看女人）、客体化（西方看中国），因此，影片加入了书娟（她在唱诗班女生中的位置，正如玉墨在秦淮河妓女中的位置）这个女孩子观望的目光。这应当是一个未成熟者对一个成熟主体的镜像式自我认同的观看。但是，即便到影片结束时，书娟与玉墨之间也不存在认同关系，或者说，不存在成功的认同关系。叙事人在影片结束时说的是，"一直到现在，我都不晓得那些秦淮河女人最后的结局，连她们一个个名字都不晓得"，她唯一记住的乃是一种"幻象"："在大窗户前，看着她们走进来"。风情万种地走进来，代替女学生们去死，用她们的情与色（影片暧昧地用了"专业"一词）魅惑西方男人参与拯救行动，然后消失——这几乎是从书娟这个女性叙事人角度看到的唯一故事。事实上，仅仅通过影片叙事，人们会不理解书娟为何总是如此固执地对玉墨采取鄙视和轻蔑的态度。对于一个勇于替自己去死的人，"连名字也不知道"，仅仅叫一声"姐姐"，这在情感逻辑上无论如何是说不过去的。但影片中的叙事就是如此。这或许也是使得《金陵十三钗》这部影片无法唤起观众更内在的情感认同的原因之一。事实上，电影所改编的小说《金陵十三钗》（严歌苓，2006）原著中，对书娟的态度有所解释，那就是：玉墨乃是书娟父亲的青楼知己。认出了玉墨的书娟痛恨她破坏了自己的家庭，魅惑了自己正派的父亲，因此对作为青楼女子的玉墨有极强的"不洁"与"邪恶"的感觉而拒不接受她。

显然，在小说原著中，这种叙述带出的乃是妓女/商女在家国序列中真正的社会位置：她们是家国秩序中的"外人"甚或"破坏者"，因此，"亡国"对她们并不是切身之痛。所谓"商女不知亡国恨"，正因为她们本来就是无法进入正常家国秩序的人群。她们身体的流动性，一如她们在家国秩序中的流动性。而最有意味的是，《金陵十三钗》恰恰讲述了一个"商女最知亡国恨"的故事。

法国人类学家列维-施特劳斯曾将女性视为男性族群（包括氏族、部落、民族与国家等）之间建立社会关系的"交换物"①。在战争状态下，这一点至为清晰地显现出来：此时，女性如同财产、领土等一切物品一样，被作为战争成败的标志。可以说，战争状态格外清晰地显现了文明社会的男权/父权品性。特别是在民族/国家冲突的状态下，对女性的强暴几乎成为征服的标志。女性主义理论家写道："……强暴是对国家进行羞辱和污秽的策略。很清楚，国家是一个女人的身体，或者说它就是一个女人。人们认为，女人'不仅是女人'，还是国家的人格化象征。"② 因此，在南京大屠杀及其文化再现的文本中，女性遭强暴总是民族情感的原爆点。在《南京！南京！》和《金陵十三钗》这两部同类题材的影片中，男性英雄的被屠杀与女性人物的被强暴，构成了国族悲情叙事的两个焦点。

值得去问的问题不仅是女性与国族之间的关系，还有为何要特别地强调"商女/妓女"作为国族的化身。两部影片都同样有商女救国这样的情节（小江与玉墨），不过，《金陵十三钗》在这方面的叙事却要含混且复杂得多。更有意味的是，正如上面的分析，《南京！南京！》在有意无意之间，将难民营的女性化空间构筑为某种姐妹/同性情谊的场所，但是，《金陵十三钗》却完全杜绝了这种可能性：不仅书娟与玉墨之间不能确立主体镜像关系，不仅十二钗之间钩心斗角毫无情谊，而且她们代替女学生去死的行为，事实上也被潜在地书写为她们对于家国的某种赎罪行为。这一叙事是如何完成的呢？

两部影片的片名其实已经最大限度地显示了它们的基本叙事导向和可能的立场。"南京！南京！"这一片名，乃是1937年日军决定对中国当时首都南京发起攻击时的军事用语，其含义正如1941年日军对美发起珍珠港攻击的"虎！虎！虎！"。用侵略军一方的军事语言作为影片的片名，一如影片选取一位日军士兵作为基本的叙事人，和因为梦见一群日军占领者在城市废墟上的舞蹈而决定拍摄影片，这里透漏出的是中国男性导演在面对南京大屠杀这一历史事件时某种自虐或被阉割式的心理情境。可以说，在这部影片中，"南京城"其实主要是一种心理空间，而非真实的历史与文化

---

① 相关分析性论述参见〔美〕盖尔·卢宾（Gayle Rubin）《女人交易——性的"政治经济学"初探》，王政、杜芳琴主编《社会性别研究选译》，三联书店，1998，第21~81页。
② 〔克〕克内泽斯威克（Djurdja Knezevic）：《情感的民族主义》，北塔、薛翠译，陈顺馨、戴锦华选编《妇女、民族与女性主义》，中央编译出版社，2004，第143页。

空间。

正是在这一点上,《金陵十三钗》表现出了与《南京!南京!》的最大差别。可以说,它是在极度地提示南京/金陵这一城市的文化与历史特性而展开关于大屠杀叙事的。影片的片名与中国清代著名小说《红楼梦》构成了明确的互文关系。后者又名"金陵十二钗",那是讲述环绕于江南豪族世家子弟贾宝玉身边的12个女子命运的故事。这个片名带出的是江南、豪族子弟及"美女如云"的文化想象。但有意味的是,在电影中,缺少的不是女人(比十二钗还多出一个),而是不再有作为中心的中国男人。中国女性所环绕的,乃是一个西方男人,而且是某种意义上的一个"混混"。这与其说是在提示某种反讽、批判,不如说是在顽强地将某种亡国记忆植入古老中国的文化传统中。在影片中,作为金陵这个城市象征的,不仅有作为人物对白的南京话,如今的地方性方言,曾是明清时代中国的"官话",还有用吴语(所谓金陵雅音)演唱的苏州评弹《秦淮景》(翻唱自《无锡景》),特别是"跟南京城一样古老"的秦淮河妓女/商女。事实上,与《红楼梦》的互文关系相比,秦淮河、苏州评弹《秦淮景》、十三钗等更明确地提示的是金陵/南京作为六朝古都的历史。电影直接引用了晚唐诗人杜牧《泊秦淮》中的诗句"商女不知亡国恨,隔江犹唱后庭花"。这个六朝古都同时作为"亡国之都"的记忆,以及它与商女之间的关系,更使人联想起的乃是明末清初著名的"秦淮八艳",联想起柳如是、李香君、董小宛、陈圆圆等亡国时代的著名商女们。这些女人们在中国文人们内心唤起的是长久不衰的爱慕与渴望:她们不仅色艺双绝,而且,在亡国之时,正是她们比男人们更坚贞地承担起了救国/族的重任(柳如是、李香君),或者,正是她们才是导致亡国的红颜祸水(陈圆圆)。在这样的历史上下文关系中,《金陵十三钗》所勾连的,乃是有关亡国情境下商女的历史记忆与文化想象。

当南京/金陵被纳入这一文化记忆传统中时,影片带出来的是繁复得多的民族想象。1937年沦陷的南京城,再一次呼应了历史上的"亡国之都":从南朝的陈国(《玉树后庭花》)、晚唐杜牧的感叹之地、南宋特别是晚明汉族士人的亡国之恨,到清代中国作为汉族士林精神正统想象的"江南"。这一厚重的历史记忆,一方面加深了亡都之恨,另一方面也在委婉地显示"中华民族"亡而不绝的生命力。而且,一如历史上男性文人们的叙事,这种亡国之痛总是由女人来承担的。在这个想象脉络中,玉墨的美丽、香艳、精明,还有她的英语(一如柳如是们的诗词)、她的献身热情等,无一不可与历史上的"秦淮八艳"联系起来。

南京城/秦淮女在这样的文化脉络中处于完全同构的文化想象之中。由此，由女性所占据的这个中国主体位置，使《金陵十三钗》表现出了比西方/东方、男人/女人这一殖民同构关系要深厚得多的心机：与使中国化身为赛金花、武则天等历史人物形象相比，这些金陵钗女、这些秦淮歌妓、这些在亡国之都仍旧风情万种的救国商女们，不仅勾连出了一条在中国源远流长的文人士大夫记忆传统，而且正是借助这一传统，观看、消费、把玩这些女性身体形象，有了更为精深的技术化观视形态。同时，正如历史上历次亡国/族之时，总是女性承担着种族延续的"民族的生物性再生产"的重任①，在《金陵十三钗》中，"处女"如此合法地构成了影片中另一重要的情色消费快感的来源②。

事实上，相当有趣的是，在《金陵十三钗》这样一部表现战争和民族灾难的影片中，人物的内在关系模式却基本上是由稳固的父权制家庭结构组织起来的：在约翰这个美国（代）神父与书娟等女学生之间，在玉墨的创伤（被继父强奸而被迫卖身）和约翰的心病（为满足死去的女儿的愿望而成为入殓师）之间，在书娟与其生父顾秘书之间，以及在整个天主教教堂和中国人的关系模式中，都具备了"家庭"关系模式的特征。并且，这个"家庭"完全是由父/女这一关系形态组织起来的。如果说战争往往在摧毁了家/国的同时也摧毁了主导性的父权体制的话（如《南京！南京！》），那么，《金陵十三钗》的特别之处在于，它通过将南京与中国历史上的亡国之都、秦淮商女建立的关联，通过内在地复制父权制的家庭关系结构，而使得家/国序列得以安全地"逃脱"了战争灾难。正是在这一意义上，美国人约翰的国族身份显得更为暧昧：他将以某种精神之"父"的形象（在约翰与书娟的关系而非约翰与玉墨的关系维度上，毋宁说，这三者构成了暧昧的父/母/女的关系形态）植入影片关于中国人的国族想象之中。

如果考虑到两部影片共同强调的国际化叙事场域（文本内与文本外），

---

① 伊瓦-戴维斯（yuval-davis, nira）：《性别和民族的理论》，秦立彦译，陈顺馨、戴锦华选编《妇女、民族与女性主义》，第 35~36 页。

② 参见吕频《〈金陵十三钗〉，消费妓女加消费处女》，http://lady.163.com/special/sense/shiping58.html。

考虑到它们在民族主义立场上的超越与不能超越、跨国认同与西方中心主义的暧昧关联，也考虑到两部商业电影所面对的国内与国际市场定位，在很大程度上应该说，《南京！南京！》与《金陵十三钗》对民族创伤记忆的书写与消费中隐含的性别/国族政治，事实上也正是在当下全球政治经济格局中中国认同的一处复杂投影。

民族创伤记忆的影像重建与价值反观
——以近年抗日战争题材影视创作为例

盖 琪[*]

摘要：通过影视艺术对战争所造成的民族创伤记忆进行影像重建，是一种具有世界性的文化行为，值得理解和尊重。但近年来，中国内地有关抗日战争的影视创作却在数量上达到畸高的程度，在价值层面上也越发陷入激进民族主义的窠臼，整体上逐渐呈现一种仇恨传播下的"影像复仇狂欢"态势。此种现状及其可能带来的危害，以及在全球化语境下我们究竟需要何种战争叙事的问题，都值得全社会认真关注与共同反思。

关键词：民族创伤记忆 抗日战争题材影视 战争叙事

Abstract: The cosmopolitan cultural behaviors to reconstruct the national traumatic memories of wars by films and teleplays are understandable and respectable. However, in present China, the quantity of Anti-Japanese-War-films-and-teleplays is abnormally high, while the common value is deeply trapped in radical nationalism and the general trend is driven to an "imaging revengeful carnival". Consequently, considering the potential harms of these situations, the question that what kind of War Narrative does we really need under the circumstances of globalization should get serious attentions and joint rethinks from the whole society.

---

[*] 盖琪，首都师范大学文化研究院研究讲师。本文为首都师范大学文化研究院重大项目"社会主义核心价值与大众文化价值观研究"（项目号：ICS-2012-A-02）的阶段性成果。

Keywords: national traumatic memories   Anti-Japanese-War-films-and-teleplays   war narrative

战争往往是一个民族乃至整个人类创伤记忆中的核心部分。即使是已经脱离了战争阴霾的民族，也还是会不断地通过各种文学艺术形式反复书写战争所留下的巨大的群体性创痛，这是一种具有世界性的文化行为，在很多情况下有利于民族信念的反观和民族精神的重建，因而值得报以理解和尊重。其对集体认同的正向作用正如美国社会学学者杰弗里·C. 亚历山大（Jeffrey C. Alexander）所概括的："借由建构文化创伤，各种社会群体、国族社会，有时候甚至是整个文明，不仅在认知上辨认出人类苦难的存在和根源，还会就此担负起一些重责大任。一旦辨认出创伤的缘由，并因此担负了这种道德责任，集体的成员便界定了他们的团结关系，而这种方式原则上可以让他们得以分担他人的苦难。……社会便扩大了'我们'的范围。"[①]

但是，就当代中国的大众文化场域而言，一个值得我们关注并深思的现象是：有关抗日战争的影视作品数量浩如烟海，且近年来拍摄和播出密度都在持续上升；相比之下，曾经在中国大地上发生过的其他重要战争、灾难却越来越流于轻描淡写，甚至乏人问津——在对最近一次"外侮"铺天盖地的影像狂欢中，更多惨烈程度不亚于抗日战争的民族创伤记忆所遭遇的，却是一种结构性的漠视甚至遗忘。而更令人忧心的，则是从这种选择性的记忆框架下所渗透出来的，我们社会意识形态和民族文化中消极、狭隘甚至危险的因子。

一 抗日战争题材影视创作数量的畸高

从历史的角度看，"抗日战争"一直是中国影视艺术场域中的核心题材之一。在新中国成立后大约半个世纪的时间里，有关"抗战"的影像建构在很大程度上属于主导意识形态的宣传行为，其所承担的，是向大众证明

---

① 〔美〕杰弗里·C. 亚历山大：《迈向文化创伤理论》，王志弘译，原文为《文化创伤与集体认同》一书导论（University of California Press, 2004），转引自陶东风、周宪主编《文化研究》第 11 辑，社会科学文献出版社，2011，第 11 页。

中国共产党政权合法性的重要任务。但是，进入 21 世纪以来，这一任务的目标和侧重点都在发生变化。首先，随着两岸关系的良性进展，以及由此带来的内地主导意识形态话语姿态的调整，"国民党对抗战的历史贡献"也逐渐走出口径"禁区"，获得了在内地主流媒体上进行传播的资格，影视艺术场域中也由此涌现了不少表现"国军抗日"的作品，这实际上较大地削弱了抗战题材曾被长期加诸的"党派政治"的意涵。而另一方面，近十年来，由于中国内地的影视生产至少已经在形式上实现了市场化运作，所以抗战题材的"火爆"更多时候不再单纯地源于明确的"顶层设计"，而是在政治、经济与社会多方博弈所形成的"综合气候"下，各类影视创作主体和各级播出平台的一种自发选择。

就后一方面而言，有媒体调查显示，政策安全是造成资本追逐抗战题材的首要因素，这一点在近年的电视剧行业中最为典型。进入 21 世纪以来，继涉案剧、古装戏、谍战剧等热播题材接连遭受播出限制、无法正常登陆电视台黄金时段之后，电视剧行业的投资人和制作人历经多方咨询和小心摸索，终于一致得出了"抗日题材最安全"的无奈共识。对此，身兼制片人与编剧双职的九年在接受媒体采访时就曾坦陈："整个行业创作者把握不住风向的脉，现在只能往抗战剧里躲。"①

与此同时，利润逻辑下对受众趣味的过分迎合也是导致抗战剧数量畸高的重要原因。由于抗战剧的收视率最有保证，所以已经连续多年成为各家地方台购剧的首选题材目标。据媒体统计，2012 年，在全国上星频道黄金档所播出的 200 多部电视剧中，抗战剧及谍战剧就超过 70 部；以江苏卫视为例，其全年黄金档所播出的 22 部电视剧中抗战剧占了 9 部；而出品于 2005 年的抗战剧《亮剑》则更是已经被各地方台重播了 3000 次以上。与这些畸高的播出数字息息相关的，是生产者所获得的高额商业回报——2012 年，《抗日奇侠》和《永不磨灭的番号》等最热播的抗日剧利润率均高达 200%～300%②。

同样，从新兴的网络视频平台上，抗战题材电视剧的"宰制性地位"

---

① 相关报道参见《解析抗日剧生产链："手撕鬼子"一集卖 200 万》，《南方周末》2013 年 3 月 8 日。
② 相关报道参见《解析抗日剧生产链："手撕鬼子"一集卖 200 万》，《南方周末》2013 年 3 月 8 日。

也可见一斑。以大量提供热播影视剧目为主要业务的网站"2345影视"①为例，我们可以看出，近三年来，抗战剧基本上占据了中国内地战争剧的半壁江山（参见下表）。需要说明的是，表中所示的还仅是以"打鬼子"为叙事主体的作品的数量，尚未能完全涵盖以抗战时期为历史背景的情感伦理类作品。

"2345影视"网站近三年战争剧与抗战剧的数量表

年 份	战争剧数量	抗战剧数量	抗战剧占战争剧的比例
2010	45	21	46.6%
2011	52	35	67.3%
2012	56	37	66.7%

对于抗战剧的异常火爆，有一种声音试图从受众需求和民族认同的角度来稀释问题。这种声音主张，大众文化场域近年来对于抗日战争的大肆书写，是因为其具有很大程度的现实意义所致（钓鱼岛等领土问题如箭在弦等）。所以，从受众角度来看，抗战剧热播可以说是全社会爱国主义情怀高涨的体现，有利于民族凝聚力的提升和民族认同的建构，应该予以肯定。表面上看，这种说法有极大的合理性，甚至是不证自明的正义性，但是实质上却忽视了隐藏于这种畸高数量背后的、当前社会记忆结构的严重偏执。

首先，我们自然承认日本帝国主义的侵略行径曾经给中华民族带来巨大的现实损害和文化创痛，也当然看得到抗日战争与当今国际关系之间的密切关联，但不能回避的是，抗日战争并不是中华民族近现代史上唯一的巨大创伤记忆。然而，长期以来，抗日战争凝聚了当代大众传媒场域的过分投射，其比例已经远远超出了理性的程度。事实上，仅仅19世纪中叶至今的一百余年间，中华民族由于族群矛盾、阶级矛盾、政治派系矛盾（也包括除日本之外其他发达国家的欺压凌虐）等各种人祸，所导致的民族性的生灵涂炭和文明倒退不下十数，而其中反映出的很多问题至今也未能获得充分的学理审视和社会省思——如果以上述逻辑观之，那么，重温其他惨痛的民族记忆，从时间的尘埃中辨认出一次次苦难的根源和创伤的缘由，并由此确认当前的责任和方向，难道不是同样甚至更加具有巨大的现实意

---

① "2345影视"，http://v.2345.com/。浏览时间：2012年3月13日。

义吗？

而至于民族认同问题，更应该指出，在偏执的社会记忆结构框架下所建立起来的民族认同，必然是不健康和不可靠的，甚至不能被称为真正意义上的"民族认同"。因为它只强调"日本侵华"这一次外侮，而有意无意地忽略了其他中华民族的集体性创伤记忆，这本身就是对其他历次民族灾难的不尊重，所以这种行为模式无法在国际上真正为我们赢得当代传媒艺术所不可或缺的公信力；更因为它建立于严重失衡的历史叙事图式之上，所以无法培养和凝聚理性的、负责的、现代意义上的公民，只能效法盲从者的偏执品味与偏激世界观，长期来看，将进一步加剧社会意识的分裂。

二 抗日战争题材影视创作价值的失衡

除数量的畸高之外，更值得关注的问题其实在于抗战题材影视创作的价值层面：在抗日战争结束将近七十年后，我们的影视创作主要还停留在反复渲染"刻骨仇恨"的层面上。绝大多数文本除了展现日本侵略者惨绝人寰的野蛮行径，进而沉迷于中国抗日志士手刃仇敌的感官愉悦之外，极少对战争本质、对人性本质的反思。这与国际上对两次世界大战已经达到的审视高度落差何止千万。

我们看到，近年来，抗日题材影视作品在影像上的暴力血腥程度呈愈演愈烈之势，且在叙事主体上也越来越集中于对日本侵略者的夸张仇杀。对此，很多媒体多用"抗日剧的娱乐化"来进行批判，将之归结为一种商业伦理驱动下的"游戏"。但是，笔者觉得，这一症候所折射出的最严重的问题，还不在于"国难娱乐化、国耻戏谑化"所导致的历史苦难的消解，而更在于掩盖在貌似轻松的娱乐表征之下的、一再被放纵甚至被鼓励的集体性的审美嗜血；换言之，是一种试图以娱乐方式完成的、激进民族主义的想象性复仇。仔细对比即不难发现，如果说前些年抗日剧中的血腥场面多是关于日本侵略者对我国人民的凌虐，那么近年来，一种近乎意淫的复仇场景却越来越成为主流。例如在电视剧《抗日奇侠》中，身怀绝技的主人公或是一下子就将鬼子活生生撕成两半，或是一掌就劈得鬼子脑浆崩裂；而在电视剧《节振国传奇》中，开篇不久主人公就单手扔出菜刀，清清楚楚地劈中鬼子的天灵盖。其他诸如一拳击穿鬼子身体、一刀割裂鬼子咽喉的血腥镜头比比皆是，且大多不惜以特写来刺激受众感官。公允地说，这正是所谓的"以眼还眼,以牙还牙"逻辑的视觉化呈现——如果可能的话,甚至希望通过施虐者曾经的方式。

必须指出,这种影像上的"复仇狂欢"对中国社会文化的健康发展有着巨大的危害。首先,它导致中国内地的抗日题材影视作品几乎已经成为银幕和荧屏上暴力场面最多且血腥程度最高的一种叙事类型,完全不顾中国影视传播至今没有分级制的现实。对于未成年人而言,观看此类"爱国主义"文本,既可能造成巨大的心灵阴影,又可能形成危险的暴力教唆性,但它们却屡屡登陆主流媒体的黄金时段,在传播上几乎不受任何限制。

更重要的是,通过这种影像上的"复仇狂欢",建立起的将是一种具有严重非理性倾向的社会记忆结构。这种记忆结构会导致我们的社会在面对重大国际国内问题时,极易陷入一种简单粗暴的思维方式和行为模式之中:易冲动、非此即彼、信奉丛林法则,却缺乏基本的人道关怀和现代公民意识。群体中潜藏的非理性因素一直是现代社会学者关注的重要研究命题。对此,法国社会心理学家古斯塔夫·勒庞(Gustave Le Bon)在其著作《乌合之众》中有过系统而透彻的分析。相比勒庞所处年代的广场政治,由当代大众媒体助推的"仇恨传播"其实更有能力将群体的非理性迅速放大,从而导致整个社会的主流文化进一步"乌合化"。例如前面提到的电视剧《抗日奇侠》,虽然血光四溅,且在网络上遭遇无数吐槽,但仍然在山西、江苏、广东、北京荣登收视冠军宝座。若循此回溯2012年秋季发生在全国多地的"暴力爱国"事件,则不难看出其间某种深具相关性的群体心理基础和行为逻辑。我们的抗日题材影视创作长期致力于"仇恨传播",似乎我们这个民族对日本侵华历史的记忆建构就是为了有朝一日能够等量地消灭对手的肉身,也似乎唯有这样才算真正达到了"复仇雪耻"的目的——这种潜在逻辑对社会的腐蚀性不容小觑。

所以,对于身处全球化时代的我们而言,问题的关键其实在于,我们记取民族的创伤,究竟是为了让子孙世世代代都仅仅记住对敌人的仇恨,活在沉重的怨憎和偏激的民族主义情绪之中,还是为了让更多的后来者(包括本民族的也包括异族的)能够记住人类可能滑向的深渊之深,从而永远不再犯同样的过错——无论哪一方。对此,美籍华裔文化研究学者徐贲的阐述发人深省:

> 走出历史灾难的阴影,实现社会和解,是"不计"前嫌,不是

"不记"前嫌。记住过去的灾难和创伤不是要算账还债，更不是要以牙还牙。共同记忆是为了厘清历史的是非对错，实现和解与和谐，帮助建立正义的新社会关系。对历史的过错道歉，目的不是追溯施害者的罪行责任，而是以全社会的名义承诺，永远不再犯以前的过错。①

值得我们学习的是犹太民族对"二战"大屠杀记忆的建构理念和书写方式。正如罗马尼亚宗教哲学学者塞都·弗朗兹（Sandu Frunza）在评价犹太见证作家普里莫·莱维（Primo Levi）的作品《如果这是一个人》(*If This Is A Man*)时曾指出的，犹太思维中最重要的遗产之一，就是对纳粹时期欧洲犹太人的极端生活经历的反思。这种反思认为：不要把对大屠杀的反思"降格"为专属犹太人的生存、道德或宗教问题，要涉及对整个现代性工程本身的反思，从而把避免欧洲犹太人遭受的悲剧再次发生当成我们必须承担的普遍责任。② 相比之下，我国抗日题材影视创作在整体上所缺少的，正是这样一种足以超越民族经验而与人类的普遍体验相融会的视角。

应该对此负责的，并不是某一个或某几个创作者个体，而是作为审美意识形态"立法者"的相关政府部门，以及对此习以为常的更大范围的"社会"。在接受媒体采访时，电视剧《永不磨灭的番号》的导演徐纪周曾经坦陈：自己在创作抗日剧的过程中曾有过还原真实历史的尝试，比如适当展现日军的军事素质，以及当时中国国民性的懦弱等，但相关情节在审查过程中却均遭否定，理由是"可以强调日军的残酷凶狠，不能展现日军的军事素质。"而电视剧《枪神》的导演颢然也有过表现"日军士兵萌生反战情绪"的细节被删除的经历③。不得不说，新中国成立六十余年来，中国内地抗战题材影视创作的价值水平一直没有实质性的提高，类似的影视审查口径是重要原因。口径之下，创作者们只能是一再重复脸谱化、符号化的鬼子形象，观众们也只能是在远离普世价值的复仇幻境中愈陷愈深。因此，无论是出于政治建构还是社会建构的目的，相关审查标准都应率先吐故纳新。

---

① 徐贲：《人以什么理由来记忆》，吉林出版集团有限责任公司，2008，第1页。
② 参见陶东风《文化研究》第11辑"主编的话"对塞都·弗朗兹文章《普利莫·莱维〈如果这是一个人〉中的大屠杀记忆》所作的相关解读。
③ 相关报道参见《解析抗日剧生产链："手撕鬼子"一集卖200万》，《南方周末》2013年3月8日。

总之，当前大众文化领域通过影视作品所进行的肤浅的仇恨传播，无论是不是伤害了对手，都首先伤害了我们自己。仇恨意味着拒绝了解——这种思维方式和行为模式一旦形成，将会溢出引发仇恨的历史记忆本身，成为一种顽固板结的世界观，进而严重影响一个民族看待世界的视角，以及同世界打交道的方式。所以绝非危言耸听的是，如果我们成为一个生活在无休止的简单仇恨中的、被极端民族主义意识形态所裹挟的民族，我们就永远无法真正和世界人民站在一起，最终只能自食恶果。这一点已经到了必须引起我们警醒的时候了。

三 今天，我们究竟需要什么样的战争叙事？

当前，在建构民族创伤记忆的议程框架下，我们展开对既有抗战题材影视创作的价值反观，其最终目标其实在于推动对大众传媒记忆图式的深入思考——今天，身处全球化语境之中，我们的影视艺术场域究竟需要什么样的战争叙事？

从国际潮流来看，最近三十年来，影视场域的战争叙事其实已经越来越多地从传统民族主义视角下的"英雄叙事"转为反思现代性视角下的"创伤叙事"。前者更着重于表达战胜方在道义上的伟岸和在战斗中的壮美；而后者却更倾向于关注战争中作为个体的人的悲剧命运，以及现代性究竟为何会导致一种系统性的残暴——在与后者相关的记忆图式中，战争永远没有真正的胜利者。所以，对民族创伤记忆的不断建构绝不再是自闭的、充满怨憎的书写，而应该成为悲悯的、与全人类对话并担当共同命运的尝试。从享誉世界的战争类型影视《全金属外壳》《野战排》《生于七月四日》《辛德勒的名单》《拯救大兵瑞恩》《太极旗飘扬》《钢琴师》《漫长的婚约》《圣诞快乐》《拆弹部队》《兄弟连》《太平洋战争》《国土安全》等作品中，我们都能发现这样的逻辑与胸襟（至少是在大众文化的能指象征层面上）。

而我国的战争叙事——尤其是抗日题材影视创作的差距也正在于此。以2012年上映的电影《甲午大海战》为例来看：作为一部严肃之作，该片所体现出的价值局限很大程度源于创作者对历史观的选择。应该说，文本虽在叙事结构与节奏上有所缺欠，但在价值上并没有简单地渲染仇恨，而是用了大量笔墨描写日本在向现代社会转型进程中所付出的坚实努力，并将之与清政府的昏庸腐化进行对比，这种冷静公允的视角还是有较大积极意义的。但是遗憾也恰恰在于，文本的整体价值探索止步于此，即仍旧停留于对完熟现代性的肯定和向往，以及对国家主义的全力讴歌。如果说在1980年代或1990年代一部文艺作品立意于此——即审视近代中国为何没能抓住稍纵即逝的历史良机完成现代化进程，以至于最终社会溃败、落后挨打，还称得上生逢其时的话；那么放在今天来看，在当代中国已经因为过分追求国家现代性命题下的经济发展而导致了种种严重的社会问题乃至民族灵魂问题的2010年代，同样题材的作品就理应站得更高，理应对历史进化论、发展论作出更加清醒全面的审思。换言之，今天，一部战争电影如果在对现代性的光明面进行肯定的同时，没有能够对其潜在的巨大黑暗面作出标志，而仍旧停留于"牺牲小我、成就大我"的价值维度，就已经不足以迈入伟大文艺作品的行列——即使我们的确能够从中感受到创作者的爱国主义诚意。而相比之下，2011年末上映的电影《金陵十三钗》则连基本的价值真诚都付之阙如。文本停留于浪子回头的"西方英雄"拯救白璧无瑕的"东方少女"这样过分典型的后殖民叙事层面，其叙事过程在不经意间所体现出的，是一次"伪国际化"的建构创伤记忆的努力。

当然，应该看到，21世纪以来，相对于主导话语倾向，也有一些华语战争影视作品作出了富有开拓性的尝试。比如电影《鬼子来了》《南京！南京！》《斗牛》《赛德克·巴莱》（台湾公映版）中所表现出的历史悲悯、民族性和人性反思等意识，都非常值得肯定。其中，最出人意料的是《斗牛》这部甚至似乎不能算是严格意义上的战争类型电影的片子——它聚焦的是一个普通的中国村庄在惨遭日军屠戮后，唯一幸存的一个无赖青年和一头奶牛的故事。但是它的开创性也恰恰在于：在文本所建构的极端境遇下，人与牛之间相濡以沫的"活"超越了种族、民族、国家、集体、文明等一切宏大命题，回归一种最本真的甚至是有点动物性的生存状态。这种状态的累积慢慢让人看出了一种对于生命本身的敬意。从这一点上来看，《斗牛》其实具有一种"反战争类型片"的意味，它的贡献在于使得华语电影在对"战争与人的关系"的表述上获得了十分重要的突破。

类似的突破也存在于《赛德克·巴莱》的台湾公映版中。在长达四个半小时的文本中，通过对台湾近现代史上著名的"雾社事件"的记忆重建，创作者力图展现的绝不仅仅是简单的殖民与被殖民的对立，而是两种文明、两种信仰的冲突。因此，在文本中，殖民与反殖民的历史只是一个外在框架，而填充其中的，是远比历史界定丰富千百倍的人的生活、情感与信念之间发生碰撞的细节。文本向我们展示，作为先住民的赛德克人奋起反抗日本殖民统治，并非出于现代意义上的"民族独立"意识，而只是试图保住自己原始的生活方式和单纯的信仰。所以文本着墨最多的，不是日本殖民者对赛德克人的欺压和蔑视，而是赛德克人面对居高临下的"现代文明"时的反感和抗拒。而在"雾社事件"的起义过程中，死在先住民刀下的则不仅是日本的统治者和军人，更有手无寸铁的女人和孩童，甚至还可能有无辜的当地汉人。因为赛德克人相信，死去的灵魂会相聚在"彩虹桥"的另一端，共同在祖灵守护的美丽猎场上幸福生活——仇恨只是此生之困，死亡反倒成为和解的开始。正是这种现代道德绝对无法理解的价值体系，使赛德克男女真的做到了视死如归，母亲甚至会把襁褓中的婴儿抛下山崖。以上所有场景，都比战争和殖民本身更加催促着八十年后的我们去反省，究竟什么才是真正的"文明"，身处现代文明之中的我们又如何安放我们失落已久的灵魂？如果说对现代文明的盲目自大曾经使日本丧失了对其他文化的基本尊敬，最终滑向不可测的深渊，那么今天，同样享受着现代文明种种成果的我们，又是否真的远离了这种思维陷阱呢？

导演魏德圣在表达最初的创作立意时虔诚地说："要自己跟自己的历史和解。"① 但是，遗憾的是，《赛德克·巴莱》在内地上映时，被修剪为一部两个半小时的版本。其中被修改、删除最多的情节线，一是先住民部族之间的厮杀，两个不同部落之间的世仇被日本人利用，其中一个部落成为日人偷袭绞杀另一个部落的工具；二是由于接受了现代教育，已经在生活方式和思维方式上高度"日本化"了的年轻赛德克人，面对先住民起义的矛盾心情和悲剧选择。不得不说，这些删改使得《赛德克·巴莱》由一部深沉反思人类文明进程正负意义的史诗，退化为一支简单地以暴抗暴的民族主义颂歌。显然，面对诱人而自负的中国内地市场，创作者作出了无奈的妥协。

在这个意义上，回头去看曾经以院线"主流大片"身份问世的《南京！南京！》，在主导意识形态的强力规约下，却没有落入"不求有功，但求无过"的庸常创作思维，而是创造性地以一个日本兵的视角去看待南京大屠

---

① 参见《台湾导演魏德圣：台湾人要和自己的历史和解》，《扬子晚报》2012年3月5日。

杀的过程，就显得难能可贵。当然，也有学者指出，这种视角的选择其实应该被看作一个"现代中国历史叙述中的主体缺席与言说困境"①的典型表征。但是从更具现实操作性的层面来看，也正是因为这种叙事策略，才使得南京大屠杀从一个民族悲剧的层面上升到了人性悲剧的层面——即南京大屠杀不仅是中华民族的悲剧，也是日本大和民族的悲剧，更是全人类的悲剧。由此，文本中英勇抵抗的中国军人、任人宰割的普通民众、为换取难民营平安主动去当慰安妇并因此而丧生的舞女，以及起初为能苟且偷生而出卖同胞，最终却选择了以牺牲而换取自我救赎的"汉奸"，连同经历了作为胜利者和占领者的疯狂之后而自杀的日本军人角川一起②，都成为这场巨大人性灾难的牺牲品。而临近片尾处的日军庆祝胜利的集体之舞，更是文本对人性的沉痛隐喻——那是一种严肃之中的大荒诞，一种以整饬为外衣的大混乱，恰如是人类所过分自信的文明和理性将自身的历史推向了奥斯威辛和南京。因此，文本力图向我们证明，对于南京大屠杀的记忆，需要的不是仇恨的传递，而是对人性在极端境遇下选择的共同省思。

"人类以人性道德的理由记忆。"正如《南京！南京！》在结尾处借线索人物日本兵角川之口所说的，"活着有时候比死去更艰难"。这种艰难在于是否有勇气履行并如何去履行记忆的责任，如何能够将每一次重述都真正建构成为一次"社会洗涤的仪式"③。而今天的我们所需要的，也正是能够洗涤社会灵魂的、足以作为当代媒介仪式的战争叙事。

---

① 戴锦华：《历史·记忆与再现的政治》，载周宪、陶东风主编《文化研究》第13辑，社会科学文献出版社，2013，第14页。
② 当然，是否需要用角川自杀的行为来渲染日本方面的痛苦程度，是值得商榷的一个危险的修辞处理。
③ 徐贲：《人以什么理由来记忆》，吉林出版集团有限责任公司，2008，第7页。

性别叙事与历史记忆的建构
——以高满堂的年代剧作品为例

陈 雨[*]

摘要：重述历史是新世纪重要的文化症候，影视剧既参与了这种建构、重述历史记忆的过程，同时也是这一文化症候的表象。在编剧高满堂的一些重要年代戏作品中，特别是在那些性别色彩鲜明的段落中，在作品人物谱系背后，有着相通的书写规则和叙事模式，不同类型的角色发挥了不同的叙事功能，实践着不同的表述策略。当情节被结构为相似的性别场景时，它就负载了某种历史意识与文化逻辑，中心/边缘、胜利/失败、自我/他者的二元结构寄宿在大众文化的性别叙事中，作为一种新的暴力因素，它转移、遮没了历史的狰狞与创痛。

关键词：性别叙事　历史记忆　历史和解

Abstract: The restatement of history can be seen as one of the most important cultural phenomena during the 21st century, and the TV series has not only participated in this process of constructing and rewording historical memories, but also acts as an image of the cultural phenomenon. In the following article, methods or observing stand of cultural study and feminism will be used in the analysis of a few important historical works of the playwright Gao Mantang, especially the texts in which has special concern on the gender issue, to find out if there exists common writing rules and narrative pattern behind the various characters. How do the different types of

---

* 陈雨，首都师范大学文学院硕士研究生。

characters function in the narration, and what kind of narrative strategy is carried out though the practice? When the plot is composed of similar scenes with gender meaning, what kind of historical consciousness and cultural logic can be unfolded from it? Center/Edge, Victory/Failure, Oneself/The other, whether all these duality-structures are lodging in the gender narrative of mass culture, and have transferred or covered the terribleness and pains of history as a new-appearing violence factor.

Keywords: gender narrative   historical trace   history compromise

一　前言

21世纪以来，荧屏上集中涌现了一大批"怀旧年代剧"，它们主要表现的是1940年代到1990年代那段与今天并不遥远但已成往事的历史，以2003年的《激情燃烧的岁月》为肇始，一直延续到近两年，并且愈加密集，《金婚》《家常菜》《风车》《幸福来敲门》《你是我兄弟》《春暖花开》《下海》《师傅》《养父》《那样芬芳》等就是其中的代表。剧中的场景、生活用品、特定的历史背景、人们的真诚与质朴……这些渐已陌生的记忆再一次浮现在人们的视线中。这些年代剧还经常会与其他题材相杂糅、嫁接，如革命军旅题材（《激情燃烧的岁月》《历史的天空》《军歌嘹亮》）、工业题材（《钢铁年代》《大工匠》）、知青题材（《北风那个吹》《知青年代》《兵团岁月》）、谍战题材（《借枪》《潜伏》）等。因此，年代剧的兴起实则是一个多维历史因素交叉构建的文化现象，而本文的研究对象——编剧高满堂的作品正是其中的重要组成部分，如《北风那个吹》《雪花那个飘》《钢铁年代》《大工匠》《家有九凤》《闯关东》《温州一家人》《漂亮的事》等，无论是从市场收益、官方荣誉还是舆论口碑来评定，它们都是其中的佼佼者。[1]

为什么一段时间内会如此大量涌现出众多模式类似的怀旧年代剧？这

---

[1] 高满堂的作品先后四次获得电视剧政府最高奖"飞天奖"，一次电影最高奖"华表奖"。他的电视剧在作为各大卫视开年大戏的同时还是不同时期的献礼剧目，如《闯关东2》、《漂亮的事》和《创业年代》（拍摄中）就分别是新中国成立60周年、改革开放30周年和"十八大"的献礼剧目。而在2011年，他又被选为中国电视剧协会（相当于电视剧生产中的中国作协）会长——一个颇有意味的政治文化身份。

种对过往记忆大规模的翻新仅仅是为了怀旧吗？某个历史段落的再度浮出水面，特别是在主流文化的视阈内，很大程度上是因为这段历史可以在新的语境下，以一种新的记忆组接的方式迎合、纳入当下的主流逻辑，成为社会主导框架的一部分，发挥意识形态的整合作用。作为大众通俗文本的影视剧同时深刻实践着重述历史、建构记忆的历史叙事功能。正如学者戴锦华所言，"20世纪90年代的中国最重要且基本的事实，便是大众文化工业与大众传媒接替昔日国家文化与精英文化的功能角色。其作为因危机与僵化而陡然真空的意识形态机器之替代品，同时是新自由主义全球化的必然结果。仅就叙事艺术与大众视觉文化而言，则是电视剧取代电影开始充当大众文化中的意识形态发声器。电视剧在多重历史叙述、历史故事中显示了它穿越话语雾障、重塑主流价值的角色意义"。[1]那么，作为历史叙事，这些大众文化产品与特定的历史时期有着怎样的关系？在剧情中作为话语的历史与真实中作为事件的历史之间是怎样复杂的博弈空间？大众文化与主流意识形态之间必然有着某种合作、呼应关系，可能是有意识的迎合，也可能属于政治无意识的负载。这些涉及重述历史的文化文本，因为自身的复杂性，会给不同组群的知识分子提供丰富的阐释空间和解读视角。而新世纪主流文化的文化霸权正是体现在善于借用、平衡各个派别的力量和诉求，吸纳、响应批判性的声音。那么，如何在大众文化文本中指认出这一文化霸权的建立过程，研究对象通过何种表述策略分别迎合不同政治组群的诉求，如何在"左"与"右"的不同力量之间获得平衡，以及它响应和改写了不同历史时期的哪些主流表述，在同与异之间思考为什么会发生这种内部转移，则是本文关注的问题。

需要说明的是，虽然本文涉及如何表述历史的问题，但历史观并不在本文的考虑范围内，即本文并不考察研究对象所呈现的历史是否真实。历史都是被权力建构出来的，并不存在绝对的真实。但这并不妨碍笔者从一个批判和反思的立场去破解影视文本中语言秩序的运作机制及其带来的政治暴力与压迫，而一个相对中立的研究态度恰恰是保持清醒问题意识的前提。

从年代剧流行的角度看，高满堂的成功是很容易理解的。高满堂的作

---

[1] 戴锦华：《历史·记忆与再现的政治》，载戴锦华主编《光影之忆》，北京大学出版社，2012，第52页。

品不是一个孤立的个案，而是当下的一种重要文化现象的表征。重述历史是新世纪重要的文化症候，影视剧既参与了这种建构、重述历史记忆的过程，同时也是这一文化症候的表象。高满堂无疑是一个善于写人的编剧，其笔下有太多的草莽英雄、江湖儿女，剧情也都紧密生长在人物的起伏辗转之间。无论是慷慨悲歌的男性神话，还是忍辱负重、坚韧勇敢、博爱人间的女性传奇，都成为支撑剧情的最大亮点，或者说是它的市场价值之所在。在此，笔者无意去细数那些见诸荧屏的土匪恶霸、妓女戏子、侠士浪子等各色人物形象，他们的文学、艺术价值不在本文的考察范围内。性别书写之所以成为本文的关键词，是因为笔者将运用文化研究和女性主义的方法和立场，从高满堂的一些重要年代戏入手（特别是那些性别色彩鲜明的段落），①考察在作品的人物谱系背后，有无相通的书写规则和叙事模式？不同类型的角色分别发挥了怎样的叙事功能，实践着怎样的表述策略？当情节被结构为相似的性别场景时，它们负载了何种历史意识与文化逻辑？中心/边缘、胜利/失败、自我/他者的二元结构是否寄宿在大众文化的性别叙事中，并作为一种新的暴力因素转移、遮没了历史的狰狞与创痛？

二 两个男性角色的设置："左""右"和解

以法国大革命为肇始，20世纪世界革命史仍然沿用"左""右"的划分来指称激进、保守两种不同的政治力量（只不过因为不同的革命性质，"左"的位置也在相对变化），直至冷战爆发。而对中国来讲，情况则更为特殊。20世纪中国经历了人类历史上几乎所有性质的革命，最终以新时期"告别革命"的方式开启了另外一种别样的、在某个层面上无疑是激进的政治探索的改革开放。由于中国特殊的政治历史原因，特别是左翼政治实践导致的极"左"政治灾难，"左"与"右"从新中国成立起至今一直具有复杂、暧昧的政治语义，但也在各个时期不同的话语实践中发生着各自的转移和变幻。如在研究背景中所述，由于政治体制改革和经济体制改革的不同步，当下主流意识形态的自我分裂与矛盾、主流文化的表述困境等都和这两种力量有着直接而复杂的关联。

---

① 本文中提到的高满堂的作品包括《钢铁年代》（2011年）、《大工匠》（2007年）、《漂亮的事》（2009年）、《家有九凤》（2004年）。

总之，要想通过重组历史记忆的方式来达成历史和解，对"左"与"右"关系的重新梳理以及相关历史伤口的缝合是重要的一步。最为容易和见效的方法就是把这两种力量具化在人物和情节中，通过人物之间的内部和解来生效。高满堂经常会在剧情中设计两个性格反差鲜明的男性角色，并且可以让观众通过角色轻松地指认出相应人物背后不同的政治寓意。

以《钢铁年代》为例，该剧通过描写新中国成立后东北鞍钢的成长过程来反映新中国成立之初钢铁工业的腾飞。剧中有两个主要人物：尚铁龙和杨寿山，他们分别是鞍钢两个分厂的厂长，有着迥然不同的前史。尚铁龙是解放战争时期负责解放鞍钢的解放军连长，而杨寿山则是国民党派遣驻扎在鞍钢的国民党连长，后来在解放鞍钢的战役中率部下起义。陈宝国扮演的尚铁龙是一个像石光荣、李云龙、姜大牙那样的"泥腿子"英雄，满口脏话、不拘小节、豪迈硬朗；冯远征扮演的杨寿山则是一个斯文白净、积极向上但又不失英雄气概的知识分子典型。整部剧的主线就是二人从敌人到兄弟、相互扶持、相互较量、荣辱与共的故事。在人物关系上，二人机缘巧合地先后娶了同一个老婆，并有一个"共同"的儿子，一个为"父"，一个为"爹"。如果说那些新革命历史剧通过凸显抗日战争、回避解放战争的方式穿越了冷战意识形态，那么，共和国初期的历史在这部剧中，开始以另一种更为高明的方式获得正面讲述。剧中第一集便是解放战争的场面，之后，尚铁龙和杨寿山的分歧和对立也是起源于不同的政治身份。尚铁龙在剧情之初经常毫不避讳地向杨寿山挑衅，凸显、激化不同政治身份所导致的人物矛盾，还教育儿子说："他们（国民党）是专门欺负老百姓的"，要"提高警惕"，不要"认贼作父"。但这种暴露矛盾而非回避矛盾的方式，其实是为了矛盾的最终化解，正如剧中其他人物每每会以"他是起义军！不是敌人！"来回击尚铁龙的仇视。而最后，尚、杨二人通过共同历经了种种磨难，从一种不共戴天的敌对关系（政治前史的敌对以及后者"抢"了前者的老婆）到剧情中出现尚铁龙抱着在反右斗争中自杀未遂的杨寿山，含泪说"我的兄弟！"再到被同事称为"鞍钢二虎"。"左"和"右"之间的矛盾，曾经的冷战意识形态都在二人身上得到化解。更为重要的是，"左"与"右"的对立被"鞍钢二虎"这一有效的命名共同纳入共和国的现代化进程以及至高无上的国家利益中（二人之间的很多较量都以诸如生产绩效、技术革新、支持抗美援朝、大炼钢铁的比拼为背景）。"鞍钢二虎"有两层意思：1."二虎"是指二人的并驾齐驱、等量齐观。

2. "鞍钢"这一修饰语把"二虎"缝合进统一的国家利益中。在这种更有霸权意义的文化命名下,曾经的对立和分裂成为一种互为镜像的、缺一不可的兄弟关系。

　　这种通过尚、杨二人关系的修复来缝合"左""右"历史矛盾的套路,同样成功地运用在"大跃进"和"反右"的历史段落中。剧情把导致"自然灾害"的"大跃进"(在片中极为切题地表现为大炼钢铁)处理为尚、杨之间的内部矛盾。作为极"左"错误的"大跃进"在这种矛盾内部化的过程中得到救赎,而不再是一段无法回首的历史创痛。通过把主人公尚铁龙("大跃进"的积极响应者)塑造成一个让人理解、值得敬佩、忠于信仰的正面角色,从而合理化"大跃进"。就像尚铁龙无限真诚和坚定地说:"共产党不干则已,干就干出大名堂来!什么人间奇迹都能创造出来呢!"而此时剧中的高音喇叭里播放的背景音乐正是《歌唱祖国》,人们在热火朝天地实验着小高炉炼钢。"大跃进"由此被表述成一个动机良好的失误,一次现代化进程中的失败尝试,但即使失败,也是一段众志成城、进取昂扬、充满斗志、"创造人间奇迹"的峥嵘岁月。

　　因为尚铁龙这个正面英雄的存在,使得"大跃进"逃脱了对极"左"灾难的审判,反身位列于社会主义传统甚至是时代颂歌的正面论述。但是这种逃脱并非单纯、被动的回避,而更像一场胜利的逃亡:通过营造一种审判假象,吸纳、消解试图抵抗的声音,以此获得霸权位置。这在剧中表现为有意暴露以杨寿山为代表的反思、拒绝"大跃进"的观点。杨寿山从一开始便表现出消极抵抗的态度,被塑造为一个典型的自由主义知识分子形象:清醒冷静、拒绝合作、逆流而上,是灾难时代的先觉者和抗议者,同时也是牺牲者和受难者。面对领导施压,他坚持"按部就班""照章行事";在受到尚铁龙质疑时敢于反问,"这是炼钢,不是闹着玩的,要讲究科学!""你说我思想有问题我可就生气了!你说我不热爱党吗?你说我不热爱社会主义吗?我热爱,我才会有所思考!"一方面,这种对右的呈现,为秩序反面提供了充分的表达、批判空间,响应了新时期以来否定"文革"的主流表述。但另一方面,这种批判和反抗并非是和社会主义对峙、冲突的,而恰恰是"爱社会主义""爱党"的表现。如此一来,它也与新时期知识分子自我建构的屡受政治迫害,但九死而未悔的爱国忠烈形象相重合(下面一段会更加具体地介绍这种重合是如何展开)。只是通过了一处关键的更改:把对祖国的爱替换为对社会主义的爱,由此回收、缝合了曾经被拒绝和异质化的社会主义历史。

接下来，编剧设计了一段杨寿山从被打成右派（因为反对"大跃进"）到平反，从被秩序抛弃到被秩序招安的精彩故事。右倾扩大化这一知识分子在社会主义时期最大的创伤体验，在"文革"结束后作为知识分子重夺话语权、稳固主体位置的重要策略被反复书写。只是这里以一种略为变奏的形式出现在当前的主旋律作品中。在剧中，杨寿山对组织的判决感到不公，含泪说："我杨寿山精忠报国，可现在居然落到这般下场，我不明白！我憋屈！"随后选择以卧冰的方式轻生。而挽救杨寿山于生死关口的不是别人，正是对社会主义信念坚定不移的尚铁龙。由此，一段知识分子（"右"）被集权体制（"左"）迫害的故事，在尚、杨二人的兄弟故事中被反转为一个"左"拯救"右"的故事。

当杨寿山官复原职，饱含热泪地说"这下好了，感谢人民！感谢党！"的时候，犹如一个向秩序索回命名的仪式，由于最终的追认和平复，所有的伤口即刻治愈。更为关键的是，剧中所表现的对"大跃进"的批判和反思，并不是站在秩序对面，而是通过杨寿山这个自始至终作为秩序中人的角色，把所有反秩序的想象与可能吸纳、融化进秩序内部。具体来说，杨寿山以右派的身份给那些批判"大跃进""左"倾历史错误的声音提供了位置，但又因最终向秩序的回归，自我填补了这个位置，堵住了秩序外部在这个位置上发言的可能。暴露伤口是为了治愈伤口，最终，历史的伤痕也会像尚铁龙与杨寿山这两个对"大跃进"持不同立场的人一样重归于好、左右逢源。总体来说，尚铁龙和杨寿山是两个分工不同的秩序中人，一个是秩序中的正面形象，起到合法化秩序的作用；另一个作为秩序中的反手/反叛者形象，以一种反抗秩序的假象来治愈秩序中的伤口，以此来消除异质性历史中的不和谐因素，最终完成历史矛盾的内部和解。

"左"与"右"的角色设置作为一种模式化结构还出现在《大工匠》中的肖长工和杨本堂的关系中，出现在《闯关东（中篇）》分别参加国民党和共产党的两个亲兄弟身上。而跳出高满堂的作品，在《亮剑》的李云龙和楚云飞之间，在《人间正道是沧桑》的杨立仁和杨立青之间，我们或许能够发现通过两个代表性角色之间的和解来超越"左"与"右"之间的对立已成为一种症候性的表述。

如果说剧情常常通过人物之间的内部和解来缝合曾经相互对立的意识

形态，那么这种化解方式往往与一个女人相关。她们是尚铁龙与杨寿山之间的麦草，肖长工和杨本堂之间的肖玉芳。还是以《钢铁年代》为例。麦草因为历史误会先后嫁给尚铁龙和杨寿山，但又因为夹杂在两人中间忍辱辗转而二次离婚，但同时她一生都深爱着这两个男人。在二人发生争执冲突的时候，她总是在充当调节、斡旋的角色。用她自己的话说，"我就像个磨盘芯子，被这两个人磨烂了算"，正如《钢铁年代》之初的名字——《两个男人和一个女人》所喻示的那样。剧中设计了这样一个悲剧性的结尾：麦草在抢救钢厂财产时牺牲，化作了一摊钢水。尚铁龙和杨寿山一左一右分别抬着麦草化作的钢板出殡。画外音是他们儿子的旁白："我爹和我爸是一块钢，我娘是一块铁，他们共同撑起了那个年代。"这个颇具象征意义的画面寓示着"左""右"两种力量在麦草的面前握手言和，或者说麦草这个苦情女人用这块钢板一样悲情的一生填补、连缀着尚铁龙和杨寿山之间的裂缝。但是这个始终生存于男人夹缝中的女性却是外在于历史的，她的唯一使命便是以自己的身躯承受、吸附、消弭男人世界的苦难。她为丈夫收尸而来，因不甘心没找到尸骨而留下。因为她的到来，导致了两个男人关系的空前对立和激化，结构了长达二十年的欢喜悲愁；因她的死去，两个男人握手言和，左右逢源，所有硝烟归于平静。和她的名字一样，如自然作物一般从未试图介入、主导叙事中心和历史进程。

和麦草一样的还有《大工匠》中肖长工身边的女人。肖长工这个男权形象的集大成者，他一生的荣誉都建立在一个女人的悲剧和两个女人的死亡之上。肖玉芳和麦草一样，用她的爱情悲剧缝补着肖长工和杨本堂之间的裂缝；冯新兰的死成全了肖长工作为一个劳模的信仰，[①] 同时也成全了自然灾害（在剧中，正是这段故事的落幕，标志着自然灾害这段国家灾难记忆的结束）。王一刀的死保护了肖长工的生命，[②] 同时让他度过了"文革"的危机。在一个男性主导的世界中，历史苦难的超度终究要建筑在一个女人的躯体之上，女人的鲜血用来保全男权世界的完整和鲜亮，用来清洗历史记忆的污秽和沉重。

[①] 自然灾害时期，冯新兰为了给儿子凑齐结婚用的彩礼钱，无奈之下，盗卖了工厂的铜阀。肖长工得知后不仅不替其隐瞒，反而将其绳之以法，还引以为耻，与冯离婚，间接导致了冯新兰的死亡。

[②] 为保护肖长工，王一刀在武斗中死亡，这也成为"文革"激荡岁月的结点。

三 女性的显影：独特女干部形象的塑造

在以往的知青叙事、"文革"叙事中经常会出现一类这样的角色——"文革"运动中的当权者。他们犹如残暴、专制的社会机器，造成对知识分子的迫害、知青的压制，挤压着正常人的生存空间。他们经常以一朝得势便兴风作浪、张牙舞爪的形象出现，或是农民或是文化水平低的本地人，总之不会在叙事中承担正面功能。他们手中权力的扩张与他们自身的落后、蒙昧、残暴形成了鲜明的反差。剧情往往以这群人的失势标志着历史审判的完成，他们是历史的罪人，是极权幽灵的附着物，是书写者索回历史命名、确立主体身份、重置权力关系的反面证据。

但这类"文革"当权者的形象在高满堂的作品中被改写并出现了反转。这些当权者多以女性形象出现。她们虽得势甚至张牙舞爪，但不残暴；她们一方面是革命运动的无限忠实者，满嘴的阶级斗争、革命口号，但同时她们又利用手中的权力维护着亲人、爱人、朋友的利益，甚至有时以自己的生命作为代价。这些角色包括《北风那个吹》中的大队革委会主任（以前是农民）牛鲜花；《大工匠》中武斗积极分子王一刀；《雪花那个飘》中作为区革委会主任侄女的刘翠翠；《家有九凤》中的街道人保组长初五凤。这些女当权者、革命运动的活跃分子有一个共通的特点，他们卷入"文革"运动的动机之一（至少是间接动机）是对家庭/亲人的保卫。如初五凤是为了"守护整个初家大院"，王一刀是为了保护"肖家的荣誉"，刘翠翠逼着自己的叔叔给赵长天盖回城的章。

作为对新时期告别革命话语的呼应，家庭与"文革"的关系在剧中起先多是对立的，引起了诸多激烈的人物冲突，最典型的是初五凤和王一刀。初五凤被家人指责为"披着羊皮的狼""剃过老爷的鬼头""踩着咱们家的人往上爬"，一度落得众叛亲离的下场。王一刀则不顾丈夫的训斥，坚持投身"革命"。她们曾一度被家人误解、敌视，被当作卖家求荣、吃里爬外的负面角色，甚至不再配为女人。正如王一刀丈夫的话"还有个老娘们的样儿吗!? 饭也不做了，衣服也不洗了!"在矛盾最激烈时，她甚至被肖长工（家族长者）当成叛徒扫地出门。初五凤也是因在"文革"中一朝得权，颠倒了家中男尊女卑的位置，每天让丈夫端洗脚水。这些设计部分响应了新时期对"文革"泯灭人性、摧毁家庭的罪恶指认和历史控诉。但在最后都以她们向家庭的回归标志着人物矛盾的和解,因此扭转了 1980 年代否定和批判的趋向。

戴锦华在关于电影《啊!摇篮》的性别研究中指出:"在新时期的主流电影中,一种特定价值呈现,或曰惩戒手段,表达为'正义者'的家庭完满,欲望达成;而非正义者则是家庭破碎,孤家寡人。"① 与这种家庭结构和道德审判相对位的叙事模式在导演谢晋的作品《芙蓉镇》中表现得最为经典:豆腐西施对历史的控诉在电影语言中直接呈现为"还我男人!"而对李桂香的审判也体现为以一个孤苦老女人的结局落幕。如果参照这一研究成果,我们会发现高满堂的这些作品同样遵循着这种模式,只不过反道而行,用这些女当权者家庭的完满(初五凤、刘翠翠)和感情上彻底征服了所爱的男人(牛鲜花、王一刀)来反证她们的纯洁、无害甚至正义。当女人归位时,当家庭重圆时,也同时是人物冲突、历史伤口修复的时刻。正如王一刀用自己投身革命、保卫家庭来证明对丈夫的爱;正如初五凤在"文革"结束后重新化妆、烫头,为丈夫打洗脚水以获得丈夫的谅解。历史主流话语自身的完满自足同时伴随着男权秩序的匡正与强化,主流与主流之间的协作和流通,使得被压抑者永远无法现身于历史正面。

在百年中国,"家庭"向来和革命合法性有着千丝万缕的关联,不是执掌着审判革命历史的权杖,就是沦为封建牢笼,反身指认着革命的光明和进步。如果说 20 世纪 80 年代通过家庭/人性和革命的对立获得告别革命话语实践的合法性,那么在当下,是否在重新通过家庭与革命的和解来"告别革命",使革命岁月重新得以复位和显影?或者更为甚者,当家庭与革命成为非对立之物,是否意味着对革命无害化的暗示?正如王一刀最终用自己的鲜血洗清了历史的罪孽(她曾经被误认为背叛家庭,后因在武斗中为保护肖长工而死),她所卷入的"文革"武斗、革命运动是否也会成为这摊象征着温暖、高尚而非罪恶、暴力之鲜血的一部分。当王一刀作为保卫肖家的功臣,在临死前把参加革命的真相公之于众时,画外音仿佛以追认烈士的口吻重新确立了王一刀在家中的合法地位,"王一刀是个有信念的媳妇,在王一刀眼中保卫肖家荣誉是最最重要的事情,她甘愿为此付出生命"。那么,在剧中曾经以王一刀为主要叙事矛盾线索的"文革"

---

① 戴锦华:《雾中风景——中国电影文化 1978–1998》,北京大学出版社,2000,第 131 页。

段落及她所携带的负面因素是否由此获得一种新的表义和位置？这种把人物的历史动机纯洁化的处理，显然可以把角色从沉重的历史深渊中解救出来。但随之带来的是，"文革"也成为一个没有人应为之负责的无头公案，正如故事中"文革"的主要情节正是以王一刀的死告一段落的。一个美好而悲情的结局——英雄（肖长工）保全、烈士（王一刀）解冤——会唤醒在灾难中所有美好的愿望，也会消磨掉所有残酷的记忆。如果所有人卷入斗争的原因都是为了保卫家庭，都是出于对家庭的爱和忠贞，所有的正义和温暖都结构于真实的生存情景中，那么"文革"又为何以失败告终？

也许除了考察性别书写对历史真实的遮蔽，我们更应该关注的是，角色的性别设定在不同情况下转移、换挡的规律和逻辑是什么？高满堂是一个擅长刻画男性人物特别是男性风云人物的作家，并且携带着鲜明的男性权力秩序，说他笔下有一个男性英雄谱系也不为过。在其绝大部分作品中，叙事动力都是由男性角色承担的，但是为什么涉及"文革"段落时，作品会不约而同地出现女性当权者的形象？如果说男性是再造创世纪神话、民族史诗的不二人选，那么，当遇到那些暧昧难言、表述困难的历史段落时，首当其冲的便是女性。她们勇敢、奉献、坚韧，同时柔美、感性，这些女性特征可以作为一种化解历史矛盾的天然底色。况且，中国自古以来存在"唯女子与小人难养也"，"好男不和女斗"的性别—道德对位传统。仿佛"女人"做什么事情都是不用深究的，都是可被原谅的。这无疑是一种狡黠却又行之有效的性别书写策略。

除了这些"文革"的女性当权者，还有一个更为特殊的"例外"。在描写国企改制的电视剧《漂亮的事》中，剧情的绝对核心人物是年轻的技术工程师、新厂长沈涵（由一向出演温婉可人却又不乏倔强坚毅角色的女演员梅婷扮演），更为重要的是，这个角色打破了上一节提到的女性角色只承担着救赎历史却又外在于历史的书写功能，直接作为叙事动力出现。对于当下来讲，关于国企改制的相关阐释较"文革"更像一个碰不得但又必须碰的尴尬场域，更能牵引出不同社会群体的分歧和争论，更为直接地关联着当下国家机器正常运转所遇到的缝隙和障碍，更加直涉现代化路线的合法性。那么我们可不可以说，在历史的辉煌篇章中（即使是战争、民族动荡时期也可以是辉煌的，只要它在现行主流话语中是合法的，被需要的），女性便是作为一种在场的缺席。而到了历史的幽暗段落，女性便跃身而为历史的主体,以一种犹如替父、替夫从军救世般的豪迈,真正显影于男性之间。历史由男人书写,创痛由女人承担。与其说是一种荣誉,不如说是一种悲凉的苦涩。同时,因为男/女固有的权力阶序,叙事主体的性别选择也在不期然间暴露了历史中胜利/失败与辉煌/灾难的位置。

四 强化的父权结构

"伟大的英雄父亲"是高满堂作品中最为重要和出彩的人物模型。前面已经说过,男性是高满堂话语体系中永远不变的主题和中心。如果说本文前两节想要通过指认文本中男女权力阶序的格局,来论述女性永远作为一种拯救历史却又外在于历史的他者存在的话,那么,这一节将通过对文本中父权秩序的考察,来论述在高满堂的作品中父亲位置的巩固和认同是如何转化为对国家、国族历史的认同的。无论是英勇善战的尚铁龙、义薄云天的朱开山,还是全国劳模、八级大工匠肖长工、杨本堂,父亲形象的建构,特别是对父亲创业史的深情回眸,会自然形成一种对父系结构和父权伦理的颂扬和怀旧,进而在家国同构的主题形态中,强有力地实现国家意识形态和民族认同的传达。

以《钢铁年代》为例说明。它的开篇是尚铁龙儿子尚金虎的画外音旁白:"听俺娘说,那年我生出来,我爹瞪了我一眼,说好小子!然后就去打仗了,这一打就是好多年。"同时屏幕中出现的便是尚铁龙在担任鞍钢厂长之前的故事——作为解放战争中英雄连长的创世纪神话。而尚金虎的画外音虽然并不连贯,但会按时出现在电视剧的每一个重要时刻。"儿子"始终在场的画外音预示着,儿子一代对父辈的回溯和仰望成为作品更深层次的叙事视点和情感关系。观众也会很自然地投射到"子"的情感结构中,从而达成对"父"的认同。片中除去尚、杨这对欢喜冤家的较量"斗争"外,另一个重要的叙事线索便是子(尚金虎)对父(尚铁龙)的仇视—生疏—谋逆—理解—折服的情感变化过程。

尚铁龙因为常年在外打仗造成他在儿子心中是个"从来就没看清过的影儿"(幼年金虎对父亲形象的描述)。又因为一张组织上误发的死亡通知书造成了妻子千里寻夫(尸骨),而后再一次因为组织任务的紧迫和强硬没能与妻子及时澄清误会,最终使妻子在先夫阵亡的误会下离奇改嫁(阴差阳错中嫁给其战场上的对手杨寿山),落得妻离子散的下场。如果单从情节发展和人物冲突上看,这个不可信的故事很容易成为一个标准化的启蒙主义叙事:声讨、反思革命,对历史暴力的控诉和对历史人质的救赎。就像尚铁龙自己说的气话,"老子革了一辈子的命,到头来把老婆孩子革到了别人的炕头上!"面对儿子的不相认、不理解(甚至安排了两场幼年金虎举刀弑父的戏),他也只能无奈解释道,"爸也是要舍小家顾大家,没有办法呀!"前者"小家"指血缘家庭,后者"大家"自然为国,更准确地说是革命。这句话也可以理解为革命与家庭的不可兼得。如果说,20世纪80年代告别革命的主流话语和90年代的新历史主义小说正是建立在革命/国家与家庭/个人相矛盾的逻辑上,并通过对革命的荒诞和扭曲的指认来完成的,那么,在今天类似故事模型的重演却完成了不同的表义阐释。对伤口的暴露是为了最终的缝合,对历史的质询是为了最终的重建。革命/国家与个人/家庭之间的对立将会在父与子的关系中得到完满化解。

剧情的逆转发生在尚铁龙被上级和自己类似的经历所深深触动,正如上级说道:"为了革命活着的,哪个没有惊天地泣鬼神的故事!?怎么就你受不了了!毛主席也在革命中失去了很多亲人!""鞍钢恢复生产是头等大事,为了这个把你的恩恩怨怨都放回去!"此后,尚铁龙带着他的军人习性在新中国成立后成为鞍钢分厂的厂长,一个在彼时无比光荣的身份,更像是组织上的一次正名和偿还。在这个新身份中尚铁龙最终收获了荣耀和尊严,收获了前妻矢志不渝的关爱和牺牲,收获了曾经为敌手的患难友情,收获了略显苦涩的爱情,收获了儿子的崇敬和终于回归的父位。如果说曾经是组织(社会主义革命)让尚铁龙蒙辱受冤,无处申诉,那么也是组织(社会主义建设)让他重获一切。这是组织对他的安抚,也是对他无限忠诚于组织的回报。由此彻底修复和扭转了新时期对革命的批判和反思。革命从一个荒诞的黑洞再次成为一个毕生追随的信念,一个老套的宏大叙事的主题,包装在一个新世纪流行的草莽英雄①身上得以复活。

最终,以子辈对父辈精神的认同和折服使这个故事得以完满。子举刀忤逆之时是这个悲情英雄最为低谷的时刻,而子的复归同样与整个故事的高潮相叠合。金虎最后虽然离开了父亲却投身到了更加超级的父亲能指——国家之中,他在北大荒开垦农场实现着自己的人生意义,实现着父

---

① 《亮剑》中的李云龙、《激情燃烧的岁月》中的石光荣、《历史的天空》中的姜大牙在大众文化的脉络中都是尚铁龙的前身。

辈精神的传承。子对父从不解、远离到回归同时伴随着历史伤口的复现和治愈，意味着国家与个人关系的和解。子对父人生价值的认同，以及其一生光荣事迹（革命作战功绩、建设炼钢功绩）的认同，将会深深内化为对国家的认同和对彼时革命意识形态的认同。而"子"，就像首段说的，是金虎，同时投影为每一个观众，从而建构、内化了所有人在规范秩序中的主体意识。

在《钢铁年代》中，家与国的关系从起初的对立走向了最终的统一。如果说，后者是通过"父"与"国"的对接，把家庭秩序外扩为国家秩序，把血缘认同转化为国族认同。那么前者与其说是对立，不如说是一种等级划分和价值教育："国"大于"父"，大家超越于小家，不可逾越。

五 结语

纵观全文，笔者正是通过对远非全面的性别表述策略的考察，努力地指认，在高满堂的影视作品中，霸权性的历史记忆是如何在模式化的性别场景中被建构的：那些蕴藏在各个历史段落中幽深晦涩的伤口如何在大众文化中以特定的性别书写规则获得和解，成为其中顺滑平整的段落，并且在一个光洁而又平易的表象下为大众所共享。

通过对叙事策略的分析，曝光历史记忆的生产机制要远比评述历史本身更是本文的题中之意。如果说"曝光"也有其立场的话，那么，笔者的立场就是，面对那些正在启动并恒久启动的记忆运行机制，我们应该时刻提醒自己，历史记忆永远是当权者和胜利者的喉舌。而对于笔者来说，实现批判意图、打破霸权的最好方式便是，指认出在包括性别关系在内的权力关系中失败者和弱者的位置，以此窥察可见之物是怎样被因势利导而成为可见的，不可见之物又如何化作一抔"理应"被埋藏的黄土、一个印证当下之辉煌与成功的纪念品甚或战利品而被永久藏匿的。在历史的正反面之间，我们本应看到更多。

专题二
空间政治与城市身份

主持人语

符 鹏

　　城市问题早已是经济学、政治学、社会学、地理学等社会科学的关注对象。这些年，随着世界范围内城市化进程的急剧加速，城市文化研究逐渐成为人文学科研究的核心领域之一。在国内，许多高校和科研机构相继成立城市文化研究中心或院所，主办城市文化研究的主题集刊或专栏，召开类型多样的城市文化研讨会或工作坊。然而，热闹背后也不乏寥落。不少机构的研究规划方向不明，难以为继，相关刊物专题出版不久之后便改弦更张，另谋他路。在这种背景下，如何作城市文化研究，成为学术界讨论的焦点。对此，我们很容易想到流行的说法：跨学科研究。如果笼统地将之视为方法论的基本指向，似乎并无不当之处。但问题在于，人们很容易将"跨学科"理解为从不同的学科视角来研究，而忽视了不同方法论之间的差异与冲突。而跨学科的真正困难在于，如何整合不同的方法论资源，全方位应对同一个城市文化问题。

　　城市文化研究，是首都师范大学文化研究院学术规划的重要方向。研究院在规划建设之初，就已经明确了跨学科研究的基本学术理念，并致力于打造不同学科背景学者之间交流沟通和研究合作的学术平台。在城市文化研究方面，不仅大力引进多种学科背景的研究人才，而且通过研究院学术辑刊《文化研究》，开辟"城市文化研究"的专题。从第14辑开始，这个栏目已经刊登不少颇有创见的佳作。本辑专题集中关注空间政治与城市身份问题。北京大学中文系林峥博士的《从禁苑到公园——民初北京公共空间的开辟》一文，考察了清末民初公园作为现代都市文明的象征，被引入北京的过程中所折射出的北京市政变革形态和都市文化景观，论文对今日北京的城市文化建设无疑是极好的历史参照。如果说"公园"的出现是北京城市记忆的历史表征,那么,"胡同和四合院"的消失则是北京城市失忆的现实场景。多伦多大学东亚系李彦非博士的论文《城市失忆:以北京胡同四合院的消失为例》,将目光投注在胡同四合院消失所引发的文化焦虑。作者对这种城市失忆的讨论,并没有停留在简单抒发文化焦虑的层面,而是深入20世纪50年代至90年代40年间都市建筑设计话语的变迁之中,将这种消失视为不同建筑话语角力的结果,而其失忆的表征乃是理解历史建筑时割裂其不同内涵所造成的记忆断裂的必然后果。

与这两篇论文相比,中国传媒大学副教授耿波和李东瑶的论文《当代北京的城市"游逛者"与艺术产业发展三十年》,则分时段勾画了当代北京的"游逛者"人群的出现与北京艺术产业的兴起与发展的内在关系,洞察了当代北京城市空间集权的内在矛盾与危机,并指出建设"艺术创意型城市"的更新发展之路。毫无疑问,这种研究已经深深介入北京城市文化空间的现实规划之中,其重要参考价值不言而喻。

此外,香港大学助理教授潘律的《重读上海的怀旧政治:记忆、现代性与都市空间》一文,同样从记忆的视角切入对当代上海的理解。通过对当代上海空间实践和视觉表现的历史形塑方式的追溯,提出他对特定空间的怀旧,乃是对长期以来受国家话语压抑的多样城市叙事的一种表述,从中折射出城市现代性的不同实践方式之间较量的留痕。

与李彦非和潘律的研究视角相似,南京大学副教授胡恒的《中华路26号——南京城的空间记忆与遗忘》关注了古城南京的空间记忆与遗忘问题。不过,这里的"记忆"指向的是集体的创伤记忆。作者以中华路26号的改造为中心,考察了历史遗产与商业侵袭之争背后的创伤内核与现实符号秩序之战,并由此揭示出这座古城创伤生产的内在机制:创伤之点延伸为创伤之轴,再扩展为创伤之场,最后形成创伤之城。

尽管在跨学科的方向上,本辑主题的几篇论文还未能做到尽善尽美,但是作为城市文化研究专题的基本指向,这些作者的研究已经卓有成效地将"空间政治与城市身份"问题的研究推向深入。我相信,今后这些方向的研究必将越来越引人注目。

从禁苑到公园
——民初北京公共空间的开辟

林 峥[*]

摘要：清末民初，公园作为现代都市文明的象征，在被引进北京的过程中折射出了北京的市政变革和都市文化。公园概念的引入，肇始于康有为、梁启超等启蒙者对于现代市政及现代市民的理想，在他们看来，公园的作用不仅在于提供休闲娱乐的空间，更在于养成身心健康的现代市民。基于这种思路，以朱启钤为首的京都市政公所推行公园开放运动，将皇家禁苑改造为现代公园，致使其尤为注重公园的教化功能，公园中附设的图书馆和茶座成为一道独特的风景。民国北京公园因此具有公共文化空间的性质，新旧文人可在此社交、创作、获取新的知识与信息，从而影响到文学的创作、生产和传播。

关键词：北京 民国 公园

Abstract: The process of the public park being introduced into Beijing as a representative of urban modernity reflects the urban transformation and urban culture of Republican Beijing. The elite intellectuals such as Kang Youwei and Liang Qichao advocated the public park for its function of improving the morality and health of modern citizens. Thus Zhu Qiqian and his municipal government transformed the imperial gardens of Beijing into public parks and paid particular attention to their educational functions.

---

[*] 林峥，北京大学中文系博士研究生，国家建设高水平大学公派项目哈佛大学访问学者。

Therefore, the parks abundant of libraries and teahouses paralleled the public cultural space of Beijing, in which the literati could entertain themselves and communicate with each other and thus promoted the production and diffusion of literature.

Keywords：Beijing　Republic　park

尽管在中国传统文人的精神生活中，园林占据了相当重要的位置，然而在20世纪初的中国，公园却是一个新鲜而陌生的舶来品。虽然"公园"一词古已有之，① 但在清末民初，它被赋予了全新的含义，作为一个西方现代性的概念引入中国。而在北京，公园作为西方都市文明的代表被提倡，尤与北京的都市改革与市政理念密不可分。北京公园的独特性在于它不是照搬西式，而是改造清朝遗留的园林坛庙，因此具有更加丰富的内涵：它同时是传统与现代，既是最新的都市公共空间，也是最旧的封建皇家遗迹。在这个意义上，公园具体而微地象征了同时代的北京。

一　"公园"概念的引入

1903 年，梁启超应美洲保皇会之邀游历北美，以纽约为代表的资本主义大都会给予其震惊体验，其间，纽约的公园尤令任公印象深刻："纽约全市公园之面积，共七千方嗌架，为全世界诸市公园地之最多者。次则伦敦，共六千五百方嗌架。"无论在数量抑或质量上，纽约的公园都首屈一指，特别是其最负盛名的标志性景点中央公园："纽约之中央公园，从第七十一街起至第一百二十三街止，其面积与上海英法租界略埒，而每当休暇之日，犹复车毂击人肩摩。其地在全市之中央，若改为市场，所售地价，可三四倍于中国政府之岁收入。以中国之眼观之，必曰弃金钱于无用之地，可惜可惜。"② 诚如任公所言，其时在中国，公园尚属新鲜事物。1868 年 8 月，上海租界出现第一个西人的"外滩公园"，亦称"公家花园"，由英美工部

---

① 据陈植考证，"公园"之名始见于李延寿《北史·任城王传》："表减公园之地以给无业贫人"，此"公园"专指古代官家园林。陈植：《都市与公园论》，商务印书馆，1930，第 1 页。
② 饮冰室主人：《新大陆游记》，《新民丛报》1904 年临时增刊，第 54 页。

局建造；1890 年 12 月，上海工部局开放允许华人进入的"新公园"（New International Garden）。至 1902 年 7 月，北京《启蒙画报》撰文介绍西方的"公家花园"，始将公园概念纳入北京读者的视野。因此，对于 1903 年赴美游历的梁启超而言，公园还是一种全然陌生的体验，自然颇受醉心于新事物的他的青睐。纽约而外，《新大陆游记》中不乏对于北美诸公园胜景的描绘，如芝加哥公园、林肯公园、华盛顿公园、黄石公园等，他甚至将美国首都华盛顿比作"新大陆上一最闲雅之大公园"。① 无独有偶，1907 年康有为亦在《瑞士游记》中感叹道："瑞士非国也，欧洲之大公园也。"② 康有为于 1898 年戊戌政变后辗转海外，在其欧洲列国游记中，所到之处，无不对公园致意再三。③ 对于公园的关注，不仅师徒二人心有灵犀，也体现了同时代人的共同趣味。对于近代以来的国人而言，公园是一个美好的梦想。将城市比作公园，是对一个城市的最高褒奖，亦是文人们偏爱的修辞，康梁师徒可谓得风气之先者。在梁启超看来，公园是现代市政的核心要素："论市政者，皆言太繁盛之市，若无相当之公园，则于卫生上于道德上皆有大害，吾至纽约而信。一日不到公园，则精神昏浊，理想污下。"④ 将公园与"卫生""道德"层面联系起来，提升到"一日不到公园，则精神昏浊，理想污下"的高度。梁启超对于公园的理想，是与其"新民"理念互为表里的，建设公园等现代市政，是为了养成与都会精神相得益彰的现代市民。因此，公园的意义，不仅仅在于提供了一处公共交往的空间，更与现代市民的生活方式、作息习惯、精神风貌息息相关。康有为在考察欧洲列国公园时，亦十分注重公园对于民众的作用，如 1904 年《英国游记》中记载伦敦诸公园：

> 伦敦有二大囿，一曰海囿，一曰贤真囿。大皆十余里，林木森蔚，绿草芊绵，夕阳渐下，人影散乱，打球散步，以行乐卫生。贤真囿在

---

① 饮冰室主人：《新大陆游记》，《新民丛报》1904 年临时增刊，第 83 页。
② 康有为：《瑞士游记》，姜义华、张荣华编校《康有为全集》第八册，中国人民大学出版社，2007，第 323 页。
③ 参见康有为《英国游记》《法兰西游记》《西班牙游记》《葡萄牙游记》《瑞士游记》《补德国游记》《补奥游记》《匈牙利游记》《欧东阿连五国游记》《希腊游记》等，《康有为全集》第八册。
④ 饮冰室主人：《新大陆游记》，《新民丛报》1904 年临时增刊，第 54 页。

英之正宫贤真睦斯宫前，敞地甚大，有喷池杂花，夹道植树，颇似吾北京煤山后大道风景。海囿尤佳，凭太吾士河两岸为之，而长桥枕流，水滨沙际，芳草红花，疏林老树，小舟无数，泛泛烟波。城市得此，差足逍遥。吾于日夕无事辄来一游，驱马倚阑，不知几十次矣。伦敦城狭而人民太多，故处处皆有小公园，方广数十丈者，围以铁阑。茂林小亭，以俾居人游憩，近邻之人家，皆有匙以入园游息也。①

康氏肯定公园在地狭人稠的都会中之于市民"行乐卫生"的意义，并由"海囿"（应即海德公园）联想到北京的境况。而正如陈平原在《左图右史与西学东渐：晚清画报研究》中指出，偏重政教关怀、欠缺娱乐精神的北京文化，恰与启蒙知识分子的趣味若合符节，致使对于公园的关注从一开始就集中在对于民众的启蒙、教化功能上。② 早在1902年12月，《启蒙画报》继"公家花园"之后，连续五期对公园进一步展开讨论，《叙公园三》介绍公园的功能在于"一个人坐在房里，见闻必不能广，无事到公园歇歇，可以听许多人说话，便能长各样的知识，如同读了各种书一般"。③《叙公园四》赞许巴黎的公园"比别处的更好"是因为"闲暇无事，到这公园里走一回，看见许多的字，如同进了图书馆；看见妇女们做活计，如同进了机缝所；听见各人的谈论，又好像读了新闻纸。……一所园中，无一处不寓开民智的意思"。④ 强调公园对于启迪民智的作用。

此后京城舆论对于公园的论述基本延续这一思路，重视公园与市民身心健康的关系。如1905年《大公报》刊发《中国京城宜创造公园说》："公园者，可以骋怀娱目，联合社会之同群，呼吸新鲜之空气。入其中者，即油然生爱国之心，显然获卫生之益。"⑤ 1910年《大公报》发表《公共花园论》，从公园有益于卫生、民智、民德三个层面论证"公园与民生有莫大之关系，更有莫大之利益"。⑥ 1914年京都市政公所《市政通告》发布《社稷坛公园预备之过去与未来》，也是从西人公园有益于"活泼精神，操练身

---

① 康有为：《英国游记》，《康有为全集》第八册，第13页。
② 陈平原：《左图右史与西学东渐：晚清画报研究》，三联书店，2008，第264~265页。
③ 《启蒙画报》第七册，光绪二十八年（1902年）十二月初五日，第158号。
④ 《启蒙画报》第七册，光绪二十八年（1902年）十二月初七日，第159号。
⑤ 《中国京城宜创造公园说》，《大公报》1905年7月21日，第1098号。
⑥ 丁义华：《公共花园论》，《大公报》1910年6月9日，第2826号。

体"谈起：

> 所以各国通例，每七天要休息一天，为休息的定期；每一市村，大小必有一两处公园，为休息的定所。以此来活泼精神，操练身体。我们中国人，从前不得这个诀窍，把藏休息游四个字，丢在一边，……现在星期休息，中国已然通行，但是通都大邑，没有个正当的游玩地处，因而闹得多数男子，都趋于吃喝嫖赌的道儿上去……所以打算改良社会，当从不良的病根本上改起，设立公园，便是改良不良社会的一种好法子。①

《市政通告》其后刊发的文章反复宣扬"藏休息游"的概念，而"各国通例，每七天要休息一天，为休息的定期"，公园的休闲理念实际上与现代的作息习惯有关。梁启超在《新大陆游记》中就曾指出，西人注意劳逸结合，"每日只操作八点钟，每来复日则休息"，因此"有一种方新之气"，而中国人则终岁操作，因此精神不振、效率低下；从而感叹"休息者人生一要件"，倡议中国实行西方礼拜制。②"现在星期休息，中国已然通行"，公园的引入与国人对于"闲暇"的认知有关，伴随休闲观念的逐渐普及以及休闲制度（如八小时工作制、星期日休息）的逐渐确立，公园代表了一种现代的、健康的作息习惯和生活方式。正是在这一点上，使公园有别于中国传统的园林。《社稷坛公园预备之过去与未来》即区分公园与"中国旧日的花园"，传统园林"本属于一种奢侈的建筑品，可以看作是不急之务。除是富贵人家，真有闲钱，真有闲心，可以讲究到此"，要么是皇家禁苑，要么是士绅私有，"若是普通人连衣食都顾不上，岂能还讲究什么盖花园子"。而公园恰恰着意于"普通人"，"专在有益人群的事情上讲究"，开放公园之目的在于"使有了公园之后，市民的精神，日见活泼；市民的身体，日见健康"，从而养成身心健康的现代市民。因此，"公园之对于都市，决非花园之对于私人可比，简直说罢，是市民衣食住之外，一件不可缺的要素"③。

---

① 《社稷坛公园预备之过去与未来》，《市政通告》1914年第1期至第23期合订本，论说第2页。
② 饮冰室主人：《新大陆游记》，《新民丛报》1904年临时增刊，第192页。
③ 《社稷坛公园预备之过去与未来》，《市政通告》1914年第1期至第23期合订本，论说第2页。

公园在清末民初，作为一种源自西方的新兴事物被引入中国。公园的意义不仅在于提供一处公共娱乐、社交的开放空间，更在于它代表了一套现代的都市生活理念，包括现代的作息习惯、休闲观念、生活方式，以及对于现代市政与现代市民的想象。在这个意义上，公园作为现代都市文明的象征，为注重政教启蒙的京城舆论所提倡。

二 从禁苑到公园

随着公园概念逐渐深入人心，1914年，在民国政府内务总长朱启钤的倡议下，北京创设中国首个城市规划与市政建设部门——"京都市政公所"，开展一系列公共工程运动，重构北京都市空间，其中十分重要的一项即公园开放运动。此前，北京缺乏合乎现代公园性质的公共空间，正如京都市政公所创办的《市政通告》所言：

> 红尘十丈，很难找一处藏休息游的地方。平常日子只有个陶然亭，可以登临。此外就得等着各处庙会，藉以遣兴。其实那些地方全不能尽合公园性质，所以那些高雅的市民，每逢春夏天气，因城市无可游览，往往到西山一带，扩一扩胸襟，吸些新鲜空气；等而下之，也要三个一群，五个一伙，往郊外野茶馆里，吃吃茶，看看野景，聊以自娱。此等情形，实在因为城里头没有适当公园，才逼出来的。①

普通民众的公共娱乐空间主要是庙会、茶馆、什刹海等，对于文人士大夫而言，还有陶然亭、西山等去处，"偌大的一个京城，虽然有甚么什刹海、陶然亭等等，但不是局面太小，就是人力不到，况且又都是地处一偏，交通不便"；平民百姓甚至将街道作为自己的娱乐场所，养成"站街"的习惯。因此，开辟新兴的公共空间，势在必行。而朱启钤主导下的京都市政公所的创举在于，他们不是另起炉灶建设纯粹西式的公园，而是充分利用帝都的传统资源，改造与开放清朝遗留的皇家园林坛庙。鉴于皇家禁苑的特殊性质，这个从禁苑到公园的开放进程，遂成为各种政治力量

---

① 《市公园之增设》，《市政通告》1914年第1期至第23期合订本，论说第89页。

的角力场。

朱启钤是推动民初北京公园开放的核心人物。他早在清末即受袁世凯赏识，曾任京师内城巡警厅厅丞，每日骑马巡视京师市容，为日后任内务总长时主持北京市政打下了基础。1912年北洋政府成立，朱启钤任交通总长，1913年3月清隆裕太后丧，定于太和殿公祭，他奉命巡视社稷坛时，见坛内殿宇恢弘、古柏参天，且地处中心、交通便利，即起意辟之为公园。次年春，热河行宫古物运来北京，时任内务总长的朱启钤向北洋政府建议，由他出面与清室交涉，将三大殿以南除太庙外划归政府管辖，以便在各殿阁安置古物；与清室交涉成功、顺利接管之后，同年秋，他正式动议将社稷坛辟为公园，得政府许可。草创之初，经费不足，为促成早日开放，朱启钤动用私人关系，请步军统领江朝宗指派工兵营全营士兵前来协助清理，以惊人效率在短短十数天内完成清理庭园、辟建南门、平修道路等工程，遂于1914年10月10日首度向公众开放。开放当日，朱启钤又凭借其内务总长职权，出动京师警察厅派遣200多名警察维持治安，[①]"男女游园者数以万计……游人初睹宫阙之胜，祀事之隆，吊古感时，自另具一种肃穆心情"[②]。此后，社稷坛定于每星期六、日售票开放，平时仍行修葺。由于政府财政不敷拨给专款，市政公所决定以民间筹款的形式建设公园，向"京都市民暨旅居绅商"发起募捐，凡捐款五十元以上者即为公园董事，组织董事会，管理公园事务。史明正在《近代化的北京城——城市建设与社会变革》一书中强调这体现了在公园开放过程中政府与民间两方力量的相互作用，尤其是民间势力的逐渐独立于政治。然而，查阅具体募捐名单会发现，以个体身份参与发起募捐者，实际上依然以北洋官僚为主导。1914年10月第一次发起募捐，列名者为段祺瑞、朱启钤、汤化龙等61人，俱为北洋高官，不到半年即募款4万余元；1915年秋发起第二次募捐，除第一次发起人外，又加入许世英、熊希龄等北洋政要35人，至1916年夏共筹款5万余元。[③]《社稷坛公园预备之过去与未来》曾详述募捐经过："先由内务部总长次长认捐起，然后募到别的机关，内而各部院，外而将军巡察使，有

[①] 1914~1928年间，北京市政管理体制由京都市政公所与京师警察厅两个机构组成，二者各有分工、彼此独立、地位平等，又都向内务部汇报工作。
[②] 中央公园事务所：《中央公园二十五周年纪念刊》，1939，第8页。
[③] 中央公园事务所：《中央公园二十五周年纪念刊》，1939，第1~7页。

多有少，集腋成裘。现在已经集到两万余元之谱。不但捐钱，而且有捐物品的（坛内路旁所放椅子，也是内务总长捐的）。"① 其中，徐世昌、张勋、黎元洪、朱启钤、周自齐、杨度、雍剑秋等高居个人捐款榜首，皆在1000元至1500元间，公园董事以政府官员为主体，亦兼及地方绅商及名流。② 中央公园开放的经过，呈现了在这个过程中，以朱启钤为首的京都市政公所，如何应对、动用各种新旧势力，包括逊清皇室、民国政府、北洋官僚、地方绅商、守旧人士等，在各方力量的对抗与合作下，终于促成了中央公园的开放，成为北京首家公园。③

有了中央公园的先例，市政公所又先后开辟了几处皇家苑囿作为北京市民的公共娱乐空间：1915年开放城南的先农坛公园；1918年开放天坛；1924年开放太庙和地坛，分别更名为"和平公园"与"京兆公园"；1925年又开辟了北海公园；1928年，颐和园、景山亦正式向公众开放；至1929年，中南海也终于辟为公园。④

然而，开放公园还只是第一步，如何将传统的皇家园林改造为现代公园，体现了民初北京对于公园的想象和诉求。公园是一个多功能的公共空间，它除提供娱乐设施外，还兼有商业、教育、文化、社会、政治等多种作用，什么设施进入公园，什么不进入，反映了公园对于不同功能的选择与侧重。如上节所述，北京舆论文化及市政机构特别关注公园对于市民身心健康的养成，在公园建设过程中自然相应注重这些功能。首先，民国北京公园的一大特色，在于其尤为强调文化教育作用。各大公园普遍设有公共图书馆、阅报室、讲演厅、陈列所等，以启蒙民智。以中央公园为例，其于1916年将社稷坛大殿改造为教育部中央图书阅览所，向公众开放，是中国最早的公立图书馆之一；同时设有卫生陈列所、监狱出品陈列所和格言亭、音乐堂等。又如北海公园，早在1923年北海尚未开放时，梁启

---

① 《社稷坛公园预备之过去与未来》，《市政通告》1914年第1期至第23期合订本，论说第5页。
② 参见中央公园事务所《中央公园二十五周年纪念刊》，1939，第八章《历年收支概况》捐款数目表，以及第十章《本园董事题名》，详列各董事身份职务。
③ 此前清朝曾于1908年将慈禧太后豢养动物的"万牲园"开放给公众参观，可以说是北京最早的公园雏形。
④ 参见汤用彬、陈声聪、彭一卣编著《旧都文物略》，第三章《坛庙略》、第四章《园囿略》，书目文献出版社，1986；王玮、闫虹编著《老北京公园开放记》，学苑出版社，2008。

超即动用他与北洋高层的关系,在快雪堂设立松坡图书馆;1926年中基会创建北京图书馆,定址于北海庆霄楼等处,1928年径直更名为北海图书馆;1929年北海图书馆与北平图书馆合并为国立北平图书馆,新辟中海"居仁堂"为一馆,原北海部分为二馆。其虽"外部完全是中国宫殿式的,而内部则完全是西方式的,在30年代初,它的内部设备,比之于大洋彼岸的美国国会图书馆毫不逊色"①。此外,尚有天坛公园阅览室、香山教育图书馆(1921年),②京兆公园通俗图书馆(1925年),故宫博物院图书馆(1925年)及其景山分馆(1926年)与太庙分馆(1935年),以及颐和园图书馆(1930年)等,公共图书馆与公园共存,成为民国北京公园一道新兴的风景。除了教化市民的精神以外,公园亦十分注重市民的生理健康,着意引进现代体育设备。如中央公园设有"行健会",行健会取"天行健,君子以自强不息"之意,其外观虽古雅,实则内设棋室、球室、投壶室、阅报室、烹茶室、沐浴室,以及网球场两个,射箭圃一处,并聘有教练,是一个颇具规模,相当现代化、综合性的健身休闲场所;此外,还设有三间台球房和八间地球房。其余如先农坛公园设有秋千圃、抛球场、蹴球场、跑马场,北海公园设有多处球房,京兆公园设有大型公共体育场等。上述文化、体育等现代设施的设立,都是从培育市民生理、心理卫生的立场出发,意在塑造德育、智育、体育都合乎理想的现代市民。皇家园林的改造,体现了民国的价值理念,使古老的园林焕发新的生机。

除了对于教化功能的重视,公园也不偏废最根本的娱乐功能。公园茶座是民国北京公园最为独特的一道风景。"世界上最好的地方,是北平,北平顶好的地方是公园,公园中最舒适的是茶座"③。譬如谢兴尧为之撰文的中央公园即以茶座闻名,有来今雨轩、春明馆、上林春等。又如北海公园亦设有多处茶社,其间漪澜堂、五龙亭、濠濮间等都是时人交游聚会的胜地。公园茶座为民国北京的文人知识分子提供了公共交往的空间,而诸多展览、讲演、集会也借公园茶座举行,因此这一娱乐功能又与上述的文化

---

① 邓云乡:《国立图书馆》,谢其章选编《邓云乡讲北京》,北京出版社,2005,第21~29页。
② 北平香山教育图书馆属于私立,是由民国第一任内阁总理熊希龄私人拨款创建的。
③ 谢兴尧:《中山公园的茶座》,姜德明编《如梦令:名人笔下的旧京》,北京出版社,1996,第322页。

功能密不可分，下文将具体论述。

考察民国时期北京公园从封建皇家禁苑向现代公共空间的演变，可以看出，无论是公园的开放还是改造过程，始终伴随着各方力量、各种观点的博弈。公园的开放，是市政公所与各种社会阶层、新旧势力合作与斗争的结果，是民国北京政治、社会和城市史一个具体而微的缩影。而公园的改造，也同样是一个竞争与选择的过程，作为新兴的公共空间，各种机构、设施都有意愿占据一席之地，其选择什么、排斥什么，体现了对于公园的设想和定位。民初北京对于现代市政、现代市民的理想，旨在为市民提供有益身心健康的公共空间，因此尤为注重公园的教化（包括德育、智育和体育）功能，以造就高素质的现代市民。对于公园的理想，管中窥豹，体现了民国政府对于一个现代首都的理解和想象。

三　公园文化空间

公园的开辟，为民国北京市民提供了社会交往与文化娱乐的空间。作为新兴的都市公共空间和文化地图，公园在民国时人的精神生活中占有不可或缺的重要位置。有别于上海、广州、成都等其他一些城市公园的平民化特质，北京城独特的文化氛围和历史底蕴造就了其公园具有某种类似于"文学公共领域"的功能。中国虽古无公园，园林传统却源远流长，且与文人士大夫休戚相关，中国文人素有在园林文讌的传统。园林除了为士大夫提供诗酒交游，甚至政治集会的空间外，更与其身份认同密不可分，是他们彰显本阶级价值取向和文化资本的象征。民国北京公园系皇家园林改建，完美地保留了传统园林的景致情趣，很容易引发今昔联想；加诸民国京城的文化人本就处于新旧交替的过渡时代，内心大多承继了传统士人的某些情怀与趣味，富于园林之美的公园自然成为社交、文化活动的首选。从这个意义层面看，北京公园与民国知识分子的关系可以说在某种程度上延续了园林与士人的精神联系。

因此，虽如前所述，民初北京公园开放运动旨在为市民大众提供公共娱乐空间，然而实际情况却与公园提倡者、缔造者的预期有一定距离。1934年6月，《市政评论》创刊号发表《改良中国城市的要点》一文，其中再次提议"开辟公园"，作者指出这是由于"公园在现刻的中国，好像是一种奢侈品，要贵族才能享用，还未平民化，因为进公园去有的是要买入门票，有的是离城太远"①。可见,直到1930年代中期,公园依旧尚未普及,不是普通民众皆可享用的。可对民国北京公园的门票状况作一简单考察,譬如1914年中央公园的门票制度分为四种游览证,甲种为一人一次用,收小洋一角;乙种为一人用四月期,收大洋六元;丙种为一人用一年期,收十二元,并附说明:"旅京士绅长年来游,逐日购票,每有不便之憾,此种定价既廉,时期又宽,最为便利";丁种为家族用一年期,收费二十四元,附说明:"前列三项均限一人,而士绅携眷同游,逐人购票仍虞弗便",云云。②姑且不论票价如何,说明文字即透露了其预设对象主要为"士绅"阶层。据《二十五年来北京之物价工资及生活程度》调查,1900~1925年间北京普通工人家庭的平均生活费支出预算为:食物70%,房租8%,燃料5%,杂费5%,每户年进款平均数在90~109元之间,亦即杂费占4.5~5.45元,而须支出交通、医药、卫生、装饰、嗜好、娱乐、教育各项,娱乐费用仅占其中极小一部分。由此可见,平民百姓的消费水平实际上难以负担虽不算昂贵的公园门票,至少绝对不可能经常光顾。③ 至1937年,作家张向天撰文讨论故都消夏方式,依然谈到"如北海公园、中山公园、中南海公园等等到底不能算是平民消夏地,因为那二十枚的门票限制,许多俭食省用的住户小家,是隔在外面了"④。并且,即使不考虑门票费用,也还存在着格调、趣味的差异。如师陀曾撰文《什刹海与小市民》,指出什刹海与市民趣味更相投:"倘若拉住一位北京市民,问北平地方哪里顶好玩,他的回答一定是什刹海而绝非中央公园"⑤。朱光潜则将贵族气的北海与平民化的后门大街作对比,指出"在北海逛的是时髦人物,个个是衣裳楚楚,油头滑面的。你头发没有梳,胡子没有光,鞋子也没有换一双干净的,'囚首垢面而谈诗书',已经是大不韪,何况逛公园?"⑥ 不唯公园无形中有门槛,公园茶座亦如是。譬如沈从文小说《老实人》的主人公自宽君"以前不敢在五

---

① 张又新:《改良中国城市的要点》,《市政评论》1934年6月第一卷合订本。
② 《中央公园售票简章》,《市政通告》1914年第1~23期合订本,批示第71页。
③ 孟天培、甘博:《二十五年来北京之物价工资及生活程度》,李景汉译,国立北京大学出版部,1926,第24、56~57页。
④ 张向天:《故都消夏闲记》,姜德明编《如梦令:名人笔下的旧京》,北京出版社,第414页。
⑤ 师陀:《什刹海与小市民》,姜德明编《如梦令:名人笔下的旧京》,北京出版社,第254页。
⑥ 朱光潜:《后门大街》,姜德明编《北京乎》,三联书店,1997,第525页。

龙亭吃东西"，唯当天气转凉游人稀少时，才"大胆独自据了一张桌子用他的中饭晚饭了。因所吃的并不比普通馆子为贵，自宽君，便把上午十二点钟那一次返寓的午餐全改作在这地方来吃"①。餐费并不昂贵然而自宽君平时不敢光临的缘故，在于其自惭形秽于自身的装束、地位，一个小作家尚且如此，何况普通百姓呢？② 因此，民国北京公园开放的初衷虽是为市民而设，然而，其消费、格调、趣味等，实际上限制了服务的"市民"范围，基本上还是面向中层以上的官僚、绅商及文人。

以名流云集的中央公园为例。一方面，中央公园被旧式文人称为"稷园"（因原为社稷坛），"文谦甚盛"，新旧交替之际的最后一代士大夫们在此追慕前人传统，诗酒优游，留下大量唱和之作，尤其是乙亥水榭修禊，以及丙子祝东坡寿两次盛会，"一觞一咏，颇极一时之盛"。③ 继朱启钤后任公园董事长的"枝巢老人"夏仁虎晚年作诗回顾："推长中山园，日日任游赏。茶团号元老，棋局消慈善。"④ 夏仁虎自宦海退隐后，与老友傅增湘、郭则沄、关颖人、张伯驹、吴廷燮、赵椿年等流连于京城各大公园，诗酒酬唱。⑤ 其媳林海音回忆老人的文字也多见记载：

> 公公自宦海退休后，读书、写作自娱，过着潇洒的文学生活。和傅增湘（沅叔）、吴廷燮（向之）、赵椿年（剑秋）、郭则沄（啸麓）、张伯驹（丛碧）等国学界前辈最为友好，酬唱往来，享尽文人的乐趣。多年来的夏日黄昏，他几乎每天和这些好友在中山公园柏树林下的春明馆茶座聚晤，谈谈天，下下棋，入夜各自返家。⑥

他甚至撰有小说《公园外史》，"说是仿《儒林外史》之作，叙述当年朋辈

---

① 沈从文：《老实人》，《沈从文全集》第二卷，北岳文艺出版社，2002，第77页。
② 邓云乡：《来今雨轩》，王炜、闫虹编著《老北京公园开放记》，学苑出版社，2008，第87页。
③ 中央公园事务所：《中央公园二十五周年纪念刊》，1939，第241页。唱和诗作部分录于《中山公园二十五周年纪念刊》第七章《本园艺文金石略》及第十一章《余记》。
④ 夏仁虎：《枝巢九十回忆录》，王景山主编《国学家夏仁虎》，浙江文艺出版社，2009，第135页。
⑤ 参见夏仁虎《枝巢编年诗稿》、张伯驹《丛碧词》，多录有唱和之作。
⑥ 林海音：《枝巢老人的著作和生活——〈清宫词〉编校后记》，《家住书坊边：我的京味儿回忆录》，台北，纯文学出版社，1987，第129页。

状况，灵感当然就是得自多年在公园'黄昏之游'的谈闻"，可惜已亡佚。①

另一方面，中央公园也深受新文化人的青睐。如邓云乡曾撰专文追溯鲁迅与中央公园的渊源。② 鲁迅与人合作翻译的荷兰童话《小约翰》，也是在中央公园完成，1926年7月6日至8月13日间，几乎每天下午，他都前往公园译书，风雨无阻。③ 又，查《胡适日记》，其于1920～1924年在京期间，频繁出入中央公园，有一次因病休养，竟感叹："我有七日不到公园了。"④ 胡适交游广泛，藉由其日记的详细记录，可以复原当年中央公园的盛况一角。中央公园是当时京城上流文化人社交聚会的场所，他们常在"长美轩"或"来今雨轩"等雅座相约吃饭饮茶；即便不提前约定，也能在园内偶遇许多熟人，然后再相聚畅谈、交流信息；此外，尚有许多文化活动、社团集会，也借公园茶座举办，如胡适等人组织的"文友会"、新月俱乐部早期的"聚餐会"等；⑤ 胡适常与友人游玩、共餐之后，又一同去行健会打球，可以消磨半晌光阴，整个公园相当于一个高级的综合俱乐部。⑥ 随手列举一些日记中出现频率较高的人名，譬如蒋梦麟、陶孟和、任鸿隽、丁文江、王文伯、张慰慈、高一涵、钱玄同、李大钊、马寅初、吴虞、高梦旦、沈兼士、张君劢、马幼渔、马夷初……皆是一时之选。直到1924年，新月俱乐部在松树胡同七号正式成立，胡适及徐志摩等志同道合的友人们有了一个聚会的专门场所，才渐淡出公园。⑦ 而到了1930年代，萧乾主编《大公报·文艺副刊》，则定期于来今雨轩举办组稿茶会，萧乾本人每月专程从天津赶赴北平，邀请沈从文、杨振声、林徽因、朱自清、叶公超等京派名家商定选目，《大公报》文学奖也是在此讨论诞生的。⑧

北京公园的文化特质，是其他城市的公园所难以比肩的。据《胡适日记》记载，1922年6月25日，久居上海的胡敦复来京探望胡适，胡敦复

---

① 林海音：《婚姻的故事》，台北，纯文学出版社，1981，第129～130页。
② 邓云乡：《公园·啜茗》、《中央公园》，《鲁迅与北京风土》，河北教育出版社，2004，第108～111、175～182页。
③ 参见《鲁迅全集》第15卷，人民文学出版社，2005，第627～633页。
④ 胡适：《胡适全集》第29卷，安徽教育出版社，2007，第222页。
⑤ 又如文学研究会即在中央公园来今雨轩成立，后常在此开例会；新潮社常会也设于中央公园；少年中国学会亦于中央公园创建，并定期于来今雨轩举办茶会。
⑥ 行健会规定会员每人纳年费二十四元，发一张会员证，入门免购门票。参见《行健会记》，中央公园事务所《中央公园二十五周年纪念册》，1939，第141页。
⑦ 参见《胡适全集》第29卷、30卷，安徽教育出版社，2007。
⑧ 而此前沈从文主编《文艺副刊》时，每月在南海丰泽园举办聚餐会。

"十年不到京了",这位十里洋场来的上海名流竟然"不曾到过公园",于是胡适与丁文江陪他去中央公园"逛了半天,夜深始散"。① 北京与上海公园的异趣,由此可见一斑。北京公园脱胎于皇家园林,帝京独特的人文氛围和历史底蕴赋予其别具一格的魅力,与京派文化相得益彰,因此成为文人交游聚会、招待来客的首选之所。北京公园对于民国文人的作用,在某种程度上延续了中国园林文化与士人的精神联系,但同时又有新变。相对于传统园林的私人性,民国北京公园作为"文学公共领域",新旧文人可在此社交、写作、交流思想或者联络感情。它会影响新文学的创作、生产和传播,公园既可作为作家汲取灵感和构思创作的场所,也可以是作家书写的对象;各种文学社团常在公园茶座定期集会,更有部分文学刊物定期于此讨论编纂事宜;公园内附设的公共图书馆则提供青年学生、知识分子接触新文学的渠道。② 公园由此一跃而为民国北京新兴的公共文化空间。

综上所述,公园的意义,绝不限于逸乐小道。从公园概念的引进,到公园的开放与建设,再到公园作为公共空间发挥功能,民国北京公园的内涵,与北京的市政理念、社会文化密不可分,公园与城市不断在对话。对于公园的理解、设计和想象,体现了民国时人对于一个现代首都及其相应的都市文化的理想。

---

① 胡适:《胡适全集》第29卷,第663页。
② 如沈从文小说《老实人》的主人公自宽君就每日到"北海的图书馆阅览室"即1926年落成的北京图书馆看书,而公共图书馆对于沈从文自身的成长轨迹也有重要意义。他自来京报考大学失败后,不再作升学打算,而是每日到京师图书馆分馆看书自学,据他自己回忆,许多新旧杂书都是在这阶段读到的。这种在公共图书馆涵泳的经历,为沈从文这样一个来自湘西边城、不曾受过现代高等教育的边缘知识分子,日后成长成为知名的新文学作家,打下了最初的基础。

城市失忆：以北京胡同四合院的消失为例

李彦非[*]

摘要：20 世纪 90 年代初，北京市大规模开展危房改造和旧城改造以来，北京城的传统特色建筑胡同和四合院正在大面积消失。在都市规划师那里，胡同四合院的消失引发了一种特别的文化焦虑：城市失忆。城市失忆可以放到 20 世纪 50 年代至 90 年代 40 年间的都市建筑设计话语中去理解。在探索民族形式，勤俭建设，建筑工业化，发展现代建筑以及反思建筑传统等几个阶段的建筑话语变迁中，胡同四合院被不断定义、阐释和评价。北京特色民居形式的消失是适用经济论和建筑文化论两种建筑观念角力的结果；而围绕胡同四合院出现的城市失忆，是对历史建筑进行理解时割裂其功能、技术和文化内涵的关联所造成的记忆断裂的必然后果。

关键词：城市记忆　胡同　四合院

Abstract: Beijing hutong and siheyuan, the signature vernacular residence, have suffered from massive demolition since the start of the dilapidated housing redevelopment or the Old City redevelopment program in the early 1990s. For urban planners, the demolition gave rise to a cultural anxiety, urban amnesia. This article traces the signification of the trope of urban amnesia in the context of architectural discourse from the 1950s to 1990s. Locating hutong and siheyuan in several stages of the shift of

---

[*] 李彦非，加拿大多伦多大学东亚研究系中国研究博士候选人。

architectural discourse in this period, such as the exploration of national forms, austere construction, industrialization of construction, pursuit of modern architecture, and rethinking about the tradition, I reveal how these vernacular architectural forms are (re) defined and (re) evaluated quite differently. I argue that the disappearance of hutong and siheyuan is the result of the contending between economic pragmatism and architectural culturalism, and the urban amnesia aroused by the disappearance the result of memory ruptures created by understanding traditional architecture's function, technology, and cultural meaning disproportionately.

Keywords: Urban memory Hutong Siheyuan

2008 年北京奥运会期间，一部在各大电视台、比赛现场大屏幕，以及各种体育赛事转播前后滚动播出的北京城市形象官方宣传片《北京 2008》①，仅慎重地选取了胡同和四合院作为北京居住文化的代表，展现给全世界。然而，与宣传片中的呈现形成对比的是，胡同、四合院，这些曾经在元、明、清甚至民国和新中国成立初期主导北京民居的建筑形式，从 1990 年代起，在北京的城市风景中正在大面积地消失。根据 2004 年的数据，从 1949 年到 1990 年，北京老城区的胡同消失了 800 条；从 1990 年到 2003 年，消失了 650 条。也就是说，1990 年代以来，北京每年胡同消失的速度是 1990 年之前 30 年的 2.6 倍。② 同时，根据北京市政府 1991 年公布的危旧房改造计划，截至 2000 年，将改造老城区住宅 645 万平方米，影响人口 60.11 万人。③ 保守地估计，这些危旧房中有一半以上是四合院，而改造之后的住宅绝大多数不再可能为合院住宅。换句话说，在过去的 20 年中，胡同和四合院这些公认的北京居住文化的代表迅速地为高层建筑、豪华公寓、购物中心、商务大厦和交通干线所取代，而原来大多数位于市中心的四合院居民也被迫拆迁到近郊基础设施发展较为落后的社区。因此，胡同和四合院的消失是北京城市发展中的一个重大议题。

---

① 参见孙健君导演作品《北京 2008》。
② 《胡同是静脉，四合院是细胞——文物专家谈北京胡同保护》，《北京规划建设》2004 年第 6 期。
③ 方可：《探索北京旧城居住区有机更新的适宜途径》，清华大学博士论文，2000，第 24 页。

在众多讨论北京居住空间及其改造的论文中，北京市规划委员会西城分局的规划师魏科在他 2004 年发表的一篇文章中，分享了下面这样一段经历：

> 2002 年下半年，我到危改区探访一位老友，居然找不到他家的胡同，而他也告诉我："我们现在时常也找不到家。"我听后，心里非常不是滋味！一位在这里生活了几十年的老人居然找不到家。难道我们更新城市非此不行？一个人失去记忆是件不幸的事，何况一条胡同、一个街区、一个城市？可是，现在人们站在北京旧城内的许多地方，已经想不起它过去的风采，如果再继续拆下去，用不了多久，北京将成为一座失忆的城市！①

在魏科的文章中，他把胡同四合院的消失，放到了城市发展的成就与不足中去分析。他首先梳理了北京城市建设在观念上的误区，在区域控制上的趋势，以及在投资引导上的方向；其次，提出建立专门机构管理旧城，推进住房私有化等可行建议，从而疏解旧城的功能，对房屋、街道进行渐进式的改造，以纠正大拆大建带来的种种问题。在这样一篇专业的规划文章中，作者却在显著的位置描述了上面这样一段迷路的插曲，并且记录下这次迷路所带来的情感震撼。他所感受到的震撼，不仅来自一个城市设计者在自己参与设计的城市里迷失的吊诡，来自获悉一个城市的常住者亦时常在家园附近迷失的讶异，而且来源于一个更大的文化焦虑——城市失忆。

在魏科的上下文中，城市失忆这个喻说指在城市中由于旧城面貌的迅速改变而造成的城市记忆载体的消失，城市过去的淡忘，以及家园的迷失感。在本文中，笔者将从这个喻说出发，以北京旧城风貌的代表胡同和四合院为线索，通过分析 20 世纪 50 年代至 90 年代末的城市建筑话语，说明胡同和四合院所代表的建筑形式和观念如何被不断定义、阐释和评价，从而构成了城市失忆的话语前提。需要特别指出的是，在本文所考察的 40 年的建筑设计话语中，胡同和四合院很少处于话语的中心，关于它们的论述只能在关于建筑形式，民间/地方建筑，以及城市住宅的讨论中搜得蛛丝马

---

① 魏科：《保护北京旧城——路在何方？》，《北京规划建设》2004 年第 4 期。

迹，然而，在魏科那里，胡同和四合院却是一个重要的文化焦虑的来源。这其中的强烈对比，使胡同和四合院在建筑话语中被边缘化本身也成为一个问题。简而言之，本文所做的是透过在建筑话语中追溯"失忆"这个喻说意义生成的过程，揭示出城市失忆症的一种病理。

一 从适用经济论到建筑文化论

从1950年代到1990年代，中国现代建筑，从政治经济的角度看，经历了至少6个时期，即1949～1952年国民经济的恢复期，1953～1957年第一个五年计划时期，1958～1960年"大跃进"和经济困难时期，1961～1964年经济调整时期，1965～1976年设计革命和"文化大革命"时期，1977～1999年建设社会主义现代化时期；① 但就对建筑性质的认识而言，却只经历了一种认识里的两个变期，即从1950年代到1970年代的适用经济论时期和1980年代至1990年代的建筑文化论时期。

从1950年代起，建筑在中国便被认为是功能、技术和形象的结合体。其中功能指建筑需要满足的使用需求，技术指材料、结构等完成建筑的物质技术条件，而形式则指建筑的体型、平面、立面，内外的空间组织、装饰、色调等。在三者之中，功能是建筑的目的，对建筑的技术和形象起决定作用。由于建筑还存在一个美观与否的审美问题，所以在将建筑作为艺术看待时，也存在一个内容与形式的关系问题。内容一般认为就是建筑的功能与技术，而形式则同形象一样，是建筑外观表现的东西。在内容与形式的关系中，内容决定形式，形式表现内容，新内容一定要求新形式，但新形式不能一下子就形成，因此需要利用和改造旧形式以创造新形式。② 对新旧内容与新旧形式的关系的这种认识，隐藏了一种建筑艺术进步论的观点。建筑功能随着社会的发展有一个由少到多，由小到大，由简单到复杂的发展过程，建筑的技术随着生产力的提高从单一走向多样，从手工生产走向工业化，这些新的进展需要与之相匹配的建筑形式加以表达，而旧的

---

① 参见龚德顺、邹德侬、窦以德《中国现代建筑历史（1949～1984）的分期及其他》，《建筑学报》1985年第10期。
② 建筑三元论和内容与形式的关系，参见翟立林《论建筑艺术与美及民族形式》，《建筑学报》1955年第1期。

形式将会在这种变动中遭到淘汰。

1950年代到1970年代，对建筑功能和技术的重视，使适用与经济成为评价建筑的主要标准。在这一时期，对胡同、四合院一类民间建筑的认识，尤其注意它们在功能、技术上有益于适用与经济的方面，而对于它们功能上不能与当代生活相适应的部分，以及技术上与工业生产不符合的方面，则认为应该加以改造或者彻底摒除。

在1980年代，建筑仍然被认为是功能、技术和形象的三元结合体，但对建筑功能的理解却出现了一些变动。建筑不仅具有物质功能，而且具有精神功能。① 物质功能即建筑满足使用需求的方面，而精神功能是一个囊括许多要素的集合体。例如，建筑可以对人的心理和情绪产生影响：优秀的建筑让人愉悦，而低劣的建筑让人厌恶。这即是建筑精神功能的一种。② 对建筑形式的理解亦细分出工程形式和艺术形式两种。其中工程形式是直接由建筑技术决定的部分，而艺术形式则是多变的，具有一定的独立性。对建筑功能的新理解扩充了建筑内容的文化意涵，而对建筑形式的细分让它不再绝对从属于建筑内容。这种诠释中，对建筑内容中精神、艺术和文化成分的挖掘开启了建筑文化论的时期。③ 在这个时期，像胡同、四合院一样的民间建筑，在艺术形式上和历史文化内涵上得到了更多的肯定，借鉴它们形式的现代创作开始陆续出现。

以下以年代为区分，具体阐释各个时期，在同一种建筑认识论基础上，在有关建筑形式，民间/地方建筑，以及城市住宅的讨论中，胡同、四合院这样的传统民居所处的位置。

二 1950年代：民族形式初探

在1950年代探索社会主义民族形式的早期，胡同和四合院并不被认为是中国古典建筑的典范而需要加以保存和借鉴。虽然在1950年代中期，它们作为民间建筑传统的载体而得到了认可，但是它们主要的价值在于空间

---

① 侯幼彬：《建筑内容散论》，《建筑学报》1981年第4期。
② 郭恢扬：《建筑形式的识别功能和意境功能》，《建筑学报》1985年第1期。
③ 《为一九八九年世界建筑节中国建筑学会举行"建筑与文化"座谈会》，《建筑学报》1989年第8期。

处理的抽象技法，劳动人民建筑经验的体现，以及就地取材的灵活的建材观，而不在于具体的建筑结构、立面和装饰。因为对这些建筑形式的追求，可能会受到形式主义、复古主义的批判。就居住属性而言，在1950年代，胡同和四合院在经济适用性方面是需要大规模改造的，甚至在社会文化意涵上，因为表达的是旧社会落后的生产力和人剥削人的生产关系，所以也需要接受彻底的改造。

1950年代，建筑界的大目标是以适用、经济，在可能的条件下注意美观为原则，创造属于自己的民族形式，反映社会主义现实主义的内容。这样的建筑需要在社会主义工业化前提下，学习苏联经验，吸收中国古建筑精华，结合普通工匠的实践，并且在反对资本主义的功能主义、结构主义和世界主义的努力下获得。①

在对社会主义民族形式的初步探索中，梁思成基于对中国建筑发展历史阶段的研究提出了中国建筑文法说。② 他认为中国建筑是一个历经千年形成的建筑体系，它具有三段构成（台基、屋身、屋顶），对称布局，木结构框架，斗栱、举架结构，屋顶形态宏伟，色彩艳丽，构件装饰精致，熟练使用有色琉璃瓦等特征。梁思成认为这些特征是中国民族形式的要件，只要掌握它们，像在学习语言中掌握了文法和词汇一样，就可以表达出不同的思想内容。在社会主义社会的条件下，即表达出社会主义现实主义的内容。在梁思成观点的启发下，在1950年代中期，出现了三里河办公楼，北海办公大楼，地安门机关宿舍（参见图1）那样三段构成的高层建筑。这些建筑都在重点部分，例如主楼或者主要的入口，采用琉璃瓦屋顶，并且利用出檐、灵活的台基和墙面装饰来突出民族特色。③ 因为梁思成对中国建筑特征的认识，来源于对现存实物和文史资料中各历史阶段建筑的分析，而这些可能留存下来的建筑多属于皇家的宫殿，宗教的庙宇，以及彰显武功的军事建筑，④ 所以，在1950年代前半期，以梁思成为代表的对社会主义民族形式的探索中，像胡同、四合院一样的民间建筑一直处于缺失状态。

---

① 张稼夫：《在中国建筑学会成立大会上的讲话》，《建筑学报》1954年第1期；王鹰：《继承和发展民族建筑的优秀传统》，《建筑学报》1954年第1期。
② 梁思成：《中国建筑的特征》，《建筑学报》1954年第1期。
③ 张开济：《三里河办公大楼设计介绍》，《建筑学报》1954年第2期；陈登鳌：《在民族形式高层建筑设计过程中的体会》，《建筑学报》1954年第2期。
④ 梁思成、林徽因、莫宗江：《中国建筑发展的历史阶段》，《建筑学报》1954年第2期。

然而，这种缺失很快在对民族形式中形式主义、复古主义以及浪费倾向的反思中被提了出来。

图 1　地安门机关宿舍正面立面图

资料来源：陈登鳌《在民族形式高层建筑设计过程中的体会》，《建筑学报》1954 年第 2 期。

从 1955 年起，建筑界在反思社会主义民族形式时，开始从各方面批评梁思成的古代建筑观。在建筑发展规律方面，梁思成将中国古典建筑看成一个积累的、连贯的体系的想法被认为割裂了建筑与生产力以及生产关系的关联，而把建筑认作一门独立的艺术，并且得出了将建筑形式要素比之于文法，要素的美学标准就像文法一样各地通用且永恒不变的错误结论。① 在技术与建筑艺术的关系方面，三里河办公楼、北海办公楼以及地安门机关宿舍所体现的民族形式不得不以钢筋混凝土的结构去模拟木结构所自然展现的屋顶的轮廓线，屋檐下精巧的装饰。这一方面提高了装饰材料的成本，另一方面增加了施工的工艺难度；既要求增加投资，又需要增加工时，造成了相当大的浪费。② 在民族形式的来源方面，以三段构成，大屋顶和装饰细部为基础的建筑形式大多脱形于气势恢宏的宫殿、庙宇，却忽略了重要的民居建筑传统。这些民居建筑，就地取材，量材巧筑，以实用为主，是有别于宫殿、庙宇的另一个传统。③

经过了对形式主义、复古主义和浪费倾向的批判之后，建筑界把主要

---

① 刘敦桢：《批判梁思成先生的唯心主义建筑思想》，《东南大学学报》（自然科学版）1955 年第 1 期；梁思成：《从"适用、经济、在可能条件下注意美观"谈到传统与革新》，《建筑学报》1959 年第 6 期。
② 重达：《从节约观点看"四部一会"的办公大楼》，《建筑学报》1955 年第 1 期；《人民日报》社论：《反对建筑中的浪费现象》，《建筑学报》1955 年第 1 期。
③ 陈干、高汉：《论梁思成关于祖国建筑的基本认识》，《建筑学报》1955 年第 1 期。

的注意力集中到设计适用和经济的建筑物上,而不去过分地强调美观。而在继续探索民族形式的道路上,向古典建筑和民居建筑学习的时候,眼光也主要放在"精神实质,经验教训,处理方法,构图技巧"① 上,而不是硬搬表面形式。例如,在欣赏山西应县木塔这样的单体古代建筑时,建筑师意识到应该学习它与周遭环境的整体规划。② 又如,关于古典建筑的特征,有的建筑师重新归纳出建筑构件与艺术形式的高度统一,从小型居住建筑到大型宫殿、庙宇在造型上的共同规律性,对称的内部空间与不对称的外部空间强烈巧妙的对比,化小空间为大空间的曲折手法,强烈对比色彩的运用等特色。③ 与此同时,在把民居作为民族形式可能来源的探索中,民居中空间处理的规律和对当地材料的利用成为主要的议题。例如,广东中部沿海地区的民居被认为为了追求实用,在造型上有一个由繁入简的演变趋势;④ 北京民居的大门和影壁虽然没有直接推广的价值,但是体现了可以借鉴的成套设计的理念。⑤ 在当地材料的利用方面,武汉的芦苇隔断墙和天棚,⑥ 西北的黄土墙,⑦ 以及江西的土木竹结构⑧等都被认为可以有效降低建材成本。

像胡同和四合院一样的民居建筑,虽然体现了历代工匠在空间处理和建材使用方面可资借鉴的智慧与经验,但是在1950年代对于经济适用的认识中却存在重大的局限。四合院建筑绝大多数以平房为主,并且集中在北京城的中心区域。在经济效益上,与多层建筑和高层建筑相比,平房不能在同样面积的土地上提供更多的使用面积,因此,不宜在用地紧张的大城市采用。⑨ 在适用性方面,以西单附近的胡同、四合院为例,虽然这里的人均居住面积已经达到当时的计划标准,胡同和道路有比较明确的系统和分

---

① 周卜颐:《从北京几座新建筑的分析谈我国的建筑创作》,《建筑学报》1957年第3期。
② 杨鸿勋、傅熹年:《优秀的古典建筑之一——应县佛宫寺释迦塔》,《建筑学报》1957年第1期。
③ 哈雄文:《对建筑创作的几点看法》,《建筑学报》1959年第6期。
④ 岑树桓:《广东中部沿海地区的民间建筑》,《建筑学报》1956年第2期。
⑤ 张驭寰:《北京住宅的大门和影壁》,《建筑学报》1957年第12期。
⑥ 《芦苇在民用建筑中的使用》,《建筑学报》1957年第6期。
⑦ 陈中枢、王福田:《西北黄土建筑调查》,《建筑学报》1957年第12期。
⑧ 丁云宝:《一种多快好省的土竹木结构》,《建筑学报》1958年第12期。
⑨ 汪骅:《低层住宅经济适用性的分析——附上海1958年自建公助设计实例》,《建筑学报》1958年第3期;《关于西德威勒·赫贝柏兰德教授的中国式住宅区设计方案的座谈讨论》,《建筑学报》1958年第8期。

工，居民普遍反映生活上还比较方便，但是：

> 胡同过多，把居住区分割得很零碎，道路占地虽不少，但都很窄，对面走不过汽车，路面也都是土路，没有下水道，雨水都在地面排泄；在房屋居住方面是不公平的，极少数人住得很宽敞，而广大劳动人民则被迫住得拥挤不堪；在人民群众的生活福利设施方面，阶级社会中统治者是不可能关心的，居住区中根本没有如绿地、广场等公共场所供居民休憩游戏；在建筑布局方面，由于私有制经济基础，居住区的建筑绝大部分是那种"独善其身"的背后朝街的四合院形式，这种形式与解放后广大人民的生活不相适应；在建筑质量方面，这个居住区中大都是矮小的平房，设备条件很差，也不适合于今后安装煤气、暖气等近代设施。①

在这段1950年代中期关于北京旧居的分析中，胡同和四合院在近代化程度和适应社会主义条件下人民大众的生活方面都被认为是不适宜的。近代都市的道路应该适合汽车的通行，应该有地下排水排污设施，而近代的居住建筑也应该可以装配煤气、暖气等设备。然而，胡同和四合院由于年代悠远，反映的是"旧社会低下的生产力"，② 基础设施落后，不能满足上述近代化的需求。除此之外，社会主义社会是以公有制为基础的，在居住面积分配上讲求公平，在居住质量上关心人民群众的休闲和娱乐，应当配套有集体活动的公共场所。所以，胡同和四合院里房屋分配不均，缺少绿地和广场，各家各户自成一体的格局反映的是旧社会"社会制度的局限性"。③ 要解决这些"根本性的缺陷"④ 就必须对作为北京旧居的胡同和四合院进行彻底的改造。

北京旧居必须进行彻底改造的观念是1950年代城区居住区规划的总方针，也是衡量城市建设发展的大标准。例如，在白纸坊、夕照街两个旧城居住区的规划中，新中国成立前修建的平房基本要拆除，在10年的远景规

---

① 温梓森：《北京旧居住区典型调查》，《建筑学报》1956年第6期。
② 温梓森：《北京旧居住区典型调查》，《建筑学报》1956年第6期。
③ 温梓森：《北京旧居住区典型调查》，《建筑学报》1956年第6期。
④ 温梓森：《北京旧居住区典型调查》，《建筑学报》1956年第6期。

划中，所有的平房都要被楼房替代。① 又如，在这一时期对新中国成立十年以来北京建筑的回顾中，被视为一项重大成就的是"旧社会遗留给我们的破烂房屋，正在成街成片地消失，逐步被新的、具有近代设备的楼房所代替"。具体而言，第一个五年计划的头三年，着手拆房改建，1956 年以后开始成街成片地修建新建筑，在 1958 年、1959 年"大跃进"的形势下，天安门广场两侧以及东西长安街上，则以更宏伟的工程来迎接新中国成立十周年。②

三 20 世纪六七十年代：勤俭建设与建筑工业化

1960 年代，在勤俭建国和尽可能降低非生产性建筑造价的大环境中，胡同和四合院作为民间建筑在功能实用性方面的价值得到了认可。然而，到了 1970 年代，在节约用地和工业化的要求下，胡同和四合院作为城市住宅的功能愈发与时代的要求不相适应。但是，它们所表达的空间处理观念被抽象出来，它们在细部装饰上的审美成果被截取出来，与现代功能和现代造型的建筑相结合，以期创造一种具有时代感的民族风格。

1950 年代末，以人民大会堂为代表的纪念性建筑物的落成，被认为成功地实践了用民族形式表达社会主义内容的设计理念，③ 加之在"大跃进"的氛围下，要求大搞群众运动，多、快、好、省地进行建设，④ 所以，对民族形式的关注转移到对建筑的社会主义风格的追求上。所谓社会主义的风格即既要满足前期提出的适用、经济、在可能的条件下注意美观的原则，又要反映"大跃进"的胜利和人民公社的组织形式，同时，紧密结合民族的习惯和喜好，符合建筑技术发展的方向，并且具有大量生产的可能性，以体现建筑为全民服务的宗旨。⑤

---

① 赵冬日、寿振华、冯颖：《北京市白纸坊居住小区改建规划方案》，《建筑学报》1958 年第 1 期；傅守谦、罗栋、张国良：《北京市夕照寺居住小区规划方案介绍》，《建筑学报》1958 年第 1 期。
② 王栋岑：《北京建筑十年》，《建筑学报》1959 年增刊。
③ 张开济：《通过首都几项重大工程设计试谈建筑创作问题》，《建筑学报》1959 年第 12 期；赵冬日：《从人民大会堂的设计方案评选来谈新建筑风格的成长》，《建筑学报》1960 年第 2 期。
④ 《向大跃进的标兵看齐——朱德同志代表中共中央向全国群英会致祝词》，《建筑学报》1959 年第 11 期。
⑤ 吴景祥：《建筑的历史发展和中国社会主义建筑新风格的成长》，《建筑学报》1961 年第 8 期。

为寻找符合人民群众生活习惯和喜好的建筑样本，在这一时期，大量的民居调研得以展开。例如对南方风格的探讨，①对浙江民居、②朝鲜族住宅、③维吾尔族建筑、④广西侗族麻栏建筑、⑤青海民居⑥以及云南傣族干栏建筑⑦的调查。这些民间建筑的共通特征表现为：（1）从实际生活出发合理安排平面布局和空间组合，争取更多的使用空间；（2）注意内外空间的关系，按照地方气候条件设计施工；（3）巧妙利用地形，节约用地，降低建筑造价；（4）充分利用地方材料；（5）外观造型和内部装饰朴素、简洁、丰富、活泼。⑧在上述特征中，在利用地方材料，降低建筑造价方面，民间建筑被认为具有无可比拟的优势。从民间建筑中积累和改良的传统技术经验，例如，四川的五种民间墙体⑨和大庆的干打垒⑩在当时全国的建筑设计和施工中就甚为风行。

除了采用民间墙体降低造价以外，另外一条在非生产性建筑上勤俭建设的思路是，尽量维修和利用已有建筑，延长它们的使用寿命，节约人力物力，集中搞好生产性建设。在这一思路下，很多民间建筑在 1960 年代得以留存下来。

1970 年代，勤俭建国仍然是建筑行业奉行的基本方针，因此，在住宅设计中节约用地是一个重要原则；与此同时，提高住宅建设的工业化水平也得到了相当的重视。⑪工业化指建筑设计标准化，制品生产工厂化以及施工操作机械化，从而高速度、高质量地完成建设任务；⑫而节约用地指在有

---

① 林克明：《关于建筑风格的几个问题——在"南方建筑风格"座谈会上的综合发言》，《建筑学报》1961 年第 8 期。
② 汪之力：《浙江民居采风》，《建筑学报》1962 年第 7 期。
③ 张芳远、卜毅、杜万香：《朝鲜族住宅的平面布置》，《建筑学报》1963 年第 1 期。
④ 韩嘉桐、袁必塈：《新疆维吾尔族传统建筑的特色》，《建筑学报》1963 年第 1 期。
⑤ 孙以泰：《广西僮族麻栏建筑简介》，《建筑学报》1963 年第 1 期。
⑥ 崔树稼：《青海东部民居—庄窠》，《建筑学报》1963 年第 1 期。
⑦ 云南省建筑工程设计处少数民族建筑调查组：《云南边境上的傣族民居》，《建筑学报》1963 年第 11 期。
⑧ 汪之力：《浙江民居采风》。
⑨ 五种墙体指胡豆渣墙、统沙墙、土坯墙、土筑墙、三合土墙。《四川民间五种墙体建筑技术的调查和应用》，《建筑学报》1966 年第 1 期。
⑩ 干打垒即为土筑墙。《民用建筑实行"干打垒"是设计工作中的一场革命》，《建筑学报》1966 年第 2 期；《"干打垒"房屋的设计与施工》，《建筑学报》1966 年增刊。
⑪ 《全国住宅设计经验交流会在京召开》，《建筑学报》1974 年第 6 期。
⑫ 柯明、许林：《关于加速实现建筑工业化的几点看法》，《建筑学报》1978 年第 1 期。

限的土地上，在满足日照和采光的条件下，尽量设计能容纳更多住户的住宅。① 在住宅用地上尽量节俭被认为可以控制城市发展的规模，从而平衡城乡发展的关系。通行的节约用地的设计措施是缩小间距和增加层数。② 在节约用地这一基本原则下，1977年发布的城市住宅调查显示，大中城市新建住宅的层数在4~6层为宜。建设这样的多层住宅优势在于：（1）有利于拆旧换新，改造城市；（2）能降低市政设施费用，减少道路管网的改建；（3）有利于节约工程材料，降低造价；（4）可适应居民生活的条件，减轻经济负担。基于上述优点，"在本世纪内，大中城市如能逐步拆除新中国成立前建造的旧有平房住宅的60%到70%（或一层40%，二层30%），改建为五、六层住宅，就可在原有用地的基础上，使城区住宅总量增加40%，再加上一些空地插建，就能增加住宅总量的一半以上"。③

在节约用地和工业化双重目标的指导下，1970年代末，北京出现的新的住宅设计方案一般为5~6层的多层建筑，层高2.7米，在节约用地和建设工业化方面都有相应的考量，以便于快速施工。④ 例如，团结湖小区的住宅为装配化大板式建筑，内外墙面、楼板和楼梯等构件全部由构件厂预制好后运至现场，由塔式起重机吊装施工，因此，住宅的布局呈一定间距的行列式，便于重型机械工作以及预制材料的装配。同时，这些住宅都提高了层数（从5层到6层），压缩了间距（从檐高的1.8倍到1.6倍），并且把公共建筑安排在东西向的位置上，进一步提高建筑密度。⑤ 又如，前三门（崇文门、前门、宣武门）地区的住宅建设和改造，这里的旧有建筑被认为"平房破旧，人口密集，生活设施短缺"，⑥ 而建成后的前三门全部由平房变成了10~12层的高层住宅。

在1970年代，对怎样创造民族风格仍然有所讨论，其中代表性的观点是，新的民族风格不是模拟古代的东西，而是在现行材料、技术条件下，

---

① 今兹：《在住宅建设中进一步节约用地的探讨（续）》，《建筑学报》1975年第4期。
② 今兹：《在住宅建设中进一步节约用地的探讨》，《建筑学报》1975年第3期。
③ 《关于城市住宅层数问题的调查和意见》，《建筑学报》1977年第3期；沈亚迪、陆仓贤：《北京住宅设计竞赛评述》，《建筑学报》1979年第4期。
④ 沈亚迪、陆仓贤：《北京住宅设计竞赛评述》。
⑤ 北京市规划局北京市建筑设计院团结湖规划组：《北京市团结湖居住区规划设计》，《建筑学报》1979年第1期。
⑥ 张敬淦、任朝钧、萧济元：《前三门住宅工程的规划与建设》，《建筑学报》1979年第5期。

创造出有我国固有风格的新造型，要神似而非形似。① 这样的民族风格要融合时代感，考虑地方性，而不是千篇一律的大屋顶。② 例如，吸取南方民居经验而设计的内院式住宅（参见图2），进深大，以庭院为中心，利用厅廊，便于通风和散热，可以适应南方地区炎热的天气。③ 又如，广州白云宾馆。在室内装饰方面，采用了仿古的家具和门窗来增加建筑的民族色彩。④ 在庭院设计中，将门厅、大小餐厅从主楼分离出来，借鉴了我国传统庭院的布局方法——将不同功能的空间分成独立的建筑体量，再将这些分散独立的建筑体量组织起来，构成统一而又富于变化的群体轮廓。同时，它还运用了顶光棚、落地明格扇，实践了传统建筑中内外渗透的理念。⑤

图2 内院式住宅

资料来源：左肖思《内院式住宅方案探讨》，《建筑学报》1979年第2期。

四 1980年代：传统还是现代？

1982年，国务院颁布了保护历史文化名城的决定及第一批名单，作为历史文化代表的北京胡同和四合院被推到了保护古城风貌，旧城改造，以及新旧建筑协调等城市规划话语的中心。这些规划话语与本文讨论的城市建筑设计话语密切相关，但由于本文篇幅有限，拟另文讨论。与在城市规划话语中的中心位置不同，在1980年代的建筑设计话语中，胡同和四合院

---

① 张镈等：《关于建筑现代化和建筑风格问题的一些意见》，《建筑学报》1979年第1期。
② 龚德顺：《打碎精神枷锁 提高设计水平》，《建筑学报》1979年第6期。
③ 左肖思：《内院式住宅方案探讨》，《建筑学报》1979年第2期。
④ 冯钟平：《环境、空间与建筑风格的新探求》，《建筑学报》1979年第4期。
⑤ 莫伯治、林兆璋：《广州新建筑的地方风格》，《建筑学报》1979年第4期。

却被困在了民族形式与现代建筑、传统与现代的夹缝之中。

在1980年代，关于民族形式的争论重新出现。这一时期，反对民族形式的声音在很多方面都重申了在1950年代形成的对民族形式的批评。首先，盲目追求雄伟、对称和气派的民族形式，忽视了建筑的功能和经济因素，容易造成不必要的浪费，① 并且中国官式建筑的形式仅是中国风格、民族特色和传统手法的一种，不能代表中国全部的民族风格。② 其次，作为形式主义的典型表现，民族形式，即使是1950年代后期受到较多肯定的革新式的民族形式，也渐渐成为公式化的呈现，妨碍了建筑设计的进一步创新。③ 而更激烈的批评则认为，对民族形式的追求无可例外地导致复古主义，加重了艺术的民族保守性，与当代社会、科技和工业生产的突飞猛进完全不相适应。④ 相较之下，肯定民族形式的声音则主张，民族形式是建筑作为一门艺术在历史发展中体现的客观规律。作为民族形式来源的中国传统建筑在融合多种艺术手段，空间分隔，以及对建筑构件的灵巧装饰方面都取得过重要的成就，⑤ 应当以取其神的方法加以继承和革新。⑥ 在对民族形式和传统建筑基本肯定的基础上，1980年代仍然在不断涌现对民居建筑和地方建筑的各种研究，例如对四川、⑦ 西藏、⑧ 甘肃、⑨ 贵州、⑩ 湘西⑪等地建筑的调查。

1980年代关于民族形式的争论，其实质在于传统与革新能不能相容，⑫

---

① 吴永箴：《封建观念和旧的传统习惯在建筑中的反映》，《建筑学报》1980年第3期；程万里：《也谈"大屋顶"》，《建筑学报》1981年第3期。
② 曹庆涵：《建筑创作理论中不宜用"民族形式"一词》，《建筑学报》1980年第5期。
③ 陈世民：《"民族形式"与建筑风格》，《建筑学报》1980年第2期。
④ 陈鲛：《评建筑的民族形式——兼论社会主义建筑》，《建筑学报》1981年第1期。
⑤ 王世仁：《民族形式再认识》，《建筑学报》1980年第3期。
⑥ 张绍桂：《提倡"形神兼备"》，《建筑学报》1981年第4期。
⑦ 成城、何干新：《民居——创作的泉源》，《建筑学报》1981年第2期；成城、何干新：《四川"天井"民居》，《建筑学报》1983年第1期；王寿龄：《成都传统建筑探讨》，《建筑学报》1981年第11期；黄忠恕：《成都的传统住宅及其他》，《建筑学报》1981年第11期。
⑧ 黄诚朴：《藏居方室初探》，《建筑学报》1981年第3期；屠舜耕：《西藏建筑艺术》，《建筑学报》1985年第8期。
⑨ 任致远：《甘肃藏居》，《建筑学报》1983年第7期。
⑩ 李先逵：《贵州的干栏式苗居》，《建筑学报》1983年第11期；罗德启：《石头·建筑·人——从贵州石建筑探讨山地建筑风格》，《建筑学报》1983年第11期。
⑪ 姚涛：《湘西民居赏析》，《建筑学报》1988年第12期。
⑫ 戴念慈：《现代建筑还是时髦建筑》，《建筑学报》1981年第1期。

即是说，是一个传统与现代的关系问题。以进步论的观点来看，所谓民族形式即传统的代名词。它是在生产力低下，技术不发达，交通不畅的条件下，不得不选择当地材料，适应当地地形气候的结果。而随着建筑材料工业化，交通的便利，建筑结构已经摆脱了国界的限制。这样一来，新材料和新结构的运用必然改变建筑的形式，使国际化成为现代建筑的大趋势。[①]不仅建筑形式随着生产技术的发展而前进，审美观念也应当随之而改变。[②]但审美观念往往具有惰性，过去的建筑形式所代表的审美观念还保留在人们的意识中，而这种建筑形式本身早就因时代的前进而被淘汰为历史的风格，不应该为后人所采用了。[③]与提倡现代建筑而抛弃传统建筑这种激进的进步论不同，革新传统的现代观则认为传统应当成为革新的基础，并且应当区分传统中的精华和糟粕，不能"把重视对遗产、传统的研究和继承，简单地说成是'向后看'，而把学习外国建筑则说成是'向前看'"。[④]它们主张继承传统可以有许多不同的思路，例如，在功能许可的条件下，无论平面布局、空间处理或立面造型都尝试运用传统的手法，或者把传统的形式作为"符号"运用到建筑的局部，又或者把传统形式加以抽象和变形，用联想和隐喻的手法再现传统，也可以学习前人创造建筑形式的方法，即他们分析、解决问题的思路，从而寻求今天的建筑形式。[⑤]

1980年代关于民族形式和传统、现代问题的讨论激发了民族化与现代化并重的建筑思想。代表这种思想的建筑实践在开展的过程中一般会考量时代的技术需求，民族和地方风格的适应，以及具体建筑的物质和精神功能。[⑥]香山饭店是公共建筑在这方面实践的一个例证。这个国际豪华级的旅馆采用钢筋混凝土结构，但是为尊重周围的山水风景，把建筑层数限制为四层，分散布局在景区之中。为了突出民族风格，建筑在立面处理上借鉴

---

① 渠箴亮：《试论现代建筑与民族形式》，《建筑学报》1981年第1期；应若：《谈建筑中"社会主义内容，民族形式"的口号》，《建筑学报》1981年第2期。
② 胡敦常：《建筑创作要厚今薄古》，《建筑学报》1981年第8期。
③ 戚浦：《掩卷有感——也谈时髦、时髦建筑及其他》，《建筑学报》1981年第8期。
④ 邓林翰、斯慎依、黄居祯：《也谈遗产、传统与革新》，《建筑学报》1981年第11期；戴念慈：《论建筑的风格、形式、内容及其他——在繁荣建筑创作学术座谈会上的讲话》，《建筑学报》1986年第2期。
⑤ 薛恩伦：《传统的继承与发展——我国现代建筑创作探讨》，《建筑学报》1986年第9期。
⑥ 徐尚志：《我国建筑现代化与建筑创作问题》，《建筑学报》1984年第9期。

朴实典雅的唐宋风格和江南民居的灰瓦白墙，在群体上，运用院落组合，同时借鉴中国古典园林开敞与封闭搭配以及通过游廊借景的空间处理手法。① 香山饭店的这些特征使它成为适当民族风格的国际式建筑的成功尝试（参见图3）。在住宅设计方面，对低层高密度住宅的探索是民族化与现代化的又一个例证。低层高密度理念的出现是为了克服正在出现的高层建筑可能存在的造价高昂，能源浪费，没有室外活动空间，生活与外界环境隔绝等弊端。低层高密度的灵感来源于中国传统建筑在全国普遍存在的庭院式住宅，这些传统住宅具有自然环境好，安静，活动空间足等优点，但一个院落中通常有一些房间朝向、采光和通风不太良好，而且人口密度低，与多、高层建筑相比，用地不经济。革新后的庭院式低层高密度住宅通过向地上和地下发展层数来提高建筑密度，尽量改善采光和通风，使每户人家所使用的多个房间之间有一个良好的平衡。如果这个民族化和现代化的实践成功，它将可以被运用于文物保护区，风景游览区，以及城郊和中小城镇。② 这个设想可能是较早的基于四合院的现代合院式建筑的探讨之一。

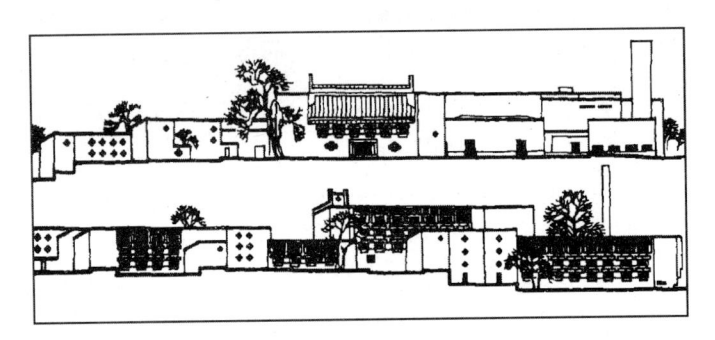

图3　香山饭店的北、东立面

资料来源：王天锡《香山饭店设计对中国建筑创作民族化的探讨》，《建筑学报》1981年第6期。

---

① 彭培根：《从贝聿铭的北京"香山饭店"设计谈现代中国建筑之路》，《建筑学报》1980年第4期；王天锡：《香山饭店设计对中国建筑创作民族化的探讨》，《建筑学报》1981年第6期。
② 尚廓、杨玲玉：《传统庭院式住宅与低层高密度》，《建筑学报》1982年第5期。

五 1990年代：重返建筑传统

1990年代在建筑文化论兴起的浪潮中，建筑界对建筑传统与传统建筑重新进行了认识。虽然适用经济论和建筑进步论者仍然对像胡同、四合院一样的传统建筑、民居建筑采取严苛的批评态度，但它们所包含的文化价值已经成为创作新的建筑风格不可动摇的灵感源泉，它们甚至可能成为当代乡土建筑创作中的新主角。

在1990年代，对建筑传统和传统建筑有了进一步的认识。与木结构、大屋顶、油漆彩画等传统建筑形式相区别，中国的建筑传统是一种联系过去和现在甚至包括未来的文化因素。① 它是蕴于传统建筑形式之中的深层结构，具有相对的稳定性和延续性，就像生物的基因一样，通过一定的表达可以形成不同的个体特征，但是又必然区别于其他物种。② 对于这样的建筑传统，应该以抽象继承的态度来对待。即既发展传统建筑的设计原则和基本理论，又提取传统建筑形式中最有特色的部分加以发挥，也就是说，在继承传统的时候既要神似，又不排斥某种程度某一细节的形似。③

区分建筑传统和传统建筑形式，有助于理清建筑设计中传统与现代技术的关系。虽然传统的建筑形式不适合现代的施工技术（例如用钢筋混凝土结构模拟木结构的大屋顶就会造成相当大的浪费），但是建筑传统的文化内涵却并不与现代技术相对立，即是说现代技术也可以用不同于传统建筑形式的形式来表达建筑传统（这方面在国际上成功的例子有赖特在威尼斯的玛西艾里纪念馆，爱德华·斯东的卡拉奇希尔顿酒店）。④

建筑传统这一概念的明晰也激发了对什么是中国建筑传统的探讨。比较一致的看法是中国的建筑传统体现在它的空间意识和景观意识上。中国

---

① 戴念慈：《在中国传统建筑及园林学术会议上的讲话 建筑传统的精神实质（开幕式上）中国建筑传统的生命力何在（讨论会上）》，《建筑学报》1991年第2期。
② 梁雪：《传统建筑中深层结构探寻》，《建筑学报》1995年第8期。
③ 吴良镛：《关于中国古建筑理论研究的几个问题》，《建筑学报》1999年第4期。
④ 戴念慈：《现代化与传统文化——亚洲建筑师所面临的问题之一》，《建筑学报》1990年第3期。

建筑传统中的空间具有内外渗透、时空互函、空间无尽以及天人合一的特点。① 在运用这些空间意识排布建筑的时候发展出与之相适应的景观意识。中国建筑传统中的景观往往由简洁的单体建筑通过灵活而丰富的组合形成，为了避免建筑群体组合的杂乱感，又往往在一定的节奏上用造型连贯的公共建筑来营造序列感。② 在这样的景观中，单体建筑有自己的"势"，群体组合构成了"场"，而组合中呈现的空间变化则营造了"境"；③ 从单体到群体，从势到境，中国建筑传统中的景观，突出了以小见大，以景寓情的特点。④

对建筑传统的探讨，在一定程度上，亦引发了对与之相区别的传统建筑形式的批判。在经济适用论和建筑进步论的立场上，传统建筑形式被否定为复古主义：⑤

> 中国传统建筑形式与风格是几千年来封建社会的产物，它反映封建时代的生活方式和审美观念，闭关自守、等级森严、节奏拖沓、发展迟缓。时代在前进，社会发生了巨大的变化，旧的形式和风格，既不能满足现代社会生活的需要，又不适应现代建筑技术的发展，更不能反映时代精神。⑥

与上述对传统建筑形式的激烈反对不同，也有比较温和的意见认为，不应该将传统形式作为束缚而全部抛弃，而应当融会贯通进行新的创造。在这一思路下，在古城西安出现了大量运用不同技法设计的仿古建筑。例如，西安唐代艺术博物馆，利用现代材料复制出传统建筑的法式；陕西历史博物馆在大轮廓上借鉴古代建筑，在细部却采用新材料和技术加以装饰。又如，秦都宾馆，它的立面造型借用了汉代画像砖中阙的造型；阿房宫宾

---

① 艾定增：《中国建筑的"神"与"神似"》，《建筑学报》1990年第2期。
② 梁雪：《传统建筑中深层结构探寻》；张祖刚：《中国文化是中国建筑的根》，《建筑学报》1993年第10期。
③ 南舜薰：《古典的尊严与现代的近逼——兼论传统建筑的"势"、"场"、"境"》，《建筑学报》1997年第10期。
④ 张锦秋：《传统空间意识与空间美——建筑创作中的思考》，《建筑学报》1990年第10期。
⑤ 陈皎：《"社会主义现实主义"是社会主义建筑的唯一评价标准》，《建筑学报》1990年第3期。
⑥ 熊明：《走向2000年的北京建筑》，《建筑学报》1993年第5期。

馆在轮廓上仿照了传统建筑中垂脊、鸱尾和屋面的关系。①

西安仿古建筑的理念是"中而不古，新而不洋"，②这实际上回到了1950年代，梁思成提出的"新而中"的民族建筑的老问题上。③ 在1990年代的氛围中，"新而中"仍然被理解为一种把现代技术和中国建筑传统相结合的努力，但是更重视新，强调时代感。④ 在北京的住宅小区设计中，恩济里小区，兴涛园小区以及东花市北里东区都尝试了"新而中"的建筑风格。恩济里小区的住宅组团吸收了北京传统四合院的形态，发扬了内向、封闭、房子包围院子的优点，保持了邻里间互相可以交往的特点。⑤ 兴涛园小区也采用了小合院式结构并且与有规律的邻里设计相结合，其中，合院结构丰富了空间形态，而相连的邻里减少了住宅之间的消极空间（见图4）。⑥ 东花市的小楼则在屋顶和屋面的处理上融合了建筑传统。这些楼房的屋顶做红色的硬山双坡顶，墙面做成白色水泥抹面，山墙做出凸窗，楼梯间顶做成平顶，使四五个单元长的屋顶有连有断，长短相间，变化中透出强烈的北京地方特色和民族特色（见图5）。⑦

由于"新而中"的风格要求在设计中融会贯通建筑传统的理念和传统建筑的特定形式或变形，如果对两者的理解不足，就会出现拼凑古代建筑要素，无视设计需要，滥用缺口山花、马头山墙、大屋顶、小亭子的情况，不仅形成新的千篇一律，而且造成哗众取宠的低劣设计效果。⑧

除了在"新而中"建筑风格方面的实践之外，1990年代对建筑传统和传统建筑形式的理解同时也促进了对民居建筑与当代乡土建筑的认识。一方面，对不同地区民居的调查和研究，作为认识中国建筑传统的手段，取得了一些

---

① 黎少平、和红星：《"中而不古，新而不洋"的求索——小析西安近年建筑仿古手法种种》，《建筑学报》1992年第7期。
② 黎少平、和红星：《"中而不古，新而不洋"的求索——小析西安近年建筑仿古手法种种》，《建筑学报》1992年第7期。
③ 梁思成：《从"适用、经济、在可能条件下注意美观"谈到传统与革新》，《建筑学报》1959年第6期。
④ 陈谋德：《"中而新"、"新而中"辨——关于我国建筑创作方向的探讨》，《建筑学报》1994年第3期。
⑤ 《为实现小康居住水平而努力——北京恩济里小区规划设计实践》，《建筑学报》1994年第4期。
⑥ 李兴钢：《北京兴涛居住小区规划》，《建筑学报》1996年第10期。
⑦ 沈聿之：《中国传统建筑与北京当代建筑风潮》，《建筑学报》1995年第9期。
⑧ 顾孟潮：《后新时期中国建筑文化的特征》，《建筑学报》1994年第5期；布正伟：《高俗与亚雅——自在生成的两种文化走向》，《建筑学报》1994年第9期；潘祖尧：《建筑风格与古城风貌》，《建筑学报》1995年第2期。

图 4　兴涛小区规划鸟瞰模型

资料来源：李兴钢《北京兴涛居住小区规划》，《建筑学报》1996 年第 10 期。

图 5　东花市小区

资料来源：沈聿之《中国传统建筑与北京当代建筑风潮》，《建筑学报》1995 年第 9 期。

新的成果。例如，对义乌①、侗族②、徽州③、福建土楼④、五邑侨乡⑤等地

---

① 唐葆亨：《义乌传统民居建筑文化初议》，《建筑学报》1990 年第 5 期；蒋明法等：《义乌市传统民居建筑》，《建筑学报》1990 年第 11 期。
② 李长杰、鲁愚力、张克俭：《侗族民间建筑文化探索》，《建筑学报》1990 年第 12 期。
③ 单德启：《冲突与转化——文化变迁·文化圈与徽州传统民居试析》，《建筑学报》1991 年第 1 期；邓晓红、李晓峰：《从生态适应性看徽州传统聚落》，《建筑学报》1999 年第 11 期。
④ 王其钧：《民居研究的新发现》，《建筑学报》1991 年第 6 期。
⑤ 汤腊芝、汤小楠：《析五邑侨乡传统建筑风貌与特色》，《建筑学报》1998 年第 7 期。

本地建筑的研究，以及建立在这些调研基础上的对全国传统民居的搜集和汇总。① 这些民居作为中国建筑传统的载体之一，它们的文化价值得到了充分的肯定，它们所体现出来的美感、地域性和丰富性被认为受到了工业化住宅的巨大冲击，承受着重大的损失，却是工业化住宅在这方面所不能替代的。② 另一方面，民居建筑中的传统建筑形式在对当代生活的适应方面又存在着很多局限，例如，没有下水系统，建筑间距拥挤，道路狭窄，水源短缺，消防困难等。③ 因此，有的建筑师提议"民居作为社会的文化财富，应该使之延续，作为过时的商品应该让位给现代住宅"。④

对民居在地域优势方面的进一步理解，使很多建筑师意识到当代建筑设计中所面临的"特色危机"，即新建筑从南到北千篇一律，整体性缺乏特色。而一条可行的解决之路，就是像民居一样，走地方化的道路，增加住宅的多样性，树立适宜当代的场所精神。⑤ 在北京的住宅建设方面，在1990年代末，虽然已经兴起了高层建筑的风潮，但这些建筑已经不再被认为是工业化和现代化的绝对象征，而是在地域文化的适应性方面受到了诸多批评。⑥ 可以说，作为另一种"新而中"风格的尝试，创造当代乡土建筑的观念开始受到关注，即在民居的启发下，新的建筑应当有"一种自觉的追求，用以表现某一传统对场所和气候条件所作出的独特解答，并将这些合乎习俗和象征性的特征外化为创造性的新形式"，并且这些新形式应能反映"当今现实的价值观、文化和生活方式"。⑦

六 结语

城市通过它的建筑去记忆。⑧ 老建筑的消失使城市丧失了原有的形态，

---

① 1994年在中国建筑学会组织下编纂的《中国传统民居建筑》，经过10年的筹备终于出版了。金瓯卜：《对传统民居建筑研究的回顾和建议》，《建筑学报》1998年第4期。
② 聂兰生：《新居与旧舍——乡土建筑的现在与未来》，《建筑学报》1991年第2期。
③ 王文卿：《民居调查的启迪》，《建筑学报》1990年第4期。
④ 聂兰生：《新居与旧舍——乡土建筑的现在与未来》。
⑤ 石学海：《住宅多样化的途径》，《建筑学报》1990年第8期；黄汉民：《新建筑地方特色的表现》，《建筑学报》1990年第8期。
⑥ 张开济：《"香港模式"是北京住宅建设的发展方向吗？》，《建筑学报》1998年第9期；朱自煊：《也谈北京住宅建设不能套用香港模式》，《建筑学报》1998年第9期。
⑦ 姚红梅：《关于"当代乡土"的几点思考》，《建筑学报》1999年第11期。
⑧ Aldo Rossi, *The Architecture of the City*, Cambridge: MIT Press, 1982.

同时也使城市的居住者失去了熟悉的居住空间的标志,因此导致了城市记忆的消失。① 在北京,规划师魏科所感受到的正是胡同和四合院大面积消失后,由于旧城面貌迅速变化所导致的城市记忆载体的消失,城市过去的淡忘,以及城市居住者所体验到的迷失家园的感觉。

虽然在魏科那里,北京城市记忆无所寄托的焦虑直接来源于1990年代以来胡同和四合院在物理意义上的消失,而本文通过追溯1950年代至1990年代胡同和四合院在建筑形式,民间/地方建筑,以及住宅设计讨论中的位置,发现在城市建筑话语中,对作为传统民居代表的胡同和四合院,记忆的断裂早在1990年代之前就在争论中成型,从而成为当代胡同和四合院大面积消失的话语前提。

在有关建筑形式的讨论中,以胡同和四合院为代表的传统民居经历了从被忽略到被认可再到尝试抽象继承的过程,而另一方面,在进步论立场上,对民居中的传统形式的批评却从未间断。1950年代初期,在刚刚兴起的对民族形式的探索中,以梁思成为代表的建筑文法派,只在宏伟的宫殿、庙宇、纪念性的军事建筑中吸取民族形式的灵感,却大大忽略了民族传统的另一个较为朴实的来源——像四合院一样的传统民居。直到1950年代中期,在对形式主义、复古主义以及浪费风潮进行反思的氛围下,这种忽视才得以纠正。作为民族建筑传统的载体之一,民居在空间处理上的普遍技法(也体现在宫殿、庙宇、园林等官式建筑中),例如空间的内外渗透、群体的灵活组合等,在一些公共建筑中开始得到尝试。例如1970年代末建成的广州白云宾馆,又如1980年代由国际设计师贝聿铭设计的北京香山饭店,还有1990年代在古城西安兴起的仿古的博物馆和旅店。与此同时,对民居所体现的传统建筑形式(布局、装饰、结构等)的批评却从未间断。在1950年代关于民族形式的讨论中,一部分建筑师就认为民居一类的传统建筑代表的是过去落后的生产力和生产关系。到了1980年代,为了追求建筑的现代化,一些激进的声音则更加强烈地表达出对传统的否定:民族形式体现的是艺术的保守性,与发展了的建筑材料和建筑结构是不相适应的,与现代社会的生活需求甚至时代精神也是相距甚远的;民居、民族形式都应当为现代的国际式的建筑所取代,这不仅是中国建筑发展的趋势,也是

---

① Mark Crinson (ed.), *Urban Memory: History and Amnesia in the Modern City*, New York: Routledge, 2005, p. xiii.

世界建筑的潮流。1990年代，虽然已经产生了以民居形式为蓝本，创造当代乡土建筑的思想萌芽，但对民居中的传统形式的批判却仍然与1980年代和1950年代如出一辙。

　　胡同和四合院一方面是中国建筑传统中的一脉，另一方面又是民间/地方建筑的典型代表。而在1950年代至1990年代，对民间/地方建筑的研究也同样深受上述建筑进步论的影响。在大批的对地方建筑和各少数民族建筑的调查中，对它们的认识集中于一般的空间处理技法，基本的居住功能，以及利用当地材料的方法（后两点在提倡勤俭建设的1960年代表现得尤为突出），并且一再强调调查和记录这些地方建筑是为了革新它们的功能和技术，为进步了的社会生活和生产技术服务。在这种观念下，对民间建筑在屋顶、结构、平面、立面、装饰等形式美方面的详细介绍和总结，实际上是在把它们标本化和博物馆化；也就是说，这些基于过去的功能和技术的形式美已经被封存在了过去，成为仅供鉴赏和崇拜的对象，而不再与当下的建筑功能和技术发生联系。就胡同和四合院而言，无论它们的布局多么谨严，空间区隔多么巧妙，影壁、大门多么精致，也都不再可能成为大规模的现代住宅的样本（在尝试新的民族形式的时候，传统的空间技法和装饰多用于公共建筑而非住宅建筑，就是这种标本化的一个例证）。

　　进入住宅设计的话语，从1950年代开始，胡同和四合院就被认为是需要大力改造的对象。狭窄的胡同不适宜汽车的通行，老旧的四合院也缺乏排水、排污、供暖等设施，加之，在节约城市建设用地，满足大量市民住宅需求的条件下，纵横交错的胡同和平房的四合院就更加不适用也不经济了。自1950年代，城市新住宅设计的主流从来都不是胡同和四合院一样的民居，而是要用多层和高层建筑来取代它们，为市民提供更多的居住面积。虽然在建筑文化论的启发下，在1980年代末和1990年代出现了融合合院布局的住宅小区（如北京兴涛园小区）和很大程度上借鉴合院建筑的低层高密度住宅，但这些案例毕竟是极少数的尝试，往往不能与胡同和四合院大规模的拆迁相平衡。

　　综上可知，胡同和四合院消失的话语前提是如何理解它们在当代的功能、技术和形象，如何评价它们的适用、经济、文化价值的一个变动的过程。在适用经济论和建筑进步论的主导下，对胡同和四合院等民间建筑的认识偏重于功能与技术，而冷落形式与艺术；在吸取它们适合本地气候，使用本地材料的经验后，胡同和四合院的形式终将为合乎当代功能与技术的马路与现代多、高层建筑所取代。直到1980年代,由于建筑文化论的出现,胡同和四合院的艺术与文化价值才可能受到重视。但即使是在这个时代,以及之后的1990年代,对传统建筑形式在当代条件下的适用性和经济性的批判仍然源源不绝。在这个意义上,围绕胡同、四合院的失忆,在建筑话语层面上实质上是关于它们的记忆的断裂。这个断裂出现在功能、技术、形象这决定建筑性质的三要素之间;即是说在评价建筑时,对各要素比重与作用的不同认识会给全面理解历史建筑造成障碍——对某一要素的偏重,或者对某一要素的忽视,都会割裂关于历史建筑的完整记忆。被割裂的记忆的载体将会加速衰退和消亡,与之相关的记忆亦会随之消逝,城市失忆的症状由此产生。

  尽管建筑文化论的兴起,为弥合记忆的断裂提供了认识论条件。但如果只对胡同、四合院作形式上的理解,在建筑设计中将它们作为时髦的造型元素加以拼接,而忽略它们在功能与技术上对场所、气候以及习俗所作出的回应,那么这些琳琅满目的造型元素亦会淹没历史建筑诞生的文脉,从而造成新的记忆危机——一种因为造型元素过多,形象过于眼花缭乱而妨碍人们唤回内心的与这些元素相关的回忆的记忆危机。[1] 这样的城市失忆,恐怕是和魏科一样的规划师们还未曾预见的。

---

[1] M. Christine Boyer, *The City of Collective Memory*: *Its Historical Imagery and Architectural Entertainments*, Cambridge: MIT Press, 1994, p. 27.

当代北京的城市"游逛者"与艺术产业发展三十年

耿　波　李东瑶[*]

摘要：北京艺术产业的兴起与发展，与当代城市"游逛者"人群的兴起有密切关联。北京"游逛者"人群的先驱是20世纪80年代开始出现的"盲流"艺术家群体，1990年代初期，他们从城市中心向圆明园边缘地带的"第一次出走"，塑造了坚守与趋利共存的"圆明园艺术村"，奠定了北京艺术产业的起点。1994年，在城市空间规制的驱迫下，艺术家群体从圆明园向北京郊区（"城外"）"二次出走"，因此形成了数量众多的"艺术产业园区"，北京艺术产业因此兴起。在"城内"，从1994年开始，以"胡同游"为代表的现代旅游业的兴起促生了现代旅游"游逛者"人群，他们因对城市"震惊"体验的沉溺而与"城外"的"艺术产业园"一样也被纳入了城市规制逻辑。21世纪以来，因对城市空间规制的反弹而引发了丰富的空间政治想象，城市艺术产业的转向日益明显。

关键词："游逛者"　先锋艺术　艺术产业　空间规制

Abstract: The rise and development of Beijing's artistic industry are closely associated with the flaneurs in contemporary Beijing, whose pioneer is a class of artistic called "MangLiu" appeared from 1980s. In the early 1990s, those people started their "First Fleeing" from the center of Beijing to the areas around Yuan Ming Yuan, where they finally developed a so

---

[*] 耿波，中国传媒大学文学院副教授；李东瑶，中国传媒大学文学院硕士研究生。

called "Yuan Ming Yuan Village", in which persistence and pursuing coexisted. All these had prepared the ground for Beijing's artistic industry. Then in 1994, the artists group, expelled by urban space regulation, began their "Second Fleeing" from "Yuan Ming Yuan Village" to the suburbs of Beijing, generating plenty of artistic industrial zones, and resulting in the rise of Beijing's artistic industry. In the town, from 1994 the rising of modern tourism represented by the "Hutong Tour" had bred mass of tourist-flaneurs, who had been, as well as the artistic industrial zones outside the town, brought into the logic of urban regulation because of their indulgence in the shocking experience regarding the city. Since the New Century, the rebounding against urban space regulation has provoked rich Spatial Politics in Beijing, and the public shift of urban artistic industry is becoming increasingly clear.

Keywords: flaneur avant-garde art artistic industry space regulation

一 一切始于"游逛者"

当代北京艺术产业始于 20 世纪 80 年代中期以来出现于全国、聚集于北京的"游逛者"人群。"游逛者"作为城市文化观照的经典视角，出现于 19 世纪末德国哲学家本雅明（Walter Benjamin，1892-1940）对波德莱尔的研究。在《发达资本主义时代的抒情诗人》一书中，本雅明指出，在 19 世纪为巴黎博览会而建造的拱廊街（Arcade）中出现了现代都市的独特人群——游手好闲的人（"游逛者"，Flaneur）。这些人在拱廊街所形成的空间中"得其所哉，他们为闲荡的人，……他靠在房屋外的墙壁上，就像一般的市民在家中的四壁里一样安然自得。对他来说，闪闪发光的珐琅商业招牌至少是墙壁上的点缀装饰，不亚于一个有资产者的客厅里的一幅油画。墙壁就是他垫笔记本的书桌；书报亭是他的图书馆；咖啡店的阶梯是他工作之余向家里俯视的阳台"①。本雅明笔下的"游逛者"人群，其实是随着

---

① 〔德〕本雅明：《发达资本主义时代的抒情诗人》，张旭东、魏文生译，三联书店，2007，第 55 页。

19世纪资本主义发展而出现的社会"零余者"。19世纪末期,资本主义发展渐入佳境,资本主义生产对社会集权的深化渐次从政治、经济进入社会身份层次,于是在资产阶级与无产阶级两大阶级对立的社会格局中,产生了大批身份不明的人群。这些人既不属于有产者,也不属于无产者,他们逃离了资本主义生产方式的整合,同时也被抛出了资本主义社会的正常结构。他们游荡在社会边缘,出没于城市角落,凭借其身份不明的社会存在,捕捉已被资本主义集权禁制化的日常生活中人们所忽视的"景观"(spectacle),并通过出卖这些"景观"而过活。

据本雅明观察,在资本主义的现代城市中,"游逛者"人群包含多种社会职业,妓女、罪犯、拾荒者等,现代艺术家也赫然在列。① 现代艺术家作为"游逛者"的原因,在于"游逛者"的游逛行为是对社会控制之网的突破,在社会控制已然极度深化而成为"现实"的前提下,"游逛者"的游逛便具有了现实超越、抵制异化的艺术意味;以此为确认前提,现代艺术家就成为了典型的"游逛者"。本雅明以现代艺术家的代表波德莱尔为例展示了现代艺术的抵制技巧:"法国大革命以来,一个广泛的控制网络将资产阶级的生活更牢固地纳入网中。大城市的住房编号记载了标准化的进步。拿破仑政府在1805年使这一做法在法国强制化。在无产阶级的区域内,这种简单的强制措施无疑受到抵抗……当局通过各种注册办法挽救这种局面。在波德莱尔看来,这种努力的侵害性简直同犯罪一样。他从债主那里逃出来,便到酒吧或文学朋友那里。有时,他同时有两个住处,一旦租期到了他就和朋友到另一处过夜。这样,他就在久已不是游手好闲者之家的大城市中游荡。他睡的每一张床都成了一张碰运气的床。"② 然而,现代艺术家的"游逛者"身份使之在现代社会中遭遇尴尬境地,一方面,他带给人们现实禁制之外的希望,具有神秘和被景仰的魅力;另一方面,他对现实禁制的冲击也给人们带来了不安,在现实禁制不断加深的背景下,艺术家最终将在社会身份上与罪犯同列。

在本雅明的研究中,"游逛者"人群是19世纪欧洲资本主义经济发

---

① 〔德〕本雅明:《发达资本主义时代的抒情诗人》,张旭东、魏文生译,三联书店,2007、第92页。
② 〔德〕本雅明:《发达资本主义时代的抒情诗人》,张旭东、魏文生译,三联书店,2007、第65~66页。

展的产物,但并非独特产物。"游逛者"是经济发展导致社会"规制"(Regulation)①的不同步性而出现的身份零余者,因此,在世界范围内,伴随经济高速发展都有可能出现"游逛者"。经济高速发展,这是"游逛者"人群出现的首要条件;其次,还需要城市社会的高度发展。作为逸出经济、社会体制之外的零余者,在禁制化的日常生活中展现艺术化的生存方式,是"游逛者"群体实现自身生存的支撑点,而这唯有在城市化社会中才能真正得以实现,因为城市化进程中城市扩张的持续性将使得城市空间、时间、社会组织结构趋向空前疏松,为城市"游逛者"提供了容身之地。

当代中国最早的"游逛者"群体出现于对现行艺术体制的反叛中。据中国先锋艺术的拓荒者栗宪庭分析,20世纪70年代,中国画坛出现了一批因倡导形式化而被排斥在体制外,却获得了显著社会名声的画家,他将之称为"第一代盲流"。在南方,"第一代盲流"包括"林风眠、刘海粟、关良这些在30年代搞现代艺术的人的学生,艺术上受他们的影响,在1953年中国开始苏化、写实主义一统化之后,这些人退出学院,开始流落到生活中。1979年,他们最早出来走向社会"②。在北京,"北京一些盲流的主要老师赵文量、杨雨树,从60年代就开始抵触学院式教育,自己带了一批一批的学生,星星美展很多人是他们的学生,这些人在艺术上是早期革命现实主义模式的离心分子,在艺术观念与官方的相反、对官方的反叛造成了他要离开原有的职位,有的是自己离开的,有的是被迫离开的,有的甚至被开除"③。

栗宪庭的梳理极具价值。"第一代盲流"不仅是当代中国的艺术现象,更是中国社会发展的节点事件,它标志着当代中国"游逛者"群体的首次亮相。"第一代盲流"的初萌,有明显的西方文化诱因,但使此诱因得以发生实际效应的根源,则是艺术家因对艺术绝对性的执念而产生的对制度的离心。在他们所认定的艺术与现实的冲突中,他们甘心选择了前者,自愿游逛;然而,问题在于,在十年"文革"已彻底割除了人们的神圣信仰之

---

① "规制"一词来自宏观经济学,原意为"政府对经济行为的管理或制约",本文将之引申为政府对微观个体的经济、社会行为的干预、限制与约束行为。
② 汪继芳:《20世纪最后的浪漫:北京自由艺术家生活实录》,北方文艺出版社,1999,第65页。
③ 汪继芳:《20世纪最后的浪漫:北京自由艺术家生活实录》,北方文艺出版社,1999,第65~66页。

后，艺术必然无法免俗。"第一代盲流"向艺术献身的献祭行为在失去了现实职位之后，必然谋求其他的世俗补偿，渴望西方的关注与肯定成为必然选择；"文革"后一直到21世纪第一个十年，在当代中国与西方保持持续张力的历史语境中，西方的关注成为中国"游逛者"群体的最大动力。当代中国的"游逛者"群体集中于北京的原因在于北京有其他城市所不具备的西方关注资源。

栗宪庭指出，"第二代盲流"的产生同样循此逻辑。"第二代盲流"的主体是1980年代后各个大专院校的毕业生，"这代人一开始就不是把艺术作为盲流的起点，而是生活的方式，首先是对分配的工作不满意，或者是分到外地不愿走，寻求自由职业或者更低一级来说就是要留在北京，当时社会开放也给他们一种生存机会，比如可以画广告啊、作品可以卖给外国人等。他们有的到圆明园的一亩园（我去过）租房子住，势力并不大，还没有形成一种聚到一块的力量，都散漫在社会上，但这批人也很快找到了洋老婆，纷纷出国"①。在栗宪庭的考察中，北京"第二代盲流"在其游逛行为上出现了新变：他们从"第一代盲流"的盘踞西方人客厅，向更加丰富的城市空间挺进。圆明园周边地区作为北京"游逛者"群体的聚集之地，如同19世纪末巴黎拱廊街一样，在当时成为北京城市"游逛者"的天堂。

为什么是圆明园？艺术家的游逛为何会聚焦到这样一处特定空间？

这应从对1980年代至1990年代中叶北京城市文化地理的考察入手。从1980年代到1990年代中叶，北京整体沉浸在意识形态规制相对宽松的氛围中，其中先锋艺术家在北京城市舞台上的表演具有引领意义。栗宪庭所谓第一、二代"盲流"，也就是自1980年代至1990年代初出现在北京的先锋艺术家，他们出没于西方人的北京客厅，高谈阔论，投合了西方评论家的所好，同时也成为北京城中显眼的明星，进而成了城市自由氛围的无形引领者。但从1990年代初开始，行政规制已然对城市自由氛围产生了显著的约束效力。在城市自由退潮的前夕，先锋艺术家同样应时进入了退潮期，即从城市舞台的中心向边缘退却，这就是"圆明园艺术村"在1990年初开始成为城市可识别空间地带的原因。

1990年代初，盲流艺术家进驻"圆明园艺术村"，使得"圆明园艺术

---

① 汪继芳：《20世纪最后的浪漫：北京自由艺术家生活实录》，北方文艺出版社，1999，第66页。

村"成为了城市中的典型疏离空间,这是城市中的"空间被生产";反过来,"圆明园艺术村"作为具有特定象征意义的疏离空间,也同时产生着主动生产效应,产生了栗宪庭所谓的"第三代盲流"。与第一、二代盲流相比,"第三代盲流"的社会零余特征更加突出——没有户口、没有单位甚至没有家庭,在城市禁制的层层推进中,他们被挤压进"圆明园艺术村"这样的城市边缘地带,在此寄食,越来越接近于本雅明笔下19世纪末巴黎"游逛者"群体。他们舍弃社会身份,以此换来从事艺术的机会,其实是以艺术之名来维护自我信仰,这种对个体信仰的渴望和践行,聚集在万众瞩目的北京,便有了社会表演的特征。

在此意义上,出现在北京的"游逛者"群体与本雅明笔下19世纪末巴黎的"游逛者"群体是有区别的。在本雅明的观察中,19世纪末巴黎的"游逛者"群体是典型的匿名群体,世俗大众的崇拜于他们而言是致命的,因为这将暴露他们在城市中"游逛"的行踪。但在20世纪八九十年代的北京,"圆明园艺术村"的先锋艺术家却高调出世,当众孤独,其实包含着邀名获誉、获得世俗的成功的鲜活心态。在《20世纪最后的浪漫》中,汪继芳的观察突出了这一点,比如行为艺术家马六明就有明确的邀名观念:"他(马六明——引者注)说艺术有两种,一种是画得好的有欣赏价值的能进博物馆的那种,另一种是探索的前卫的能够提出问题引起争议的。'我强调这后一种,我搞艺术一定要有冲击力,绝对要独当一面独树一帜,当就当最棒的,否则就卷铺盖回家'。"[①] 马六明的心态在当时先锋艺术家群体中是普遍的,与19世纪末巴黎的"游逛者"相比,中国先锋艺术家的"游逛"其实是个体获取世俗成功的空间展演。浓重的名利心理,注定了他们必然要与产业共舞,艺术不免失守,但对北京艺术产业的发展而言,这却成为城市艺术产业兴起的重要内因。

二 先锋艺术的"二次出走"与北京艺术产业兴起

1994年前后,"圆明园艺术村"出现新变:方力钧、刘炜、岳敏君等一些艺术家希望到更加安静的地方从事艺术创作,他们将工作室从"圆明园

[①] 汪继芳:《20世纪最后的浪漫:北京自由艺术家生活实录》,北方文艺出版社,1999,第259页。

艺术村"迁到了远在北京东郊的通州宋庄，拉开了北京先锋艺术家"二次出走"的序幕。

京城艺术家为何要"二次出走"？这次"出走"为何始于1994年？方力钧等人解释自己出走的原因时说，"希望到更加安静的地方从事艺术创作"，这是可信的，但也只是部分原因。京城艺术家"二次出走"的根本原因，还在于1994年前后北京城市的空间异动。

城市规制的核心是空间规制。西方马克思主义的城市研究指出，在现代城市发展中，空间已不是单纯的物理空间，而是包含规训与抗争的博弈空间，[①] 城市化程度越高，城市空间的规制倾向将越明显，而与之相抗争的空间疏离行为也将越活跃。空间规制的形式可分两种，一种是空间政治规制，是权力主体借助专制工具而实行的干预形式；另一种则是空间经济规制，是权力主体与资本主体合作，以资本攫取实现的干预形式。在北京，从1980年代起，随着城市现代化发展，城市空间规制日益凸显，政治规制向经济规制的转向是城市规制发展的总体趋向。1994年，则可视为城市空间经济规制转向的节点，而北京艺术产业的发生则是城市经济规制的必然结果。

北京的此次规制转型略述如下：1980年代初，现代城市发展处于起步阶段，以天安门为中心的政治规制空间稳固而恒定，基本上不存在空间规制的问题，但这并不意味着1980年代北京城市空间格局是绝对稳态的。1988年6月，北京第一个商品住宅小区翠微小区建成，总建筑面积为48万平方米。房地产经济是典型的空间经济，翠微小区的建成可视为北京空间经济迈出的第一步。1989年1月，北京市房地产交易所正式成立。1990年7月，北京东城区菊儿胡同危旧房一期改建工程完工，此工程的主持者是清华大学吴良镛教授，他在本次危旧房改建工程中首次将城市住户对居住空间的拥有权提了出来并给予尊重，取得了良好社会效果，这透露出已然显

---

① 西方马克思主义的城市研究以法国哲学家亨利·列斐伏尔为先驱，其他如戴维·哈维、卡斯泰尔斯、索亚等学者的研究构成了西方马克思主义城市研究的主要内容。列斐伏尔在其空间研究中，提出了空间的三种类型，"感知的空间"、"想象的空间"与"实践的空间"，其中"实践的空间"，根据列斐伏尔的阐释，"是为了斗争、自由与解放而选择的空间"。索亚将之称为"第三空间"，而福柯则将之命名为"异托邦"。参见索亚《第三空间——去往洛杉矶和其他真实和想象地方的旅程》，陆扬等译，上海教育出版社，2005，第87、191页。

现痕迹的城市空间权利之争。1992年，北京南厢暨二环路改造工程竣工通车，至此北京二环真正贯通，形成了北京第一条全封闭、全立交的快速环路，二环路的构筑完成也是北京开始"摊大饼"的起点，从此之后，从三环到五环，北京城市的空间扩张加速前进。到1994年前后，北京城市空间向外是环路扩张，向内则是空间经济伴随房地产开发、个体占道经营而成为城市空间规制的主体形式。

因此，1994年前后，空间规制在北京城市发展中开始凸显，而空间经济规制比之政治规制显现出更加深刻的摧毁力。对"圆明园艺术村"而言，北京空间规制具有双重威胁：一重威胁来自空间政治规制，"圆明园艺术村"中先锋艺术家的放浪形骸被视为社会不安定因素，亟须清除；另一重威胁则来自空间经济规制，在此规制思维中，"圆明园艺术村"占据城市空间却养活了一批不事生产、空口谈艺的寄食者，更须清除。正如1980年代末先锋艺术家被迫从城市中心"出走"来到城市边缘的"圆明园艺术村"一样，1994年前后，先锋艺术家在城市规制的追迫下"二次出走"。

追迫与出走，犹如一场竞赛，在先锋艺术家"二次出走"的身后，北京的空间规制迅猛推进。1996年9月，中共北京市委、市政府发出《关于切实加强街道工作的通知》，要求完善市、区和街道"两级政府、三级管理"体制，标志着北京管理确立起城市本位。1998年6月，全国城镇住房制度改革与住宅建设工作会议在北京召开。同年12月，北京市首批上岗执法的城管监察大队执法人员，开始在城八区的大街小巷巡查，市区原有关执法部门行政处罚职能全部划转监察大队，城市空间规制有了明确的施政主体。1999年，《北京市进一步深化城镇住房制度改革加快住房建设实施方案》正式出台，方案规定"停止住房实物分配，实行住房货币分配"。同年12月25日的《北京日报》报道：截至12月，全市已撤销占路市场214个，撤销学校周边市场9个、河道两侧市场8个，拆除违章建筑17万平方米；同时，城八区新核准开办市场156个，并使79个市场实现退路进厅。在1996至2000年的短短5年中，北京城市规制的政治手段与经济手段大幅度跃进，城市街道管理体制、城管施政部门的成立、房地产经济的资本化以及街道空间经济管制，使北京城市规制建设真正充实起来。2000年6月，北京四环路全线通车，确定了现代北京空间规制的完整轮廓。

但北京城市空间规制的高潮才刚刚到来。从2001年奥运会成功申办以来，北京的空间经济以令人惊骇的速度发展起来。2001年11月，北京市政府公布新修改的《北京市城市房屋拆迁管理办法》。新《办法》明确规定被拆迁人为房屋的所有权人，拆迁补偿的原则是对房屋所有权人进行补偿，兼顾对房屋承租人的安置。2002年2月，北京市国土房管局宣布，北京市私房标准租金从3月份起提租，每平方米由3.17元提高到10元；从2003年3月起每平方米为10元，2004年年底则将放开租金，交由市场调节。2003年1月，北京市土地整理储备中心首用7.29亿元收购北京化工厂国有土地使用权，这是北京市建立土地收购储备制度以来的首笔收购。从2001年到2003年，北京市政府所释放出的种种房地产经济政策，就其初衷而言是顺着政府可控的思路推进城市房地产发展；但问题在于，国内外资本大量涌入房地产经济，必将使其失控。2004年，北京房地产市场逐步开始不可控，直到现在完全不可控；但应特别指出的是，即使是在房地产经济失控的局势中，城市规制主体也并未退出，而是采取与资本主体合作的形式继续实行着城市空间规制。

再回到城市空间规制与先锋艺术追逐竞赛的讨论中。到2003年，这场追逐竞赛到了新的转折点，"二次出走"的先锋艺术又一次被城市空间规制套牢。2003年2月，北京市郊区工作会议举行，会议传达贯彻中央农村工作会议的精神，强调打破城乡分割的二元体制，统筹协调城乡社会经济发展，推动城乡资源的合理流动。此时，北京五环路已初具轮廓，环路的推进必然将传统上作为北京郊区的区域纳入空间规制，这同时也是日益高涨的房地产经济的迫切要求，更多的空间意味着更多的收益，这笔账算得越来越精明：在此空间经济框架中，在北京东北郊占据广大空间的各个"艺术家村"显得越来越不合时宜：占据大量空间，对区域经济却无所贡献。对此问题的解决，导致了在城市施政者主持下各种"艺术产业园区"的建立。

"艺术产业园区"是国际创意产业的典型形式，但"艺术产业园区"并非单纯的经济组织，因为它必然在城市中占据空间，所以免不了是空间规制的一种形式。就其空间规制逻辑而言，"艺术产业园区"是官方通过园区规划的形式，使艺术行为转化为意识形态引导下的资源空间聚集，构造艺术活动与本区域政府GDP增量的关联，最终将之转化为民生政绩。

然而，"艺术产业园区"所达成的利益平衡注定不能长久，因为城市的空间资本随着城市发展仍在水涨船高，"艺术产业园区"初级发展阶段中的利益平衡关系，是在空间资本适度发展、空间资本所有权人即土地所有权人的经济欲求被适度抑制的前提下实现的：在"艺术产业园区"中，艺术家群体向土地权所有人（当地农民）以房屋租赁的形式获取空间使用权，土地的资本产权以租金形式实现，这自然要比土地粮食种植或其他产业形式获得的收益更高，因此农民乐意、官方同意。但问题在于，2004年以后，北京房地产经济高速发展，而在此前后北京市密集出台的一系列支持农村城市化的政策使得城郊土地转化为房地产不存在障碍，在此情形之下，"艺术产业园区"的空间资本如果单靠租金收入已很难满足农民需求，而当地政府也从空间资本的暴涨中看到了实现地方GDP储备的有效途径，凡此种种，导致了2006年前后在北京房价开始疯狂时的异动：驱逐艺术家。从2006年10月开始，北京宋庄画家村的农民开始哄赶画家，陆续有十多名画家成为被告，目的是"要求收回已卖出的房子"，因为农民发现，头几年双方约定的四五万元农家院转让费如今已经变成了二十多万元。现在，首例案件中，当地法院以购房者是城市居民，不得购买农村住房为依据，判定早先房屋买卖协议无效，责令画家90天内搬走。曾经卖了房的农民开始"串联"，甚至出现了一些专业的"讨房经纪人"。①

但城市规制主体，在全球跨国语境中作为已充分资本化的规制主体，自身即存在着旺盛的资本控制欲，所以，在房地产经济继续高涨的情况下，原先的公正许诺就逐渐失效了。2009年7月18日，朝阳区政府召开了"推进城乡一体化暨土地储备"工作动员会，拉开了大规模拆迁的序幕。此次拆迁共涉及金盏、孙河、崔各庄、豆各庄、东坝、三间房、将台七个乡，占朝阳区全部农村地区的近1/3面积。无论绿地、田地、住宅或建设用地全部划归新的城市扩张规划。自2009年入冬以来，这块土地上的近20个艺术区陆续被拆或计划被拆，并遭遇断水、断电、断暖气等暴力行为，如费家村、索家村、东营、南皋、北皋、蟹岛、盛邦、奶子房、创意正阳、008等。②

根据以上观察，对自2004年以来被各方关注的"北京艺术产业"，我们可以尝试作一结论：所谓"北京艺术产业"的发生发展，其实与"艺术"无关，在根本上乃是北京空间经济规制的高速膨胀在城市艺术行为中

---

① 方竹兰：《从宋庄纠纷看城乡房屋交易制度创新》，《中国改革》2007年第11期，第65~69页。
② 尚玉荣、刘倩：《艺术区：一个或将消失的名词？》，《缪斯艺术》2010年3月。

所产生的后果；从1980年代的城市中心到似在城外又在城里的"圆明园艺术村"，再到北京东北郊各种艺术村落，先锋艺术一路"出走"，其"出走"所形成的城市空间轨迹，在空间经济规制高涨的语境中成就了昂贵的房地产经济，而先锋艺术家本人的邀名心理、官方追逐民生政绩、农民与资产主体对土地资本的囤积渴望，合力使上述"出走"空间变成了资本空间。如果将1980年代以来北京先锋艺术家比喻为拓荒的"鲁滨逊"的话，具有悲剧性和讽刺性的地方在于，艺术家与艺术的膜拜者将他们看作自由空间的开拓者，而在官方与资本主体的眼中，却是不折不扣的资本原始积累。

三 城市之内：新兴"游逛者"群体与北京艺术产业

从1990年代初开始，先锋艺术家从城市核心区向城外一路"出走"，"游逛者"的踪迹在城内逐渐稀少。对自由的渴望永远是城市艺术的动力，"游逛者"的城市游逛负载着大众对自由的渴念；随着城市规制的强化，这种对自由的渴望获得奇特的反向生长能力，越加强盛。在此意义上，城市规制永远不可能把"游逛者"摈除干净，"游逛者"的游逛行为与空间痕迹将随着城市禁制的强化而越加深刻地烙印在城市肌体之上，因此，"艺术"不可能绝迹，而"艺术产业"将随之滋生。1990年代初中期以来，随着新的"游逛者"在北京城市中的崛起，与"艺术产业园区"桴鼓相应的"城内"艺术产业也在蓬勃发展。

1994年前后，北京"城内"外来人口突然激增，这使北京的"游逛"人群与"游逛"行为空前繁盛。1984年北京外来人口只有84万，1992年达到150万，1993年8月底达155万，而1994年激增到329.5万。[①] 北京外来人口之所以会在1994年出现激增，与本年度中国启动经济体制改革有关。本次经济体制改革明确提出了转换国有企业经营机制，开放个体私营企业，这使蓄势待发的中国经济被全面激活，全民皆商转眼成为现实，而北京作为国家政治与文化中心，无疑是中国商机最丰富的城市之一，这导致了本年度北京外来人口数量的井喷。据调查，1994年左右来京的外来人口，经

---

① 张铁军：《北京外来流动人口知多少》，《北京统计》2002年第6期。

商人群占80%以上。1994年之后，随着北京在经济体制改革中的区域地位日益强化，它不仅吸引了经商人群，也成为全国各类人才就业的首选城市，而1990年代中期以来出现的各类公司则为这些人提供了就业机会，有了户口、单位，成为"留在北京的人"。同时，从1990年代中期以来，北京城市建设突飞猛进，进城务工人员来到北京，数量巨大，而且每年都在呈加速度递增。总之，经商人员、公司（单位）职员与外来务工人员（民工）共同组成了1990年代中期以来北京外来人口的劳务主体。对这些来京劳务人员而言，是否会产生对北京的归属认同感？答案是否定的。他们中大多数人来北京是为寻找所谓的"机会"，而无数人的竞争使得所谓的"机会"变得越来越偶然，城市与人之间的关系变成了越来越纯粹的偶遇关系，人在城市中的驻留似乎是目的明确，但在根本上又漫无目的，这使得外地来京的劳务人员在北京的踪迹必然是更加深刻意义上的"游逛"。

外来劳务人员的"游逛"是1990年代中期以来京城新兴"游逛者"人群的一部分，更具"游逛"特征的城市人群则是数量更为庞大的来京旅游人群；从1990年代中期开始，来京旅游人群从"朝圣者"变成了"游逛者"。

新中国成立以来，北京一直是全国人民向往的旅游目的地，但1990年代之前，以北京为目的地的旅游基本上是"朝圣"行为，北京故宫、天安门与景山公园等政治景观是首选旅游对象。从1990年代初开始，北京旅游的文化特征开始发生变化：人们来北京的旅游目的仍有"朝圣情结"，但以纯粹休闲为目的"旅游猎奇"心理也开始滋长。1990年代初中期，北京"胡同游"的兴盛就是很好的证明。

1994年10月，"胡同游"正式推出。在随后十年中，北京"胡同游"成为北京旅游最受人们欢迎的内容之一。就旅游文化而言，"胡同游"是北京传统旅游文化的重要转型。传统以故宫、天安门为目的地的旅游作为朝圣之旅是信仰印证之旅，是将内心无形的精神信仰通过旅游具象化；"胡同游"却大不一样。"胡同游"的旅游群体大部分是猎奇者，他们既无在胡同生活的体验，也无对胡同文化的认同，他们之所以"来胡同看一看"，主要原因就是看看"老北京人怎么生活的"，旅游的动机来自感官性猎奇。他们在胡同中走走逛逛，获得若干碎片化的感受，正如本雅明笔下19世纪末巴黎的"游逛者"人群。因此，"胡同游"的出现作为北京城市旅游发展的转型标志，预告了"游逛者"旅游时代的到来。

21 世纪以来,随着申奥成功,北京被纳入全球化体系中,这意味着北京成为国人瞭望世界的窗口,直接导致了北京"猎奇"旅游的扩大化,最终将一切可能的"朝圣"冲动全部转化为了可"游逛"的对象。2000 年 7 月,浩大的城市建设开始,一批北京新地标如"鸟巢""水立方"、国家大剧院、新央视大楼等纷纷建起。在此,值得提出的问题是:以"鸟巢"等北京新地标为对象的旅游,是信仰印证的"朝圣之旅"还是闲暇猎奇的"游逛之旅"?答案表面上是前者,其实真正的答案应是后者。毫无疑问,"鸟巢"等北京新地标是作为国体工程建设起来的,"国家荣誉""民族象征"是围绕这些新地标所产生的突出修辞;唤起人们的"朝圣冲动",是北京新地标旅游的设计初衷,这从大部分来京旅游者的初始体验中也可获得证实。然而,"朝圣旅游"的神圣体验来自内在信仰的外在证实,神圣体验才能悠长而深刻。北京新地标旅游所唤起的人们的初始"朝圣体验",主要还是来自外在冲击的内化,如"鸟巢""水立方"、国家大剧院等新地标工程无一不是与周围人文地理形成巨大断绝,这使旅游者乍见之下通常会形成本雅明所说的"震惊"体验;[①] 在"国家""民族"的整体语境中,此震惊体验被升华成了"朝圣体验",这从大多数京城新地标的旅游者很少再次光顾这些景点可以得到佐证,这种旅游体验的实现,可被称为"休克式旅游"。总之,在奥运会筹办的巨大城市改造工程中,北京旅游从传统的"朝圣旅游"向以获取震惊、休克体验为内容的"游逛旅游"转型,人群熙攘,"游逛者"的游逛踪迹遍布全城。

"游逛者"旅游构成了北京新世纪旅游产业的整体内容,从"游逛"体验与自由等艺术命题之间的密切关系而言,北京旅游产业就其根本而言其实是城市艺术产业的一部分。然而,从艺术体验实现的角度而言,城市旅游产业中的"游逛"体验却不能简单地视为个体自由感的真正表达;城市绝不仅仅是"游逛者"的享乐天堂,实现规制才是城市发展的真正目的。"游逛者"旅游中所包含的自由冲动,因其对城市震惊体验的沉溺,而将自身同化于城市规制逻辑中。

[①] 本雅明在对波德莱尔的研究中发现了其在诗歌中所传达的城市"震惊"体验:"(在波德莱尔的作品中)震惊属于那些被认为对波德莱尔的人格有决定意义的重要经验之列。纪德曾经研究过波德莱尔诗的意象与观念,词与物之间的裂隙。而这些地方才真正是波德莱尔的诗的激动人心之处。"参见〔德〕本雅明《发达资本主义时代的抒情诗人》,第 135 页。

以国家大剧院为例。国家大剧院被放在了与天安门、国家博物馆、人民大会堂等政治地理景观相去不远的地带,给予了"艺术"以最高的礼遇,从北京城市传统来看,这是所谓"纯艺术"在城市空间中距政治中心最近的一次。但从国家大剧院的外形设计来看,其突出特点在于它的自我封闭性。半球形的整体轮廓,隐伏在众多建筑中,表面上体现了一种谦卑,但其带有强烈反射特质的外表和缺乏显著入口标示的构造特征,使建筑设计者想表达的谦卑变成了与周围地理环境的断绝:在历经数百年所形成的这片以故宫为中心的地理环境中,国家大剧院所造成的建筑效果就是一种与现实隔绝和在自我谦卑中的倨傲,而这几乎就是1990年代以来国人对于所谓现代"艺术"的共识。从旅游体验而言,出现在游客面前的国家大剧院带来了绝对的震颤体验,这种震颤体验通过对所谓"现代艺术"的共识而升华为"艺术认同",但这还没有结束。由国家大剧院所形成的"艺术"震颤又与处于同一观望视野中的故宫、天安门城楼、人民英雄纪念碑等政治符号形成了意义补充,而这种"艺术"震颤便自然而然变成了一种国家、民族自豪感,至此,所谓的"艺术"体验实现了国族中心的认同,城市规制因此实现。

四 由"土地升值"而产生的"空间政治"与后奥运北京城市艺术产业

"游逛者"的存在缓释了城市的自由冲动,但"游逛者"在现代城市急剧扩张面前是天真的,追求城市漫游中的"震惊"体验使之如飞蛾扑火一般沉溺于现实享乐,城市艺术产业本身就是这一捕获逻辑的结果,这是1980年代至今北京艺术产业发展所展现出的结论。然而,城市与"游逛者"之间的纠葛关系并没有到此结束:自由之所以为自由,就在于它总在寻找着自己的出路,城市"漫游者"的享乐沉溺凸显了城市规制的力量,但也使"游逛者"在沉溺中获得反弹,滋生对抗规制的新形式,即城市政治。

21世纪以来,北京城市空间经济规制的加剧,最终因反弹引发了城市"空间政治"的出现。

首先,"空间政治"从社区维权开始。北京市从1990年代开始建设"两级政府、三级管理"的城市街道居民委员会("居委会")城市管理体制，居委会作为城市基本管理单位属于行政编制，因此居委会管理体制其实是官方控制下的城市管理模式。2002年8月17日，北京市东城区九道湾社区通过直接、差额选举新一届社区居委会和社区居民代表会议代表。这是本市首次直接差额选举社区自治组织。从此之后，"社区自治"逐渐取代"居委会"成为北京城市管理的基本单位。北京社区建设开始快速发展，而在"社区自治"的现实实践中，遭遇的最大问题就是社区居民与资本主体（"开发商"）之间关于社区空间资本的冲突。社区空间是社区最重要的资本，在"居委会"时代，社区空间属于国家管控，也因此导致了官方授权下资本主体对社区空间的侵占与滥用；进入"社区自治"时代，空间资本的极大升值，促使社区居民对本社区空间权益的自觉维护，2003年以来，北京社区维权的个案逐日上升，这反映了人们对社区空间的权利意识在高涨。

其次，"第三空间"的日益丰富体现了北京"空间政治"的高涨。"第三空间"由爱德华·索亚（Edward W. Soja）提出。索亚认为现代都市空间可分为三个层次：第一空间是列斐伏尔所说的感知的、物质的空间，可以采用观察、实践等经验手段来直接把握，我们的家庭、建筑、邻里、村落、城市、地区、民族、国家乃至世界经济和全球地理政治等，便是此一空间的典型考察对象；第一空间同时也是城市规制主体实现其规制的空间形态。第二空间则指的是人们从自己的意欲出发所构想的想象空间；第二空间属于艺术家、哲学家，是人们表达自身欲望的所在。索亚所谓"第三空间"是从列斐伏尔"空间的生产"而来，他认为"第三空间"是这样一种空间："一切都汇聚在一起：主体性与客体性、抽象与具象、真实与想象、可知与不可知、重复与差异、精神与肉体、意识与无意识、学科与跨学科等"①，因此，"第三空间"其实就是"第一空间"与"第二空间"的空间聚首，城市规制与个体差异性的空间共在，它们彼此之间充满斗争但不会相互疏离，冲突与协商是"第三空间"的主调，就其实质而言，这是一种"政治空间"。

21世纪以来，随着空间规制（即"第一空间"）与"游逛者"群体（即"第二空间"）之间冲突的显现并逐渐趋于平衡，在北京城市发展中出

---

① 〔美〕索亚：《第三空间——去往洛杉矶和其他真实和想象地方的旅游城·译者序》，包亚明编，陆扬等译，上海教育出版社，2005，第13页。

现了数量丰富的"第三空间"。北京"第三空间"的出现，不是天降此城，而是空间经济规制自身出现离心的结果。21世纪以来，随着中国结构转型的开启，中国资本结构发生重大变化，从原先集中垄断式的资本格局向弹性格局转向，大量国内外资本投资已不再完全按照官方导向前行，而是寻找自己的多样道路。北京作为中国经济中心，中国资本格局本身的弹性转向首先得以体现，就空间资本领域而言，较大资本仍然流向房地产经济，但也有不少资本投资转向了更加丰富的创意产业空间；"创意产业空间"不再是通过空间地权的资本化而获得收益，而是以空间租赁形式通过创意行为使空间增值的产业形式。从"空间政治"角度而言，"创意产业空间"并不谋求对空间规制的反抗，而是追求栖身其中的个体表达，即创意行为，在此意义上，"创意是政治"，但并非是革命政治。2006年前后，正是城市东北郊先锋艺术家"艺术产业园"遭遇冲击的高潮时刻，"创意产业空间"正式确立，12月，"798艺术创意产业园"正式挂牌。此前与此后，"创意产业空间"在北京城市中丛生起来；与先锋艺术家的谋求"出走"和旅游大众的寻求"震惊"不同，"创意产业"在空间区位上不是从城市中"出走"而是"返城"，不是寻求"震惊"而是发现"日常"[①]。

"创意产业空间"的大量出现，其实是为城市"游逛者"提供了容留的所在，这为京城艺术家重新返归"城市"、回归"日常"提供了空间平台；而随着艺术家返回而兴起的新型艺术产业，已不可能是空间经济规制的俘获物，而是包含丰富冲突与协商意蕴的空间政治，这主要体现在以下三个方面：

第一，"艺术创意产业园"中各个利益群体之间的矛盾充分凸显并已产生协商契机，产业园区规模不断扩大，已成为自身包含丰富政治意蕴的独立文化群落。2004年至今，北京艺术聚集区的发展日益庞大，在日益扩张的城市总体格局中已从原先僻居城外的"点"状分布，连点成片，形成了典型的"城市群落"。至今，北京的城市艺术群落可分为四个：望京艺术群落、宋庄艺术群落、上苑艺术群落与今日美术馆群落。[②] 这些城市艺术群落庞大，其中不仅包括艺术单体，而且衍生出服务、物流等一系列的产业形式，从社会组织状况来看，以艺术家群体为核心，各种社会层次与身份的

---

① 2005年左右兴起的"日常生活审美化"是对此的学术回应。
② 娄轩：《创意产业之北京艺术群落研究》，中央美术学院博士论文，2008，第18页。

人的错综复杂，已形成了较为成熟的"小社会"；艺术群落作为"小社会"与城市整体之间的交流也日益频繁，原先的封闭已逐渐被打破，艺术群落作为北京诸多群落中的一种，成为数量庞大的人群的身份认同资源，因此对形成城市多元文化格局产生了重要影响。

第二，艺术博览产业正逐渐脱离其产业唯一本位，功能日益多元，本土艺术宣示、日常创意启蒙与大众艺术教育构成了城市艺术博览的多元主题。以北京艺术博览业的著名品牌"艺术北京"为例。"艺术北京"博览会品牌开始于2006年，与"中国艺术博览会"的传统展览模式不同：一是在博览会基本组织结构上，不是依靠单纯的官方或资本意愿，而是以庞大的画廊为基础；画廊的主体是艺术家，代表着艺术家本身理念的延展。二是"学术把关下的艺术与商业融合"，"艺术北京"设立由学者、艺术家组成的"艺术北京艺术委员会"，对众多画廊进行严格筛选，体现出艺术评价制度的统一性与学术性。三是展览体现了对本土艺术的凸显，在"艺术北京2006"博览会上，整个博览会的展览作品呈现5∶3∶2的格局，即中国的画廊占整个博览会的一半，亚洲和欧美的画廊各占30%和20%。四是在展览主题上回归现实关怀，不再是一味的背叛与否定，"艺术北京2008"主题展是由策展人赵力策划的"公共艺术"主题，参展艺术家有瞿光慈、隋建国、向京、陈文令、李晖、曹晖、陈克、王晋等，通过对艺术品与艺术品之间、艺术品与展览空间之间的关系的探讨，找到一种艺术进入生活的方式，成为其学术出发点。

第三，城市亚文化群落的艺术快速兴起，成为城市艺术最活跃的内容，其中所包含的多元社会诉求构成了城市公平诉求的主要景观。城市社会组织发展的趋向是社会群落化，而多样城市群落又可根据其在城市结构中的地位分为主流群落与亚文化群落，亚文化群落的主要构成群体多是在城市中缺乏收入与住居保障、身份认同不稳定的人群，他们大多数是城市资本化整合中的畸零人群，也是城市不公平的最大受害者。亚文化群落的公平诉求通常是缺席的，不管是通过体制渠道还是媒体舆论，亚文化群落的公平诉求通常是"被代言"的结局，在此之外，"艺术"通常是他们实现城市公平自主诉求的重要形式。20世纪八九十年代，先锋艺术群体作为"城市盲流"就是典型的城市亚文化群落，而先锋艺术本身就是城市诉求的重要渠道。但先锋艺术作为城市公平诉求的问题在于，它们通常倾向于以艺术与商业的媾和来改善自身的物质条件，因此，最终丧失了对城市公平的关注与执著；但在当代先锋艺术与商业的媾和中，先锋戏剧可算例外。先锋戏剧作为先锋艺术的重要形式，诞生于20世纪八九十年代北京先锋艺术潮涌之中，在20世纪八九十年代先锋艺术两次集体"出走"中，有相当一部分先锋戏剧艺术家留在了城市剧场中，并在北京城市空间规制的高压中坚持前行。2003年，一部《想吃麻花现给你拧》热遍北京城，这部带有浓厚先锋戏剧特征的商业剧讲述了梦想与失落的故事，达到了艺术性与商业性的完美结合，同时其中所包含的对时弊的尖锐讽刺让城市大众，尤其是那些亚文化群落的人感到分外解气，自此之后，《想吃麻花现给你拧》带动了一批以娱乐性、先锋性、讽刺性为特色的"小剧场艺术"，受到了人们的热捧并成为表达城市公正的仪式性场合。

五　北京城市艺术产业的公共转向与"游逛者"返城

从20世纪80年代初开始，一直到奥运会在北京举办，北京城市的艺术产业经历了30余年的发展历程，而作为城市艺术灵魂的"游逛者"，其中包括作为艺术创造群体的"游逛"艺术家与作为艺术消费群体的"游逛"大众，在21世纪以来城市空间规制的冲击下，日益丧失其"游逛"自由，这不仅导致了北京艺术产业的零落，更由此引发了城市大众因释放自由冲动而产生的"空间政治"。

从政治经济学的角度分析，城市民众"空间政治"的觉醒，就其积极性而言，是城市发展走向多元、空间生态日益丰富的重要表现；但民众"空间政治"的觉醒，也有可能随着城市空间规制的强化走向极端，成为城市管理的危险要素。民众"空间政治"的觉醒，已使城市大众借助对"空间"的争取、利用，将其对自由的诉求从纯粹个体意欲上升到了群体意志，这必将导致北京城市发展中"自由"与"规制"矛盾升级。如何破解城市艺术产业发展与城市规制之间的冲突？

城市艺术产业的公共转向，可以成为解决冲突的重要路径。艺术产业的公共转向，是将负载城市大众自由诉求的艺术从产业发展的单向挟制中解脱出来，使前此单纯表达个体或群体自由意欲的艺术活动，成为城市多样群体之间相互沟通、互相印证的文化形式，即向"公共艺术"转向。"公共艺术"，即艺术活动公共化，或公共活动艺术化。在实现自由意欲与集权管理相和谐的意义上,"公共艺术"意义重大,它创造了引导自由冲动进入公共活动的城市形式,使城市个体(群体)的自由冲动从"私人领域"转向"公共领域",在实现了艺术自由的同时也约束了极端自由。"公共艺术"将城市社会中的不同群落、不同阶层与文化认同的大众以艺术的名义聚集在一起,以对话、沟通的形式解决"空间政治",为城市正义的实现提供了解决途径。

在当代北京发展历程中,"公共艺术"的发展相对滞后,主要原因有两个方面:一是北京城市定位上的高度敏感性,创造了不利于公共艺术发展的生态环境。新中国成立以来,北京作为国家的政治中心,城市规制一直是城市发展的中心任务。从21世纪50年代至今,北京城市规制从社会宏观调控逐渐向城市中观调控落实,"空间规制"则是北京社会集权真正落实到城市逻辑上的典型样式。高度城市规制的定位,决定了在城市主流艺术土壤中,北京"公共艺术"水土不服。二是北京城市当下的经济规制,是造成城市公共艺术滞后的直接原因。北京不仅是中国政治中心,也是世界经济中心,尤其是自21世纪90年代中期以来,北京在中国乃至世界上的经济影响力日益增强,这导致了城市资本的急剧爆发,并进而引发了城市资本向空间规制的落实,到21世纪初,北京房地产经济失控,标志着北京城市经济空间规制的整体成型;而经济规制对城市"公共艺术"所造成的抑制意义更加重大。在城市经济规制语境中,艺术的主要意义在于产业增值。与其他产业形式相比,"艺术产业化"所满足的是人们对"自由"的渴求;在艺术与产业实现良性互动的前提下,艺术产业化对"自由"诉求的满足是克制与包含精神引导性的,但在产业规制乃至集权的前提下,艺术"自由"的消费终将导致"自由"本身的物化与庸俗化。

要之,北京特殊的城市规制定位,使得北京"公共艺术"的发展必然滞后。但在2008年奥运会之后,随公民社会崛起的公共艺术,已渐渐成为北京城市文化发展的主要内容。北京奥运会对城市"公共艺术"的促动最典型的一幕应该是奥运会开幕式的艺术性展现。从源自先锋艺术的烟火作品"大脚印"到美轮美奂的开幕式,奥运会开幕式第一次使"艺术"成为中国头等大事件中的核心要素,艺术的公共意义空前彰显。但北京奥运会对"公共艺术"的促动并不只在于开幕式上的昙花一现,还在于它促发了城市大众的公民意识,为北京城市"公共艺术"的崛起打下了基础。

然而,艺术产业向公共性转型与单纯的"公共艺术"构建还有不同,艺术产业的产业属性要求其在实现艺术的"公共性"的同时，还要有产业产出，艺术创造、公共参与与产业创收的融合是"艺术产业向公共转型"的整体要求。那么，如何将艺术创造、公共参与和产业制造融合在一起呢？对北京而言，建设"艺术创意型城市"应是可行之途。

"艺术创意型城市"，是以艺术创新为核心的城市发展模式。"艺术创意型城市"以艺术的创新为动力，但与通常的艺术活动的不同之处在于，城市发展平台上的艺术创新将通过技术与文化框架，引导艺术创新推动"技术人性化""文化诗意化"，使艺术创意转化为城市产业发展动力与社会发展软实力，实现"艺术"与"产业"的融合。同时，艺术创新引导技术创新、社会软实力提升，由此产生的"技术创新"和"软实力提升"与传统的技术、社会发展又有不同：传统的技术与社会发展倾向于对人的主动性的剥夺，而艺术创新引导下的技术与社会发展则唤起人们的参与感，张扬产业活动和社会组织的感性与日常性，因此为增进人与人、人与社会之间的交往提供了契机，艺术创新引导下的产业活动也因此成为社会"公共性"实现的重要平台。因此，"艺术创意型城市"是真正将"艺术创造""产业获取"与"公共性"融合为一体的城市发展模式。

对北京艺术产业而言，城市"游逛者"是城市艺术产业发展的关键，但从20世纪80年代至今，作为艺术家的"游逛者"人群纷纷"逃城"而去，而作为现代观光客的"游逛者"则被经济规制所营造的消费奇观所征服，自由诉求转化为消费诉求；"游逛者"群体在两个层次上的失落，使得北京文化人群的多元性日趋单一，而经济规制对自由体验的压抑引发了包含极端冲突的"空间政治"，这都是北京建设"创意城市"的重要阻碍。

关键在于应该让城市"游逛者"真正"返城"，并为其创造能保持其"游逛者"身份的城市生态。自20世纪80年代以来，"游逛者"群体在北京城市发展中持续存在，他们的数量日益增多、成分复杂，在不同时期有着不同的社会身份，但其共同特征在于其"自由性"。北京特殊的城市定位使其对这些"游逛者"一直持排斥态度，不管是前期的正面驱赶，还是后期的以各种方式消解其"游逛"特征，都体现出北京在城市发展上从来没有真正注重这样的人群；而今，这些"游逛"人群已凭借"空间政治"对城市造成了不可忽视的影响，这提醒我们应对其改变态度，应让"游逛者""返城"，并使其成为形成城市多元文化、提升城市艺术创新活力的关键人群。

重读上海的怀旧政治：记忆、现代性与都市空间

潘 律[*]

摘要：今天的上海是一个不同价值、时态和历史痕迹并存的空间。上海怀旧和城市的空间肌理之间存在着某种关系。怀旧在此并不被看作一种回顾历史的方式，而是一种抗争，以及寻找在中国现代性的国族叙事中被省略的批判声音的一种途径。从空间实践和视觉表现看，当下上海对特定空间的怀旧是对长期以来被国家话语压抑的多样城市叙事的一种表述。而上海怀旧在空间体验中最终体现为一种理解中国现代性不同方式之间的较量。

关键词：都市重建　记忆　现代性　上海　全球化　石库门

Abstract: Considering present-day Shanghai as a palimpsest, or a cityscape of a spectrum of diverse values and elements, this paper tries to understand how nostalgia works in the spatial fabric of Shanghai. In comparison with the ideas that assume that the local as a single end of the power relations in globalization, which is usually conceived as a victim or a tool in either nationalism and global capitalism, I argue that, rather than directly elicit nostalgia as a form of commodity fetishism, globalization provides a lens under which we observe that the historical tension between local and national dichotomies, or more precisely the rival understandings of Chinese modernity, is the intrinsic cause of Shanghai

---

[*] 潘律，香港大学附属学院讲师。

nostalgia.

Keywords: Urban reconstruction memory modernity Shanghai globalization Shikumen

一　上海怀旧：续梦黄金时代

今天我们所认同的上海怀旧，在很大程度上指的是对这个城市在20世纪二三十年代的黄金时代文化意象的一种重新挖掘和消费。从空间的角度来看，对外滩建筑的修葺正试图恢复当年十里洋场的辉煌。1997年，当人们重新发现被尘封了几十年的原汇丰大厦入口的拱顶上八块精美绝伦的意大利制马赛克壁画时，这种怀旧的热情似乎被推上了顶峰。不可否认的是，对老上海建筑和街区的怀旧很大程度上建立在其对上海本地人的吸引力上。对本地人来说，这些殖民时期留下的旧建筑成为他们进行怀旧消费的主要场所。黄金地段（主要是指前法租界和公共租界）的老房子备受本地富有阶层的喜爱，而年轻的白领阶层亦十分钟爱有"老上海"风情的咖啡馆或者餐厅，这些场所因为复古家具和墙上1930年代美女月份牌而充满时光倒流的氛围。

对大部分文化评论者来说，上海的这种怀旧得以风靡，其必要条件是本地和全球对上海过去的共同想象。张旭东提出，上海怀旧试图治愈革命时期人们所经历的集体思想昏迷。它是一种后革命时期的忧郁，"在商品和消费主义大潮卷土重来之时，怀旧对上海人来说变成了一种用文化力量承受社会经济冲击的方式"[①]。在美国学者阿里夫·德里克（Arif Dirlik）的文章《全球现代性中的建筑、殖民主义和场所》中，上海怀旧被理解为一种由全球和地方对峙产生的矛盾情绪。它是一种当下全球化的产物，并受到过去殖民全球性的遗产和国家权力的合力影响。[②] 中国学者罗岗则将老上海的怀旧与对资产阶级现代化以外的上海叙事的遗忘并置，对这种"窄化

[①] Zhang Xudong, "Shanghai Nostalgia: Postrevolutionary Allegories in Wang Anyi's Literary Production in the 1990s", *Positions: East Asia Cultures Critique*, 2000, Vol. 2, No. 8, p. 355.

[②] Arif Dirlik, "Architectures of Global Modernity, Colonialism and Places", *Modern Chinese Literature and Culture*, 2005, Vol. 17, No. 1, p. 46.

'大众文化'的倾向表示疑虑"①。

对这些评论者而言，上海怀旧最惊心动魄的地方，在于它跳过了中间的曲折，重新将地方与全球联系了起来。在这些谱系中，怀旧被看成全球和国家对地方的一种操控和书写。香港史学家梁元生在谈到近年来国内外史学界对上海本土史研究的热潮中提到，上海史的书写并不完全与这个城市人民的"生活经验（experienced past）"和"集体记忆（collective memory）"吻合，而是一次由本地和国际的学者"再次记忆"（re-remembering）和"重新想象"（re-imagining）的过程。② 笔者认为在"本土—全球"的框架下审视怀旧的确是理解怀旧话语的重要途径之一。在不否定这些观点的前提下，笔者认为有必要从另一个角度来探究作为文化现象的城市记忆，那就是国家与地方之间的紧张。笔者认为上海怀旧不仅仅是全球化引发的，而更是体现了本土与国家之间的内在张力。中国学者张鸿声在《现代国家想象中的上海城市身份叙述》中提出，长期以来，海内外的上海学都将上海放置于两个主要的关于中国现代性的国家叙事中。③ 一是在上海的外国势力的消失成为国家元叙事的要素，二是上海是中国现代性的代表和现代化的中心。由于上海形象的谱系通常会被统一在中国现代性的大话语中，上海记忆的混杂、矛盾和缺乏连贯性通常会被边缘化或者忽视。与上海在不同时期国家叙事的需要下所呈现的单一的形象形成对比的是，这座城市在事实上有着更为复杂的多样性。

将今天的上海看作一个不同价值、时态和历史痕迹并存的空间，而不是一个统一的整体是笔者想要特别强调的，也是本文理解上海怀旧和城市的空间肌理之间关系的基本方法。不论是作为一种个人情感，还是一种社会文化现象，甚至是一种由国家意志操控的宣传手段，怀旧给不同的社会群体带来的经验可能都是大相径庭的。事实上，记忆和身份之

---

① 罗岗：《空间的生产与空间的转移——上海工人新村与社会主义城市经验》，《华东师范大学学报（哲学社会科学版）》2007年第6期。作者认为，近年来中国内地兴起的"文化研究"一直把关注的焦点集中在都市流行文化上，有某种窄化"大众文化"的倾向。具体到上海，固然需要密切注意它的"摩登"的一面，但也不能忘记"霓虹光影之外"的世界，同样内在于这一现代化的过程之中。譬如和现代大机器工业相伴而生的上海产业工人就没有进入"文化研究"的视野，这一阶层作为"共同体"的文化诉求和日常生活状态还不曾得到认真的研究和仔细的描述。
② 梁元生：《晚清上海——一个城市的历史记忆》，香港中文大学出版社，2009，第18~19页。
③ 张鸿声：《现代国家想象中的上海城市身份叙述》，《上海文化》2006年第5期。

间的互相作用从来也不是一次趋于某个总体的和谐同一的过程。在国家叙事和本土叙事之间所发生的政治中,后者通过全球话语找到了自己可能发声的空间。所以仅仅将上海的怀旧解读为一种完全是国家或资本为了参与全球化游戏的需要而产生的结果的话,可能会忽视国家内部权力谱系的复杂性。笔者不会将怀旧看作一种回顾历史的方式,而是将其看作一种抗争,以及寻找在中国现代性的国族叙事中被省略的批判声音的一种途径。本文的目的就是从空间实践和视觉表现入手,提出当下的上海对特定空间的怀旧是对长期以来被国家话语压抑的多样城市叙事的一种表述。而上海怀旧在空间体验中最终体现为一种理解中国现代性不同方式之间的较量。

二 庸俗的海派

全球化对于当今的上海来说,一方面是一种同质化本土的过程,另一方面亦给予了本土重新定义过去和未来的机会。这种本土的声音有一部分与中国高速经济发展的神话相符,一部分则为反思国家叙事提供了新的空间。对老上海现代性的怀旧事实上并非易事,其原因在于上海的现代性本身就是一个复数概念。老上海的空间拥有最复杂的政治结构(中国政权与外国租界并存)和最多元的意识形态(共产主义、无政府主义、民族主义、小资产阶级、工人和学生运动、秘密帮会和殖民主义)。近年来对上海本土史的不断深化研究表明,去寻回当年这个世界都市的商业成就、消费主义和小资享乐并非怀旧的唯一目的,而是对这个城市实际上存在的多样性的追溯。在半殖民地时期,上海曾是中国最西方化、最资本主义化和最现代的城市;然而,上海作为长江下游流域的国际贸易中心地位的确立却要早很多。明代中期,上海已经是中国最大的纺织和船运工业中心。中国的财经系统也因为商业的频繁流动开始在这里繁荣。中国的私人银行、钱庄,于清乾隆年间(1736~1795)始于上海。如今上海最受欢迎的景点之一豫园曾经是本地银行界人士聚会的热闹场所。上海作为充满商机和活力的地方,一直吸引着全中国各地的商业精英。大批的商人主要来自福建、浙江、广东和山东,他们不仅在上海发展事业,亦带来了风格迥异的地方文化。18和19世纪是各地商会会馆在上海兴盛的顶峰时期。会馆作为上海资产阶级聚会的公共空间,在上海形成更为稳固的商业都市精神的过程中扮演着重要的角色。晚清上海已经具备了两种其他中国内陆城市所没有的气质:多样的中国地域文化的共存以及市民社会文化的普及。

然而,如果说上海的特点就在于她对不同文化的包容态度和吐故纳新的能力,这种特点并非始终蕴含褒义。一个例子是历史上的"京派"和"海派"之争。与现在的中性含义不同,"海派"不论是在文学、绘画或是戏曲领域,都曾经是一系列贬义概念的代名词。上海风格等同于非正统、粗俗、金钱至上、伪善、机会主义和不忠诚。然而,在中国现代建筑中,海派其实和民族主义话语的关系十分密切。在清代,"体"和"用"二元已经被广泛认可为处理中国建筑中西元素的基本模式。这种坚持"中学为体,西学为用"的理念在中国建筑师那里受到了长期的肯定。而海派则是这个模式的反转,即"西学为体,中学为用"——而这种想法在那些试图将西方建筑本土化的西方建筑师那里则更为容易接受。受这种理念的影响,其中最著名的例子便是前圣约翰大学(今华东政法大学)的校园,尤其是怀施堂(Schereschewsky Hall,今韬奋楼)。更值得注意的是,中国现代建筑中的"海派"则更多地变现为一种不同文化和商业交流在港口城市产生的、并非刻意为之的风格。上海的石库门建筑就是海派建筑的最典型代表。19世纪末,大批国外和中国的移民因为政治和经济原因不断涌入上海,形成了华洋杂居的状况。人口的增长和市场的需求对城市日常居住空间的结构和形式产生了深远的影响。石库门建筑完全体现了上海本土文化对西方现代性的一种诠释。它的中国院落住宅和英国联排式建筑结合的空间形式可以说重新定义了中国现代建筑(这一点会在之后详述)。这种创新的方法也并非受到意识形态的驱动,而是来自日常生活的世俗智慧。正如美国学者史书美所言,对那些由广袤的中国内地迁徙而来、文化身份各异、占上海华人人口总数80%以上的移民来说,最主要的问题不是反对帝国主义,而是生存和经济状况。[①] 而相比之下,在今天国家话语的叙述中,上海则被描述成一座承担巨大的政治紧迫感的城市。

法国历史学家白吉尔(Marie-Claire Bergère)在她的《上海史:走向现代之路》中提出,"与中国其他地方文化相比,海派文化所具有的重要性就

[①] 〔美〕史书美:《现代的诱惑:书写半殖民地中国的现代主义(1917–1937)》,江苏人民出版社,2007,第236页。

在于她代表了一种新的国家认同模式"。① 上海的世界主义与民族主义事实上保持着一种微妙的既近又远的平衡。一方面，对海派的批评指责上海文化对中国文化的不忠诚，而另一方面，海派却又无可否认地深深植根于它的中国性，尤其是其所处的区域文化中。海派并不以西方性或中国性为他者，而是将两者的关系保持在一种同时进行的、互相同化的过程中。这种性质在今天的全球化语境下似乎变成了一种美德，但我们不能不去追溯海派话语的这种转变，以了解怀旧是否提供了一种潜在的反抗主流叙事的意味。

三 毛时代的上海：反城市

在革命时期，老上海被视作中国最为腐朽的城市。它是冒险家的乐园和劳动人民的地狱。上海建筑被苏联来的城市规划专家称为最不进步的，完全不符合社会主义城市的要求。上海作为摩登都市的话语在此时陨落了，取而代之的是革命话语对资本主义都市性的批判。具有讽刺意味的是，在这一时期，这座中国最大的城市始终是国家财政收入的最大贡献者。

在一部家喻户晓的中国电影《霓虹灯下的哨兵》中，上海最为繁华的商业中心南京路被描述为一个充满危险诱惑的场所和滋生资产阶级思想的温床。正因为如此，那些刚从农村来到上海驻守南京路的人民解放军士兵们不得不具备坚强的意志品质以抵御上海的侵蚀。美国学者柏右铭（Yomi Braester）认为，这部影片所作的意识形态宣传与其他革命时期的政治动员存在的显著不同之处在于，它的重点放在了一个特定的城市，甚至是一个特定的地点。② "南京路上好八连"的事迹可以被视为一种优良的传统，正是对他们战胜这座城市精神的腐蚀的一种嘉奖。他们的存在亦重新定义了上海城市空间的象征意义。尤其当大部分国家干部都来自农村时，城市生活本身对这个新兴国家政权的威胁是如此之大，以至于城市被描绘成可能

---

① 〔法〕白吉尔：《上海史：走向现代之路》，王菊、赵念国译，上海社会科学出版社，2002，第239页。

② Yomi Braester, "'A Big Dying Vat': The Vilifying of Shanghai during the Good Eighth Company Campaign", *Modern China*, 2005, Vol. 31, No. 4, p. 432.

摧毁最坚定的共产主义者的糖衣炮弹。①

革命时期的宣传影片试图将南京路描述成一个被资本主义和帝国主义凌驾于上的压抑的空间，用反都市话语改写了城市日常空间的意义。事实上，首先，上海20世纪30年代商品文化的主要缔造者是中国商人与消费者，即便南京路处于公共租界，由于外国侨民的数量和购买力始终有限，租界商业繁荣的局面主要还是华人努力的成果。其次，南京路上的大型百货公司不仅在建筑风格上依然体现了海派的兼容并蓄，更以多样的商业文化开辟了公共生活空间。当时的四大百货公司永安、先施、新新、大新不仅领航零售业，亦将商场的部分空间变成公共活动场所，以低廉的价格吸引人群参与戏剧、音乐和游艺活动。这些商场亦是先进的科学技术的展示空间，如电动扶梯、升降机、冷暖气设备甚至广播电台都率先在南京路出现。南京路的记忆可以说与城市市民文化和海派文化的形成密不可分。②

和《霓虹灯下的哨兵》中关于上海的空间叙事形成有趣对比的另一部电影，则是意大利电影大师米开朗基罗·安东尼奥尼于1972年拍摄的纪录片《中国》。与在其他地区的拍摄一样，当安东尼奥尼来到"文革"中的上海时，他只被允许拍摄几处"经过挑选的"地点：外滩、南京路、中共"一大"会址、豫园和工人新村。当镜头缓慢地掠过外滩的天际线时，导演似乎呈现了一种怪异的景象：在新古典主义、折中主义和装饰艺术风格的建筑下，衬托着的却是清教式的着装和生活场景——这种风格上的反差在镜头停留在一幅社会主义现实主义风格的宣传海报上时达到了顶峰。而与此同时，旁白混合着官方叙事和他自己的理解介绍着上海的故事：

> 一百万人口，世界第二大城市，上海这个名字让人联想到犯罪、毒品和腐朽。如果北京是革命纯洁性的首都，上海则是改造最明显的城市。只用了一代人的时间，上海已完全改变了它的形象。③

---

① Elizabeth J. Perry, "Shanghai's Politicized Skyline", Peter G. Rowe and Seng Kuan (ed.): *Shanghai: Architecture & Urbanism for Modern China*. Munich, New York: Prestel, 2004, p. 104.
② 陆兴龙：《近代上海南京路商业街的形成和商业文化》，《档案与史学》1996年第3期。
③ 译文参考安东尼奥尼1972年纪录片《中国》（下），http://tv.sohu.com/20120718/n348483045.shtml。

紧接着，安东尼奥尼来到了南京路。没有旁白，他用几乎白描的方式观看着这条街道：喧闹、川流不息，但似乎褪去了大部分的色彩，整个街道只剩下蓝、白和灰。在这个曾经是上海，乃至全中国最繁华的商业中心，似乎找不到太多商业的痕迹。镜头继续游走在男女老少、商店橱窗、报摊、前著名百货大厦的建筑、宣传画、警亭和士兵之间，有时人们也会以不知所措的眼神凝视镜头。画外音又一次将空间和社会的变革联系在了一起："西方经济的帝国曾在上海有他们的租界和总部，他们的楼现在是国家的办公楼。原来的努力变成了一个巨大的劳动阶级，他们是最近五十年来中国革命的主力军。"

如果对安东尼奥尼来说，南京路已经被意识形态的力量"纯化"了的话，那些在豫园湖心亭茶馆里的场景则似乎证明了上海仍未消失殆尽的市民生活。在这里，老人们谈天、抽烟、读报；一个孩子不知为何哭了；一只猫从放茶壶的架子上跳到了地面。"它的氛围是怀旧和快乐"，旁白说道，"以往的记忆和对现在的忠诚的奇怪的混合"。将这些场景与南京路上的相比，安东尼奥尼似乎想要证明日常生活本身就可能产生怀旧的空间。在上海的老城——而非租界——商业社会的痕迹用一种不经意但顽强的方式继续存在着。安东尼奥尼静静地将镜头扫向商店、小吃店、药店甚至银行，似乎试图以有限的现实为基础，用想象把这个城市过去的模样作一个还原。在拍摄的结尾，导演被安排到一个曾经充满痛苦回忆的地方进行拍摄：由殖民地时期的棚户区改造成的社会主义工人新村。曾经最贫穷的工人阶级们享有住进这些崭新住宅的优先权，并在这里"忆苦思甜"。曾经破败的蕃瓜弄，如今则是人民和国家的骄傲。然而在影片中，新村的空间却被呈现为沉浸在一种鬼魅的肃静中。和人声攒动、生机勃勃的湖心亭茶馆不同，新村是空寂的。伴随着旧社会劳动人民居住的茅草屋滑过镜头的，是一些看不见的孩子们用高昂的声调演唱着对革命和如今生活的赞歌。

这样一来，我们就可以在对老海派建筑的怀旧中看到一种对过去曾经被边缘化的话语的渴望，而这个话语就是城市。正是城市化的进程改变了上海的空间结构和意义。功能的改变、产权公有化和重新分配空间资源压抑了城市原有的空间叙事和结构。可以想象，当上海经历反城市话语洗礼的时候，曾经的银行、商业大厦、百货公司、影剧院、主题乐园、公寓和石库门经历了如何巨大的真实和象征意义上的颠覆。

四 停滞的1980年代

1970年代末，整个中国正试图从刚刚结束的政治狂热中摆脱出来并重新打开国门。在经历了过去战争的巨大破坏和计划经济体制对其元气的损伤之后，此时的上海在经济和文化上都处在十分衰败的境地。城市建设在几十年内的微弱进展，使得这个时期重访上海的人们惊叹这个城市的变化如此之小，以至于它似乎在时间中被尘封了。上海，这个曾经的东方巴黎如今变成了"一个阴暗、拥挤和肮脏的地方。与1930年代的风光相比，如今的上海只是一个凄惨邋遢的城市"。①

1970年代末中国发生的重大社会改革开始于1978年。经济改革始于广大农村地区，并且成绩显著。而城市改革直到6年以后的1984年才得以启动，并且困难重重。中国在很大程度上暴露了其处理城市问题时的经验有限。上海的发展则由于政治上的原因而迟迟无法得到国家的支持。

笔者想说明的是，上海在改革开放后经历了非常迟缓的发展时期，在研究上海怀旧时，这段记忆很少有人提及。1982年到1988年间，在上海郊区建立的小规模经济技术发展区并没有赢得太大的成功，其原因可能是国家仍然得到了大部分的税收。在邓小平"南方谈话"之前，长江三角洲对中国经济的重要性并没有得到如珠江三角洲那样的重视。而后者在改革开放初期就获得了相当大的优惠政策和有利的发展条件。在南方经济迅速崛起的同时，上海在改革开放后的第一个十年内似乎被困在了一个新的低谷。国家对上海的冷落在这段时期不再被人提起，然而事实上本地人对糟糕的居住环境、拥挤的交通和继续贫穷的记忆与这个城市居民所一直持有的优越感产生了剧烈的撞击。如果有人问为什么上海的怀旧热潮在1990年代以后才形成风尚，那么这可能和本地居民淤积的这段记忆最终可以得到释放有相当大的关系。怀旧在国家发展话语的变动中寻找着表达地方认同的可能。即使怀旧成为时尚后在此时显得与国家倡导的消费主义相投合，它也可以理解为是在以服从的形式表达反抗并以此寻求补偿。

---

① Peter G. Rowe, "Privation to Prominence: Shanghai's Recent Rapid Resurgence", Peter G. Rowe and Seng Kuan (ed.): *Shanghai: Architecture & Urbanism for Modern China*. Munich, New York: Prestel, 2004, p.62.

五　个案研究：石库门／新天地

在接下来的分析中，笔者试图以之前的论述作为基础，从石库门和新天地的改造来探讨上海的怀旧空间。笔者认为对石库门的怀旧不仅是全球化对本土文化的重新想象，亦是本土重新表述地方现代性的一种方式。进一步来说，更值得讨论的是这种怀旧情怀背后被扭曲的都市叙事所掩盖的石库门的价值。石库门的特别之处在于它是现代性的一种地方表述。从这种角度来看，石库门的现代性仍然可以为今天可持续发展式的城市规划提供启示。

从1990年代开始，上海经济开始飞速发展，伴随着的是城市更新项目的大行其道。当新的高楼大厦以现代化的名义在这个城市疯长的时候，大量的旧建筑也因为它们的恶劣状况被理所当然地清除。石库门建筑在这场城市空间的重构中首当其冲地受到了破坏。此时的石库门破旧、过时，与"现代"的城市发展蓝图格格不入，拆除旧石库门成为实现城市现代化的必要步骤。

石库门是上海城区最为常见的民居样式，它不仅构成了上海内城形象的天际线，也是大部分上海居民的生活社区。它在上海的诞生其实反映了一座极速都市化的城市是如何巧妙地应对土地稀缺所带来的问题的。正如前文所提及的，石库门是应市场即都市生活的实际要求而生的，它是融合了江南民居结构和西方装饰风格的上海特有的民居形式。因为每个居住单位的大门都完美表现了这种折中主义的混合风格，因此后来人们把这种建筑统称为石库门。单个的石库门住房组成里弄，是由砖墙包围起来的相对独立的居住社区。只有各排住房之间的主干道形成由社区通向外部街道的唯一通路。石库门里弄的建造方式表现出与19世纪英国联排式建筑十分相似的布局。这种独特的设计一方面令社区保持安全、宁静和足够的私人空间，另一方面也因为它高密度的联排结构实现了土地节约使用的最大化。[1]石库门的内部，却延续了长江下游地区的民居结构。包括一个独立的居住空间和供家庭使用的私人内院空间。从1920年代开始，石库门建筑更因卫

---

[1] Qin Luofeng, *Wohnquartiere in Shanghai - Analyse, Kritik und Sanierung Typischer Wohnformen und Baugruppen aus dem 20. Jahrhundert*, Verlag Grauer, Beuern und Stuttgart, 2003, p. 42.

生设备、取暖系统、通风和照明系统的改善而进一步现代化。① 总而言之，石库门创造了一种中国院落和西方联排建筑结合的创新的建筑形式和风格。

然而石库门建筑在过去的几十年内得到了长期的不合理使用，其价值也一再被贬低。从实际角度来说，人口的不断增长和有限的居住资源之间的矛盾使得大部分的石库门住宅处于超负荷使用中。从石库门的空间象征意义来看，社会主义计划经济时期对如工人新村这样的体现社会主义城市集体性的空间的重视，使石库门生活风格中体现的私密性不断被贬低，而对其真实空间的使用也充满了随意性甚至破坏性。公寓住宅和石库门里弄的诞生创造了新的社会边界和私人生活空间，反都市化进程摧毁了石库门里本地居民的生活状态，这使得城市形态和功能之间出现了巨大的裂痕。从象征意义上来说，这种市民空间在意义上的边缘化甚至割除了它本来真正的"左翼"精神。还以电影为例，试想中国早期电影和舞台剧中以拥挤不堪的石库门里弄作为背景的经典，如《七十二家房客》（后来甚至成为香港电影本土化的重要题材）、《乌鸦与麻雀》、《十字路口》、《马路天使》和《万家灯火》都在讲述这个城市的底层与时间、都市和他们自己之间的较量。这些影片中的石库门绝非令人感到惬意舒适，然而这个介于私人和公共空间之间的日常生活却无不透露出希望、乐观和现代生活高压下的中国人的智慧。在这种意义上，也许它们的嬉笑怒骂甚至已经在反抗那个认为在资本主义和殖民主义下只能产生腐朽的宏大叙事。1949年以后，在整个上海都被融合入国家的意识形态所铸造的统一的神话中时，石库门当然也难逃日益凋敝、无人问津的下场。石库门因无法再给更纯洁的革命提供舞台而被遗忘，同时被遗忘的是石库门所代表的中国式的都市生存方式。

在这个城市如今的叙事中，石库门作为解决空间短缺的新兴城市建筑的历史已经遭到遗忘，并沦落为高速运行的都市发展的巨大负担。大面积的石库门被推倒以建造新的"现代"建筑。不仅是上海，对于中国其他城市来说，旧（通常是指中国的）和新（通常是指西方的）之间的矛盾似乎无法解决，保留年代久远的建筑与城市现代化两者之间的对立十分尖锐。

然而这样的情况也有例外，而其中争论最多的可能就是新天地改造计划。新天地自称上海城市的起居室，由香港瑞安集团投资建造。这个时尚

---

① Chu Zhihao, *Die moderne chinesische Architektur im Spannungsfeld zwischen eigener Tradition und fremden Kulturen*, Peter Lang Verlag, Frankfurt am Main, 2003.

的休闲区域处于前法租界地区,占地 3 万平方米,怀旧的氛围很大程度上来自其对石库门旧建筑的"创造性"改造——保留了石库门建筑的外形,并将其改变成多样化的空间功能,包括娱乐、购物、文化和餐饮,试图打造出一个"昨天与明天相遇"的地方。在试图保留石库门建筑群外观的基础上,设计师将濒临夷平的石库门建筑群通过拆除、掏空、保留外墙等方法置换了内部空间。由于建筑的内部结构、功能和空间使用者的改变,新天地经常被批评为上海文化和市民生活的虚假幻象。也就是说,新天地的空间生产从根本上说是全球资本和利益的展示窗,而与普通大众的生活无关。有学者进一步认为,石库门的拆除并未遇到激烈的本地居民的抵抗,则是国家权力的控制与全球化共谋的体现。①

在一次小型的问卷调查中,建筑师、学者黄晔女士对消费者和本地居民对新天地的感受进行了研究。在调查结果中,我们却看到了一幅更为复杂的图景。在所有 35 名被访的消费者中,有 76% 同意新天地代表了上海的经典文化,83% 喜欢或者非常喜欢新天地,80% 喜欢新天地北区,即保留石库门原貌的部分。和一些文化批评者认为新天地是一个虚假的幻象的观点形成对比的是,有一半受访者认为新天地反映了真实世界。另外,在对 34 名当地居民进行的调查中,普遍呈现的是他们对新天地和石库门住宅的一种高度复杂甚至矛盾的态度。首先,虽然 64% 的受访者喜爱在石库门居住,却有高达 90% 的居民对他们现今的居住条件感到不满意。其次,虽然大部分的居民从未在新天地消费甚至从未去过新天地,对新天地的看法则亦是爱恨各占一半。在那一半认为新天地对他们的生活产生正面或是没有影响的三组受访者中,分别有 55% 和 60% 的人喜欢新天地。②

对于新天地对石库门的改造,上海学者朱大可认为,它对本土中产阶级和市民的吸引力并不在新天地在西方或港台的旅游者眼中的"本土性",而恰恰在于改造后的石库门所包含的"西方想象"而激发的消费欲望。朱大可评论道:"他们的消费意图来自于对石库门的另类文化记忆。在殖民地时代,它曾经是摩登主义的广泛符码,与徐志摩、张爱玲、施蛰存等的小

---

① 黄宗仪:《都市空间的生产:全球化的上海》,《台湾社会研究季刊》第 53 期,2004 年 3 月。
② 黄晔硕士论文,"The Perception and Experience from 'Xintiandi'—Its Formation and Impact on the New Urban Transformation in Contemporary Chinese Urban Restructuring", Katholieke Universiteit Leuven, 2004。

布尔乔亚叙事密切相关,隐喻着西方现代性的登陆与扩张……中产阶级的西方神话和海外游客的东方神话。它们在那个地点被双重地书写。这就是它受到消费者广泛欢迎的原因。"①

笔者想要补充的是,新天地在本土的吸引力除了与对前革命年代的想象有关,亦跟大部分人仍保有的石库门的生活记忆有关。没有其他中国城市像上海那样在去都市化过程中经历如此剧烈的城市形态和功能上的双重断裂和矛盾。石库门建筑是20世纪初上海迅速城市化的产物。然而,之后整个国家的意识形态长期反都市话语,尤其是小资产阶级代表的市民都市话语。而石库门的发展由于产权的变化和阶级地位的流动,经历了"早期的殷富移民的独院式居住、中期的租赁居住和晚期的高密度杂居"② 多种不同的居住形态。长期的不合理使用和年久失修使得石库门建筑不堪重负,成为新的贫民窟与危房。③ 人口密度过高、卫生设施欠缺都是石库门生活的真实写照。石库门所代表的都市市民阶层的社会地位的降低,也改变了石库门本身的象征意义。如果说新天地的石库门是一种美丽的幻象,那么这种美丽不仅仅是国家和全球今天所期望描绘的,也是之前长期的丑陋所衬托的。这种美丽与其说对所谓的全球人士,不如说对拥有石库门崩溃记忆的上海本地市民更有吸引力。中国的反都市话语早在全球化在中国成为可

---

① 朱大可:《"新天地":青砖和玻璃的双重神话》,《经济观察报》2003年6月16日。
② 朱大可:《"新天地":青砖和玻璃的双重神话》。此外,上海同济大学副校长、原上海市城市规划局管理副局长伍江提到:"大家赞扬石库门,说它的文化价值、艺术价值,中西合璧。另一方面,今天的石库门经过一百多年的风风雨雨,已经破旧不堪。有人说石库门建筑历史文化价值是高,但是由于品质太差,今天已经不能再用了,这个话又对又不对。"他表示,建筑能不能用,要看怎么使用。对于有历史文化价值的东西,就不能完全按照新建筑来要求它。现在的石库门之所以破旧,跟年龄有关,更多是跟不合理的使用有关。伍江表示,石库门的一幢房子里住几家、十几家是很正常的事情。他说:"我们调查发现,一幢房子最多住过二十几家人。如果现在住的三室一厅、四室一厅,有一天突然要塞十四家进去,房子也会出现很多问题。"见东方网,2009年5月17日,http://sh.eastday.com/qtmt/20090517/u1a575125.html。
③ 中国建筑界权威罗小未教授这样评价新天地在改建中遇到的技术问题:"新天地广场在建筑的改造与整修方面曾经历了很大的困难。本来要在石库门房子中塞进现代的休闲生活内容就够困难了,何况这些房子大多为危房,没有卫生设备、上下水道陈旧不足、基础与地板均已腐烂,只要微微一动便有散架的可能。几乎所有旧屋均要大兴土木与脱胎换骨才能更新使用,因而其费用每平方米高达两万元。现在有人批评说,既然保护了里弄的风貌就应重新作为居住使用,其实只要看看这个造价便可知道这是不可能的。"罗小未主编《上海新天地:旧区改造的建筑历史、人文历史与开发模式的研究》,东南大学出版社,2002,第28~29页。

能之前就摧毁了石库门。如果石库门长期得到重视和修缮，住户以原先设计的密度居住，产权并未发生变化，那么也就不存在是否要或者应该为谁保存或拆除的问题了。石库门的没落和其幻象的重生，更多的是本土与国家话语之间张力的结果，而全球资本在此可以说是借机行事而已。

因此，笔者认为，新天地或者说石库门怀旧，一方面是为西方现代性在本土重生所制造的新鲜感所驱动，亦可能是基于本土对上海都市化清洗的一种反应，是一种对地方现代性的怀旧。如果用弗洛伊德的理论来说，体验是一种将对过去的回忆和瞬间的幻想结合的状态，那么上海人的新天地体验也是一种记忆创造空间的过程。正如有评论所言，行销新天地其实是"把上海这个概念向上海本地人的重新贩卖"[1]。本地对石库门作为都市居住和社区形成的基本形态的热爱是被不堪的生活现状所压抑的，而新天地，即使虚假做作却至少将石库门还原为一种舒适安逸的意象，而非真实生活中的龌龊阴暗。这促成了本土消费的欲望作为一种补偿式动力。

从更广泛的意义上来看，石库门怀旧其实反映了中国城市建设中对现代性不同理解之间的不断冲突。新天地的确是一个由全球资本主义全力打造的空间，然而它对本土的吸引力亦来自他们过去与现在记忆的断裂。在上海早期的住房建筑过程中，石库门体现了现代都市设计中的地方革新。到了社会主义时期的现代化语境中，对石库门建筑的滥用与资产阶级的居住空间在意识形态上被边缘化相对应。今天，当一种单一的现代化概念在中国都市规划中大行其道的时候，石库门的价值再一次被贬低了。这种状况带来的后果是，凡是年代久远的旧建筑统统被视作不现代的。它们要么是传统的，需要加以保护，要么是过时的，可以任意拆除。只有新建的、新奇的而且来自西方的才是真正的"现代"。这种将现代性放置于线性时间中的观念导致无尽的二元论。如果从空间的角度来看城市发展历史的"当下"，那么石库门其实是十分现代的。它的诞生提出了一种新的理解现代性，或者说是西方现代性的视角，那就是对地方文化和居住生态的尊重。石库门并没有生硬地将英国联排式建筑照搬到上海，而是保留了本地居住环境的多样性。石库门为今天单调的中国城市规划提供的启示正是在于，

---

[1] Jeffrey W. Cody, "Making History (pay) in Shanghai: Architectural Dialogues about Space, Place, and Face", Peter G. Rowe and Seng Kuan (ed.): *Shanghai: Architecture & Urbanism for Modern China*. Munich, New York: Prestel, 2004, p.139.

它在现代化城市空间的同时考虑到了空间对原有状态延续性的需求。这种状态包括空间的文化含义和使用者的习惯和记忆。把石库门作为一种过时的传统忽略了它独特的现代性叙事。总的来说，当城市的现代性只被理解为一种时间上的变化的时候，石库门的例子提醒我们超越线性想象，从空间角度来审视都市发展的含义。

六 上海怀旧与现代性之争

事实上，怀旧的风潮即使再盛行，上海也没有可能且没有必要回到一种统一的风格上去。怀旧在一方面可以是一种渴求保持原状的欲望，一种权力的展示；但在另一方面，也可以是寻求多样性甚至是反抗的话语。怀旧上海的复杂性在于各个方面，它涉及因为本土记忆的差异而引发的各种诉求的对抗与磨合。这一差异是由代际、空间、时间和意识形态的割裂造成的。而这些割裂和断层恰恰反映了现代性的内在张力和矛盾。首先，以今天的全球化视角来看，上海希望恢复自己的都市性意象以使自己的定位更符合城市竞争的需要。其次，从本地旧建筑的重建和保护来看，上海试图通过恢复空间形式来对抗不同现代性之争给城市形态留下的不确定和不连贯。上海经历过意识形态下的剧烈改造，这使得如何定义现代性这个话题在这座城市的语境里极具争议。对上海来说，殖民地上海和毛时代的上海都是中国在寻求什么是现代性这一答案中的反例，甚至是对立面。在前一种现代性似乎获得了重生的情况下，中国城市话语却仍然未在国家语境内成为主导。因此，对上海老建筑的保护要么停留在纯粹的形式上，要么还未能真正从理解城市肌理的角度去思考，将石库门建筑和其他旧建筑视为不现代的、可以随意拆除改造的。在此，对空间的理解都将现代性置于一种线性的框架内来考量，而忽略了旧建筑本身在其所处"当下"的"现代意义"。石库门亦是现代的城市发展产物，而应受到当今城市规划的重视而非仅仅将其博物馆化。

更重要的是，简单地将以商业利益为目的所进行的建筑改造全盘否定的做法似乎显得武断。不论哪一种怀旧的产生，都必须要在人们的记忆中找到共鸣点。比起一味地对商业化所带来的真实性（authenticity）的丧失进行批评，笔者认为更有趣的是探究这种共鸣所产生的原因。而对于怀旧和全球化的讨论也并不仅仅是当今中国所面临的问题。对于柏林在德国统一后引起的一系列关于城市改造和怀旧讨论中经常出现的对商业化倾向的责难,德国学者路茨·古普尼克(Lutz Koepnick)的观点是,这种责难"似乎忽略了一个事实,那就是同样一样东西对不同的个人和公众的意义是不同的。忽视个人在对不同事物进行利用的过程中所产生的创造力,即对建筑用一种本土化方式进行的利用,也许是会产生十分多样、有差异性和乡土的记忆和意义的……任何对真实性发表的武断的言辞都不能对那些试图按下历史按钮的建筑项目构成威胁,从而减少了,而不是丰富了空间所能带来的活生生的经验"[1]。消费文化也许亦能提供一种为历史祛魅的方式,以治愈某些记忆的伤口,而那些伤口来自对创伤以及诉说创伤的压抑。对怀旧空间的消费与某种反记忆有关,这种反记忆作为反抗的声音存在,即使它们不一定是有意识的或者在政治意义上仍然是含糊的。对上海来说,对其都市性压抑的创伤似乎在这个城市再一次兴起的消费主义及其叙事中得到了补偿。然而,实际情况也许更为复杂,因为首先,虽然象征意义上的补偿可以被任何想要治愈创伤的人们共享,物质上的补偿却往往只局限于某个阶层。其次,世界主义上海也有它自己的反记忆,这个反记忆不仅是这个城市和国家的革命记忆,也是那个仍然被压抑的对现在和过去的都市体验之间存在的鸿沟的完整表述,这一表述由于中国现实及其语言表现之间的差距而始终继续着暧昧的姿态。笔者希望再次强调,全球化、消费文化以及资本的力量在怀旧文化中的作用和地位举足轻重,而笔者则希望从一种超越普遍论的考察现代性焦虑的视角,引起对探讨文化或国家内部话语的差异性所带来影响的注意。

---

[1] Lutz Koepnick, "Forget Berlin", *The German Quarterly*, 2001, Vol. 74, No. 4.

中华路 26 号
——南京城的空间记忆与遗忘

胡 恒[*]

摘要：南京这座古城似乎具有一种生产创伤的内在机制。这使得其记忆地图被创伤占据。对这幅地图的描绘，也由此成为关于创伤的描绘——创伤的纪念、创伤的遗忘、创伤的回归。这张地图并非只相关历史，还涉及现在。在图上，现实是可理解的。过去与现在、历史与当下的距离清晰可见。因为，创伤内核将它们连接起来。

关键词：记忆 创伤 南京 中华路

Abstract: Nanjing is a historical city which is always having an internal mechanism of producing trauma. This makes its map of memory occupied by trauma and the description the map becomes a description of trauma's memorial, forgetfulness and return. This map is not only about history, but also about nowadays, in which the reality is comprehensible and the distance of past and present is visible. The connection of them is the core of trauma.

Keywords: memory trauma Nanjing Zhonghua Road

每一个尚未被此刻视为与自身休戚相关的过去的意象都有永远消失的危险。

——瓦尔特·本雅明《历史哲学论纲》

---

[*] 胡恒，南京大学哲学系博士后，南京大学建筑与城市规划学院副教授。

一

2010年9月,南京,中华路,26号地段。

那面临街的三米高铝板已经竖起一年多了。板后硕大的施工场地平静而有序地忙碌着。2009年初该地段沸沸扬扬的拆迁景观,已被大家淡忘。现在,这个建筑(江苏银行总部大厦)的基础部分已初见模样,这一"全省外贸CBD商务区"延续将近十年的建设工作也将由此画上句号。

该商务区是南京老城的一个核心节点。从历史位置上看,它位于南京"鬼脸城"的头颈交接处,且在洪武路、中华路这条南北轴线的中心,是若干朝代(南唐、宋、明、清)的城市枢纽。从当下整体城市空间格局来看①,它是以新街口为圆心的"现代文化区间"和以中华路为直径的"传统文化片区"的相切点。在视觉形态上,这一核心节点也有其重要的意义:它以洪武南路、中华路、白下路、建邺路交叉的十字路口为中心,四面密布一圈高层建筑——路口北边是汇鸿国际集团和中国银河证券,南边则有江苏国际经贸大厦、银达雅居,以及中华路1号(高级酒店公寓"观城")。这些建筑基本上都是近几年落成——中华路1号"观城"也才刚刚完工。每个身处其中的人,都能感受到南京的大都市前景(成组的玻璃摩天楼错落有致)和现代都市生活(豪华5星级宾馆、高档私人酒店公寓、银行、时尚街区、大型商城一应俱全)扑面而来的气息。

二

江苏银行总部大厦是此商务区的最后一块拼图。其规模相当可观:占地1.2万平方米,总建筑面积约10万多平方米,36层,160米高,集银行总部办公、系统内部培训、金融交易市场、国际会议、营业网点为一体。项目被列为2009年南京重点建设项目,设计者是一位从英国回来的"海归"建筑师。

该大厦的风格很现代:钢框架混凝土结构,全玻璃单元式幕墙,建筑

---

① 参见2002年的"南京老城保护更新与规划的分析图",载南京市地方志编纂委员会《南京城市规划志》(下),江苏人民出版社,2008,第432页。

主体由两个板式体块组合而成，体块的南北向尽端各为弧线围合，与比邻而居的江苏国际经贸大厦相仿佛。这是一座鲜亮、光洁的玻璃摩天楼，其建造过程也充分体现出这一风格所特有的速度感。虽然那位"海归"建筑师的中标方案，甲方并非特别满意，但是为了完成日程安排，工程仍然紧急上马。甲方为此特别成立了一个"代建办"，聘用经验丰富的监理来掌握工程的运行。在此，从设计到建造之间的一些必要程序（方案的合理化研究）被强行缩减与并置，在土建过程中同时进行方案的各项优化设计，以节约时间保证项目准时完工。

这些优化设计其实相当烦琐——从幕墙到交通流线，从室内功能到家具配套研究，从节点设计到物业管理设施。这些分项研究动用了大量资源，本地的高校专家也参与其中。它们缝中插针式地与土建同步进行，且有机组合进来。这种中国特色的建设方式，目的就是保证外部的"高速"状态不受干扰。

该大楼的高速模式并非特例。环顾左右，我们会发现，这只是不可遏止的城市建设洪流的寻常现象。中华路26号（原本为2-50号）地段原本是南京分析仪器厂的厂房区。江苏鸿源房地产开发有限公司于2009年初拍得该地，随即投入建设。4年前，街对面的中华路1号尚是白地一片，现在高级私人酒店公寓"观城"和被称之为"金陵首个City Walk时尚漫步街区"的"红街"已闪亮登场，大小商家纷纷入驻。很快，它将协同江苏银行总部大厦，再加上南面400米处的水游城shopping mall，一起融合进健康路—中华路—夫子庙所构成的商圈，最终与北面距离2公里的南京商业集群新街口连成一条城市中心轴线，共同形成"5分钟都市生活圈繁荣核心地带"。这里，有多少类型的资本在其中运动难以辨识，但很显然，一条疯狂的结构链将有关联的建筑全部卷入其中，银行总部大楼的加速度推进只是顺应大局的正常表现。

三

和银行工地一起挡在铝板墙后面的还有一座灰扑扑的小房子——南京基督教青年会旧址建筑（现为金塘大酒店）。它是该项目的另一部分，该建筑两层高，分为两块（皆坐西朝东，临街一部分为"一"字形，背街一部分为"L"形），占地面积840平方米，与银行相临10余米。这个老房子建于 20 世纪 40 年代，1996 年被列为南京市文物保护单位。无论是否因为这个原因，它在这一波汹涌的（拆迁）建设洪流中存活了下来。该项目要求对其原始面貌进行保护性更新，以作银行的高级会所之用。

说起来，这个外表朴素、已然残破不堪的旧建筑从该项目中捡到不少便宜。借此时机，大笔资金注入，它迎来新生。功能置换（改为银行的高级会所）、结构更新（内部改为大板结构）、表皮的旧式要素一概保留（米黄色水泥拉毛外墙、清水勾缝的青砖内墙、两个红色的铸铁门框与附带的小阳台，以及一扇彩色玻璃窗等），这是惯常的处理思路。在这一颇具怀旧意味的民国建筑修葺一新之后，必然大受欢迎。因为它是这片玻璃混凝土森林中唯一有历史遗韵的建筑，也是现代商业中心区迫切需要的温情元素。它能缓和都市生活的快节奏，调节空间界面尖锐冰冷的质感。这也正是南京城的一贯风格——古新交织，相安无事。

改建方案有一个重要的细节：建筑一层的地基边线须做一次整体的偏移。表面的原因是，原址的地基边线和中华路之间有一个大约 8 度的夹角，现在要整个扭转过来，使其与道路平行。虽然这个原因言之成理——规整道路，使整体的商务空间变得有序、顺畅。但是，具体观之，这一看似小小的动作却将工程的性质彻底改变。

以等级（市级文物保护建筑）来看，这个房子更新有其通行模式：更换老旧的结构和门窗，局部加固，尽量使建筑的旧有意象保持完整。前部的一字形体块抽掉旧屋架，拆除外墙，强化砖柱，另设梁与屋架，再恢复砖外墙（是否用原始砖还须看情况）和那几个铸铁门窗。后部的 L 形体块也大体如此，并且清水砖的外墙维持原状，工序更为简便。扭转地基则意味着这套操作程序必须全盘重来——基本是在造一个全新的建筑，只是形象与旧房子一样。前部的建筑主体全部拆除，重设地基与钢筋混凝土结构，再在原来位置贴回铸铁门窗。其实，这种全然新建的做法较之加固式保护更为简单易行，但是，它带来一个麻烦的后果，后部的 L 形体块的施工难度和复杂性（还有造价）瞬间提高了几倍。因为清水砖墙必须保留下来，所以基础的扭转，使其只能采用"落架大修"这一最为烦琐的手段：将砖墙和其他构件全部拆掉，选择有再度使用可能的部分逐一编号收存起来，然后在校正过的地基上对建筑主体按原样重建……

一扭之下，这一翻新工程就偏离了正常轨道。它一方面简略了某一部分的施工程序，另一方面，也使得另一部分的施工复杂化，增加无数难以预见的意外状况。这一立场含糊的做法，是对改建活动的延迟。与外围空间的直线式高速推进相比，它铺展开的是若干条反向的、分岔的、纠缠的慢速线。正如我们所见的，项目开工至今一年多，改建部分尚无多少动作——仅只拆除了外墙的空调机窗。

并排而列的两个建筑（银行总部大厦和基督教青年会）分担了两种不同的速度形式。看上去，这只是空间状态上的平衡，比如用小尺度的传统建筑调和玻璃摩天楼的冷峻；或者是某种必要的个体性的情绪补偿，比如用怀旧的历史韵味来填充商务区所制造出的情感真空。实际上，这两种速度的并列来自某一激烈的空间对抗。而且，一旦我们将目光从此处抽离出来，就会发现，对抗的场地不仅仅局限在中华路26号这一节点上，它还蔓延到这条南北向的城市中轴线，乃至整个南京城。

四

基督教青年会的街对面有一棵大树——二级古木"广玉兰"。在十字路口边上贯穿而过的有一条"运渎河"（以及河上的"内桥"）。这三个相距咫尺的东西（一个民国建筑、一株古树、一条古运河），潜伏在该商务区的高层塔楼群之下，构成了一个隐性单元体。这个集点、线、面于一身的单元体虽然在夹缝中求生存，但它却是这一城市轴心的背景文本，它由历史和自然两种元素组合而成，是南京的一个沉默的"节点"。

顺着路口南向延伸，这一"节点"会逐渐展示出一连串相近之物：两侧的南捕厅及甘熙故居"九十九间半"、瞻园、夫子庙、内秦淮河、老城南街巷集中的门西、门东片区，直到中华门瓮城和外秦淮南岸的大报恩寺塔遗址……这些民国、晚清、明、南唐的历史碎片连缀起一幅动荡千年的南京历史图景。它们是"历史文化名城"南京残存的见证，也组成其历史底图的基础结构。

中华路正是该结构的一根至关重要的主轴——北起内桥，南止中华门外长干桥，长1.7公里。[①] 这条路已有2000年历史。三国、六朝时，它就是当时少有的通衢大道。史载晋成帝筑新宫，正门（宣阳门）正对朱雀门，这条街称"御道"或"御街"。因为此路直通朱雀航，又叫朱雀街。南唐

---

① 中华路为南京城内最早的人工路，在民间俗称"南京第一路"。

时，它是宫城正门前的虹桥（即内桥）至镇淮桥的一条砖铺路面的御道，史称"南唐御道"（为南京史上三条古御道之一）。南唐时，两侧为官衙集中之地；镇淮桥两侧设有国子监和文库。明清时，沿途一带曾有朱元璋吴王府、徐达王府及承恩寺、净觉寺等。国民政府建都南京后，耗资16万元将明清时的府东街、三山街、大功坊、使署口、花市街、南门大街等路拉齐拓成（1932年竣工），通中华门得名"中华路"，现被称为南京四条历史城市轴线之一的"南唐轴线"。

以运渎河与内桥为始，至外秦淮河和大报恩寺塔为终，贯以中华路为轴，两侧散以若干点与片，这一古城的历史结构看上去颇成规模。① 但面对城市发展的泥沙俱下式的狂飙突进，它也难免被冲击得七零八落，许多地方已从地图上抹掉。尽管如此，这一结构仍具有顽强的生命力，仍在为自己的生存权作抗争。现在，南捕厅的清朝民居遗存及历史街区的保护规划已经走过了10年，现在还在进行中。门东、门西的"历史街区"也在进行类似的保护与"镶牙式"更新。内秦淮河的环境整治为时久矣，最近沿河两岸的老河房正待"全面恢复原貌"。大报恩寺塔的重建经过漫长的策划，已临近破土动工。就中华路本身来说，这条千年轴线，也经受若干次折腾。1987年，南京市政府将中华路改造试点列入当年城市建设和管理的"奋斗目标"，"要求恢复中华路历史上的繁华，与秦淮风光带相呼应，反映历史文化名城的特色与新貌，为南京传统商业街道的更新探索路子"。② 1994年底，为迎接第三届全国城市运动会在南京召开，市政府决定对中华路进行全段改造，并列入次年的"奋斗目标"。

可见，南京城的这两套性质完全悖反的结构（历史结构和新商业结构）的对抗已是相当激烈。它反射出当下城市的某种不正常的生存状态——过于急速的发展扰乱了一个有着千年传统的城市肌体应有的自我调节能力与生理周期。多种力量在有限且越加局促的空间里争夺资源和生存权，这必然导致不同异质成分的错动和撞击。对历史结构来说，其要求的不过是单纯的原址保护，静止的新旧叠合，和平共处即可。这看上去简便易行，但

---

① 以1.7公里长的中华路为中轴的秦淮片区，是南京古城传统文化的集中体现地。它以"十里秦淮"、夫子庙、中华门、明城墙、街、巷、传统民居和市井文化为特征。在历年的老城保护与更新规划中，这一片区一直都被视为统一的整体。

② 南京市地方志编纂委员会：《南京城市规划志》（下），第721页。

在混乱的当下状况下，这显然是一相情愿。实际情况是，面对新的商业结构的符号代码强势且无孔不入的侵蚀，历史结构的所有元素都被迫自我调整，以适应现实符号秩序的具体要求。

现实的要求本身亦不太稳定，常常在很短的时间段里便出现若干变化，由此，事情往往会陷入更为复杂的状况之中。比如，对于南京的"历史文化名城"的定义由来已久，1982年，南京就被国务院批准为第一批国家级历史文化名城，随即编制了《南京历史文化名城保护规划方案》（1984年版）。1992年推出名城保护的修订版，2002年进一步编修了《南京历史文化名城保护规划》，以后更是逐年修正。直到2010年7月江苏省人大常委会批准通过《南京市历史文化名城保护条例》，这是到目前为止唯一有正式法律效用的法规。

且不论这些逐年修正的法规之间或小或大的差异，会给保护更新周期颇长的历史建筑制造多少麻烦，在这些法规后面，现实的暗流涌动更为变幻莫测，其中更有某些突如其来的冲击——1993年3月19日，《南京市人民政府工作报告》中提出，要"在主城建设一百幢高层建筑，形成具有时代特征的城市风貌"。[1] 随之而来的"国际化大都市"浪潮和将下关建成南京"外滩"的宣言，使南京在短短几年里（到2002年），老城内8层以上的高层建筑达到956幢，[2] 而这些高楼大抵是通过拆迁旧房屋、老街区而获得土地建造的。这些高楼、"以地补路"[3] 等相关政策和已成污点的"老城区改造"对南京历史底图的破坏无可挽救。那些尚未来得及作出适当反应的历史建筑时常被商业代码的布展无情地抹去（"乌衣巷"已面目全非，秦淮河与白鹭洲之间的大、小石坝街可与"九十九间半"媲美的历史街区全

---

[1] 薛冰：《南京城市史》，南京出版社，2008，第124页。
[2] 南京的高层建筑从1977年的南京城北的丁山宾馆业务楼（8层，33米）开始，到1982年是第一个发展期，共建17幢高层建筑，基本都在城北。1983年到2001年是高层建筑发展的第二阶段，共建370幢，集中在新街口、长江路、鼓楼一带，城南较少。2002到2004年是第三阶段，共建高层415幢，老城内有214幢，有向城南（白下路、三山街）蔓延的趋势。参见南京大学建筑研究所城市特色研究小组《南京城市特色构成及表达策略研究》，2006。
[3] 自1995年4月南京市政府批转的《南京市市政建设项目复建补偿用地若干政策的意见》实施后，南京的城市建设及房地产开发均按"以地补路"的政策。"其内容是城市的市政设施（主要是拓宽或新修城市道路）的前期费用（包括拆迁安置等）均由房地产开发负担，政府则给予其他土地的开发权进行冲抵。"李侃桢、何流：《谈南京旧城更新土地优化》，《规划师》2003年第10期，第30页。

部夷为平地），在现实的世界留下一道道裂口。

虽然到 2004 年，所谓关于 100 幢高层建筑的"亮化"工作（2002 年的"7721"工程和 2003 年的"2231"工程）①已经停止，但是它们已经彻底更改了南京老城的格局，而中华路这一"全省外贸 CBD 商务区"正是该"历史事件"的产物之一。所以，这些高层建筑并非是无法避免的经济发展的寻常结果，而是已证明为彻底失败的某项政府工作报告的遗留物——它们是那"100 幢高层建筑"的复制品。这一我们尚且记忆犹新的"国际化大都市"风潮无疑是南京的巨大创伤点，它对南京城历史结构的大规模破坏堪与史上任何一个时期的结构变动相比，这既是指其物理后果，若干记忆地标消失，也更指精神后果。它发生在我们眼前，直接干预了我们现实感的构成——对于生活其中的南京人来说，场所的历史记忆是现实感不可或缺的成分。

现在来看，这一曾经的千年之轴的端点已完全现代化了。广玉兰树在"观城一号"前看起来像株招财树。脏兮兮且臭味依旧的运渎河和内桥，除了桥头那块石碑，难以令人联想到什么千年南唐之类。只剩基督教青年会旧址这一尚存历史遗意的建筑勉强维生，历史结构与新商业结构的角力在此全面落于下风。

五

建筑遭逢改建，意味着它已完成了一段历史周期，面临一个转折点，现实的符号秩序对其有了新的要求。它需要嵌入更新了的符号链条之中，成为现实的一部分——中断物质身体的自然衰老过程，重续符号生命。这里存在两种选择——作为意义综合体的复活、作为能指自治体的复活，两者对相同历史内容的态度截然相反。要么，它将档案化，加诸一个叙事结构，使相关的历史记忆成为可稳定传递的意义文本（图像、文字、建筑物的综合物）。要么，抛弃建筑的历史内容，将其能指群分离出来，也即保留可兹利用的视觉上的审美元素，变身为一个纯粹的新建筑。它被纳入当下的商业开发系统，成为城市公共生活的一个特殊地带——保留历史意象，对其进行价值再生产。这一状况非常普遍，比如南京的"1912 街区"、上海

---

① 南京市规划局、南京市城市规划编制研究中心：《南京城市规划 2004》，2004，第 69 页。

的"新天地"以及类似的创意产业园。对于"意义综合体"来说,需要做的是以遗址建筑作基础,重塑一个开放的、关于历史记忆的叙事空间——用原始材料和文字陈述还原历史的诸般过程,使之具有道德训诫、教育等意义。对于"能指自治体"来说,新建筑诞生。

基督教青年会看上去只是一个普通的历史遗物,一个规模不大的民国建筑。与许多相类似的建筑(南京的那些漂亮的天主教堂等)相比,它的艺术性只处下等之列。但是,其历史流变却相当传奇,1949年前,它与诸多中国近代史大事件有关——既见证着中华民族的崛起,又目睹了其深重的灾难。这些多样的历史成分不同程度、不同方式地影响着它的现状和未来。正如我们所见,它的改建方向在复活意义综合体与复活能指自治体之间摇摆不定。

1844年英国人乔治·威廉于伦敦创立基督教青年会,1885年青年会传入中国,全国第一次运动会就是由青年会在南京主办的,这是现代体育运动会在中国的开端。1912年,在国民政府成员王正廷、马伯瑗的倡议下,南京的基督教青年会成立,内务部指示南京当局拨给地基,以作建设之用。那个时候孙中山正就任临时大总统,他对青年会极为重视,认为"青年会乃养成完全人格之大学校也"①。孙中山首捐三千银元用作青年会的开办费,随之,全市众多社会人士也纷纷解囊捐款,于华牌楼租下一周姓大厦辟作会所之用。同时,青年会成立典礼于1912年4月1日在此举行,孙中山率领南京临时政府各部总长和次长,亲临典礼,接见青年会诸位董事并合影留念。1925年,青年会聘请建筑师设计会所,经过一年多的施工建设,新会所于1926年4月竣工,坐落于城南府东街(即现在的中华路)。1937年南京沦陷,该建筑遭逢大劫,二层几乎焚毁殆尽,内部木结构也全部烧损,只留外墙。1946年11月,在总干事诸培恩、李寿葆及美国人麦纳德的倡议与支持下,被烧毁的青年会会所得到恢复。新中国成立后,青年会的活动变动较多,会所也被用于仓库、餐馆、厂房、办公、银行储蓄等不同用途。

在这一民国建筑将近百年的历史里,有一个明确的段落划分。1949年前它是时代的有力参与者——基督教、中美交流、全运会、孙中山、日军侵华战争、抗战胜利等近代中国的历史符号都留下深刻烙印,包含着基督

---

① 见南京基督教青年会网站。

教在中国的传播①、青年会与民国政府②、近代中国的西方教育③、全运会与近代中国体育精神、孙中山的民国政府与城市建设活动、南京与抗战等近代中国诸项重要的文化主题。④ 相应的，建筑的物质性身体也大起大落、饱受磨难，1949 年后，建筑的人生平淡无奇，虽在功能上多有变迁，但其物质身体一直保持着原有模样，60 年时间的流逝只是使其更为老旧残破而已。

就历史内容来看，无论是重要性，还是丰富性，基督教青年会都有必要成为纪念的对象——它是百年中国历史的缩影，是其中若干重要历史转折的见证。丰富的文化符号和事件，以及相关的细节，可以使之轻易地建立起一套完善、动人的叙事结构。况且现在正处于"辛亥革命 100 周年纪念"的全国性风潮之中，青年会作为孙中山倾力推动的项目，其重建理由相当充分。⑤ 从建筑上来说，它还拥有一个现成的纪念空间——这个保存尚还妥当且不乏精美之处的建筑，沿街建筑块的米黄拉毛墙面、圆形门洞、红色火焰式的基督教建筑元素搭配得很贴切，背街一块的清水砖墙和人字屋顶线条清爽、色调沉稳，民国味道纯正。两者对比起来颇为出彩，且和建筑所包含的历史内容正相呼应。而且，它的位置的公开性（这个商务区显然需要某种开放和交流特征）也和纪念建筑的要求完全吻合，似乎这里出现一个再现历史记忆的叙事空间，一个纪念性建筑，一个意义综合体是

---

① 基督教作为"美国奇迹的社会福音"，对中国青年会产生的影响，也被美国学者认为是"源于不同文明中的两个国度之间跨文化碰撞历史中的独一无二的画卷"，是"20 世纪美中文化交流碰撞中最精彩的篇章"。见赵晓阳《基督教青年会在中国：本土和现代的探索》，社会科学文献出版社，2008，第 145 页。

② 在青年会发展的各个时期，它都很注重与历届政府的关系。孙中山、黎元洪、袁世凯等都表达过对青年会活动的支持。另外，青年会总干事余日章还曾为蒋介石和宋美龄主婚，蒋介石也为青年会第九次干事大会题词。见《基督教青年会在中国：本土和现代的探索》，第 35~36 页。

③ 费正清先生在论及基督教对中国社会改革的影响时认为，对中国的西方教育最具影响力的机构之一就是基督教青年会。"从第一任干事来会理 1885 年到中国，直到 1949 年，青年会一直都是中国社会改革的推动力。它对中国政治和社会发展方面产生的影响，在世界上任何其他国家和地区找不到同样的例子。"见《基督教青年会在中国：本土和现代的探索》，第 36 页。

④ 相比之下，近代中国建筑史的某些主题，比如传教士与中国近现代建筑的发展等，反而没那么醒目。

⑤ 孙中山与青年会渊源颇深。除了南京基督教青年会之外，他还在上海、广州的青年会上发表了重要演说。1924 年，孙中山还发表了著名文章《勉中国基督教青年》。文章论及青年会以德育、智育、体育去陶冶青年，使之成为完全人格之人，将为青年会救国的重任。

顺理成章的。

这个简单逻辑并没有实现。目前看来，基督教青年会的改建貌似尊重历史，其实是对传统信息的曲意挽留。不拆除，反而整修它，使历史得以留存，甚至加以强调——在此空间节点中，出于对比的原因（周边都是现代风格的高楼大厦），这一民国建筑将会显得更为突出。① 但是，实际情况正相反。

"扭转式"的改建行为是对历史的某种隐晦的中断，它以一种强制性的空间规训和符号整合，拒绝了意义综合体的实现。对墙体、窗户、阳台、栏杆、门楣（或局部墙体）等零星碎片的选择、拆解、保存、重新安装，这一系列细碎的程序，将历史段落中环环相扣的细节强行分类。在分类中，某些历史记忆被删除，某些被有选择性地符号化，历史最重要的特征连续性被破坏。而历史之意义综合体的呈现，正有赖于以此为基础建立起来的叙事结构。那扇1945年的彩色玻璃窗和红色的铸铁门框与附带的小阳台当然会保留、贴回原来的位置，但二层所有的破损不堪的木框玻璃窗肯定会全换掉，西面的清水砖墙会有部分保留，东面的米黄色水泥拉毛外墙当然会重新来过，所有元素都会按照建筑的原始模样进行艺术性地重组。这些纯粹的审美符号、抽象能指，在专业技术上（美学和工程）上使自己达到自足状态，而不参与任何关于历史意义的阐述和建构。它避开了外向的叙事性，拒绝了一切意指活动的可能，以完成一个能指自治体。最后，其功能上的安排（做银行的高级会所），将其自我封闭性推向高峰——它对公众关上大门，只给特殊人群提供特殊服务。

最终，在这个商务区中，共时性重叠着的只是一个能指网络：作为能指自治体的基督教青年会、纯自然的古玉兰树和近乎抽象的运渎河。

六

那么，为什么在此无法实现意义体（开放性的纪念建筑）的复活呢？这使得该城市轴心的历史结构的表现力（它不是由单纯的形象，而是由形象的历史叙述机能所决定）基本上消退殆尽。换句话说，为什么它不能像

---

① 这也是两套对抗系统的相互妥协的结果：基地的8度扭动，在不影响建筑原样的前提下，使其嵌回周边高楼各就其位的正交网格之中。

同类建筑那样，成为历史文保建筑向文化纪念类建筑转化的实例之一呢？①

尽管南京城的两套结构（历史结构和新商业结构）博弈激烈，但是这种转化并不少见。仅就相关的近现代建筑而言，到2010年南京已经发布了5批重要近现代建筑保护名录。其中和基督教青年会同等级的市级文物有112项。《南京市重要近现代建筑和近现代建筑风貌区保护条例》提出，"鼓励重要建筑和风貌区内建筑的所有人、使用人和管理人利用建筑开办展馆，对外开放"②。目前，这些建筑大多保持原有模样，其中也不乏建筑开放其历史纪念功能，比如南捕厅甘熙宅第的"南京民俗博物馆"（1982年的市级文保单位，离基督教青年会并不远），现在依然运转良好。

这也许要归结于该建筑的历史中某一特殊的部分，即南京城最惨痛的创伤性记忆——大屠杀。1937年12月13日，日军由中华门攻入南京城，一路烧杀劫掠，中华路这条千年轴线一片火海。

尽管经历1500年的变迁，中华路对于南京城的意义却没有什么改变，此时，它虽然已经不再是皇家御道、政治之轴，却是南京城中最繁盛的商业街。它和太平路一起（两条南北长街），类似于北京的大栅栏和天桥，上海的南京路和城隍庙。在这条街上，国货公司、中央商场、美国人的哥特式教堂、银行、南京最大的瑞丰和绸缎庄、粮行、戏院、茶食店、杂货店、水果店、炒货店、茶馆、酒楼、饭店、旅馆等密密排开。实际上，这一繁华景观在20世纪30年代初刚刚成形，便遭灭顶之灾，从中华门至内桥整条街道基本上全部毁于一旦，破瓦残垣，绵延数里，建筑无一完栋。

基督教青年会正处于这条烈火之轴的端点——它曾经积极组织抗日宣传活动（散发传单和举办抗日漫画展）和保护抗日志士③，因此遭受残酷报复，二层被烧毁，只留下局部外墙。青年会南京分会负责人美国圣公会传教士乔治·费奇（George Ashmore Fitch）用他的摄像机拍下建筑被焚毁后的照片，历经艰险运送到美国。这也成为日后指控日军大屠杀的有力证据，

---

① 2003年，基督教青年会旧址降为区级文物，2006年，再列入第三批市级文物保护单位名单。见南京市规划局、南京市规划设计研究院《南京老城保护与更新规划总体阶段说明书》，2003，第2~28页。
② 见江苏省文化厅网页。
③ 1937年，李公朴曾寓居于此。

并且在《拉贝日记》中留下重重的一笔。①

一般而言，对于这部分历史的记忆，在公共层面和私人层面上都有着某种难言的味道。公共的纪念从未停止，且有增无减，比如喧闹一时的大屠杀纪念馆的新馆建设和层出不穷的研究著作、研讨会、文献整理（最近有 70 卷本的相关资料将出版）、电影制作（《张纯如——南京大屠杀》《南京！南京！》《金陵十三钗》）；另一方面，慰安所被拆毁之类的事件却也时有报道。这些对大屠杀历史有着绝对证明效用的场所，已经被拆得差不多了——几十个地点只剩寥寥数个，最完整且最著名的利济巷旧址也没能在巨大的争议和反对声中保留下来，已遭拆迁。② 相比之下（前者大概是意识形态的需要），我们或许更应该多加关注后者，因为，其背后的原因与基督教青年会此刻的状况颇有关联。

无论是慰安所之类的简单粗暴型强拆，还是基督教青年会之类的智慧型的修辞替换，结果都是一样的：历史的物证被抹掉。当然，我们不能简单地归咎于国人对历史漠然之惯性。这也许反而证明了该事件留下的创伤性记忆过于深重，以至于那些试图将其"历史"化（成为某种思想教育和学术研究的纯粹对象）的行为纷纷失效。这一创伤性记忆已经成为某种精神实体，它的纪念物，无论多庞大、严肃，相比之下都显得微不足道。或者说，它们没有起到什么纪念功能，反而在削弱这一精神实体的强度。所以我们见到的常常是一个反向的结果，那些纪念场所被商业活动所包围，既混乱又庸俗。比如，大屠杀纪念馆刚完成时还颇有肃杀之气，现在已经变得像个游乐场，周边高档楼盘也纷纷冒出，各类花哨的广告牌此起彼伏。似乎南京城对这一记忆的纪念形式不是回忆，而是遗忘（主动遗忘）。遗忘的形式是回避、拆毁、商业庸俗化、转向极少开启的个人记忆……

不难想象，如果基督教青年会旧址和那些慰安所一样，被改造为有大屠杀纪念性质的场所（一旦要将其恢复为历史记忆纪念建筑，这一创伤内核必将慎重地被打开，向观众展示），它或许早已被城市建设洪流给悄悄吞没掉。它能够存活下来，看上去是其略带历史感的艺术性在城市空间的

---

① 书中数次提及南京基督教青年会。它是多种暴行的见证场所，妇女（包括青年会雇员的家人）被强暴，以及数度被焚毁。另外，青年会及负责人费奇将中山南路的大楼改为收容外地难民的临时避难所。

② 利济巷旧址已拆除了 2/3 有余。现在剩余部分拟将作保护性更新，以作相关历史的纪念馆。

塑造上尚有用武之地，但其建筑风格的特定指向也许更是此中关键——基督教青年会的特定身份，其中广泛的救赎含义正与此创伤内核相平衡。

七

虽然来自美国，南京的基督教青年会却有着独立的普世意识。它以《圣经·新约·马可福音》第10章第45节的经文"非以役人，乃役于人"作为会训（意思就是不要由人服侍，而要服侍于人，以服务社会，造福人群为宗旨）。其工作纲领为发展德育、智育、体育、群育的"四育"，"以德育培养品性，智育启迪才能，体育锻炼精力，群育增进社会活动，发扬基督教倡导的奉献精神，培养青年的完全人格"①。在具体活动上，青年会也确实严格遵循其会训和纲领。

南京青年会最主要的社会工作为平民教育。1912年成立伊始，青年会即开办科学讲演启发民智。北美协会干事饶伯森教授受邀进行的附带仪器（无线电、飞机、单轨铁道等）的科学讲演大受欢迎。一年多后，青年会创办求实日、夜学校，聘请教员分班上课，以辅导地方教育的不足。随后组织平民学校，开展扫除文盲活动。它在全市先后开办平民学校80余所，每学期的学生多达五六千人，成为全国开展平民教育规模最大、提倡最得力的城市青年会。1916年青年会举办卫生展览大会，聘请中华卫生教育会毕德辉博士来南京，在展览大会上作卫生演讲，这次展览在南京卫生运动史上还是首创，相当轰动。

另外，青年会还积极参与组织接待从法国回国的华工，试办霞曙农村改进社（首创农村服务工作）以及赈灾救援活动。1949年之后，青年会在开设业余文化学校（主要是外文教学）、夏令营和健身运动等方面仍然成绩显著，延续其一贯服务社会的思路。

这种面向社会的积极且不乏奉献意识的行动方式，恰是所有创伤之地的内在渴求。相比之下，那些单纯的创伤纪念场所（慰安所之类）难免覆灭的命运，常常在于缺乏这一向社会开放、创造新价值的正面维度。如果从纪念始，还以纪念为终，那么，历史的创伤内核所诱发出的记忆痛苦通常会使得主体无止境地沉溺于过去，陷入自我迷恋的旋涡而无力自拔——

---

① 见南京基督教青年会官方网站与《基督教青年会在中国》，第27页。

屈辱、愤怒、仇恨，诸如此类。当这一不断扩张的痛苦无法遏止，最终对主体的存在造成了困境的时候，或者说，当场所无法消化该痛苦之时，它就只剩下自我毁灭一途了。摆脱这一危险状况的出口，即是向未来开放，使自身成为联系过去和未来的纽带。"非以役人，乃役于人"并非简单的宗教训诫，实际上，它和中国禅宗的某些教义很接近。在这里，它显示出新的意义——对自我感情迷恋（尤其是那些负向的部分）的主动舍弃，转向到一个更大的价值创造的系统之中。换句话说，它本是创伤之地，但也是拯救之所。

青年会的改建正走在这条拯救之路上，但是，它的方向有点偏转。也就是说，如果按照以拯救弥合创伤的逻辑，改建工作应该将此建筑转化为一个完全向公众和社会开放的、服务性的空间。建筑外观并非第一位，其功能设置才是重点。它应该是一项不计回收的投资①，应该是这个商务区域里的一块社会服务的净土（这就与改建模式类似的南京"1912街区"或上海"新天地"性质完全不同了）。就像当年的基督教青年会一样，它应该紧密地和平民教育、体育精神、危机救助、精神治疗、文化普及等公众道德的事务联系在一起，应该成为如同费正清所说的"中国社会改革的推动力……对中国政治和社会发展方面产生影响"。这样，创伤就不再是毁灭的理由，而是重生的动力。

当然，这只是个假设。土地产权的旁落和商业开发的竞争已经将这一可能性联合绞杀在摇篮中。它无法回到70年前，成为一个费正清所定义的拯救精神之所。尽管如此，拯救之路却没有就此打住。这已经固化为该场所的命运，超越了现实的符号秩序对它的诉求。正如我们所看到的，拯救的方向偏转到建筑上（就像基地的8度扭动），即其物质性身体上。这是拯救之路在受阻时的本能表达——现在，迫在眉睫的是，最大限度地挽留场所的历史特征，以为将来所用。

八

至此，记忆必须退场，但是历史留了下来，不过，留下来的不是历史的实证内容，而是一个由历史转化而来的幻象。幻象，是这个现实裂口唯

---

① 现在的独立会所也是非营利性质，这体现了该场所的某种自主需求。

一能容纳的东西（除非彻底拆除，换上一幢全新的商务建筑）。现在来看，幻象已然成形。它就是改建计划预想的结果——那个自我封闭的能指自治体。项目完工之后，它将是个光鲜的、有着南京独有的民国风情的建筑。它像一幅画、一座雕塑那样安然立于街边，以供大家欣赏。

幻象的作用就在于此——以一种虚无的方式（功能休克）填补现实符号秩序的间隙、缺口，以保证该秩序外表上的连续性。但是，历史如何成为幻象？这需要一系列复杂的操作。幸运的是，此处的幻象营造出一个现成的出发点——两扇红色铸铁窗和阳台，它们能够使历史回到某一原初景象上，即1937年之前青年会的模样。该原初景象本是激起记忆长河涓涓流动的源头，现在却充当起幻象营造的模板。而且，它的功能不是记忆，而是遗忘，或者说是一种"遗忘式的回忆"。对它的美学重构，制造出从1937年到2010年间的时间短路——既剔除创伤内核，更连带着将场所的全部记忆一并抹掉。最后，历史被压缩成一个时间薄片，成为一个禁止入内的图像（幻象）。

基地8度扭动就是对这一遗忘式重构的专业配合，现在来看，以不相称的代价实施的基地的小小移动，是一项不可或缺的步骤，因为只有这样才能成功地制造出一具全新的空壳。烦琐的技术操作真正清理掉的就是与大屠杀相关的记忆残片，那些火劫余生之墙将不复存在（这是对创伤记忆的最后清除），替换了全部结构（这是对历史内容的抽离），改变了所有的空间位置（只留下一个点保持不变，这真是饱含深意），然后挑选出富含审美意味的基督教视觉符号进行重构。重构的结果不是历史的复制品，而是一副模拟的替身、一张美丽的面具，它将该场所严实地包裹起来，防止任何形式的侵入。因为其内部已经一无所有。

这将是一个无法接近的建筑，正如幻象，一旦进入，它会像一个气泡一样消失。不过，这也是它的存在方式——我们在失去它（无法进入、无法使用）的同时重新获得它（建筑尚在、历史尚存）。无论如何，青年会有机会再次走上它的拯救之路。

不过，我们尚不能断言，城市的历史结构在与新商业结构的对抗中赢下一局。这是一笔残酷的交易，历史以自我牺牲换回物质身体的局部留存，以主动的遗忘来延迟自身的毁灭。但是，事情并非就此完结，幻象只是对现实矛盾的暂时缓解，被压抑、抹掉、遗忘的历史记忆并非就此彻底离开，它们将以各种隐晦的方式回归，且干扰建筑主体与新的符号秩序的结合。

当下青年会改建进程的犹豫和徘徊就是征兆。

这只是开端,项目刚刚进入初始阶段,诸般麻烦也才隐隐冒头。项目完工之后,这些麻烦不会就此消失,它们会转移到其他地方,制造出难以预见的难题。① 这些眼前或未来的困境,或许正是该建筑走上拯救之路的必然磨难。无论它成为高级会所或是其他什么建筑,都将承担着这一命运。

九

两种速度,两段历史,两场角力。这既是历史遗传与商业侵袭之争,也是创伤内核与现实的符号秩序之战。在青年会这里,历史暂时占了点上风。一方面,其幻象式的存在,回应着环境的非历史化趋势②,等待拯救之门的打开;另外,创伤内核被唤醒,它延拓着改建的正常进行,在项目完工之后,它还将继续在符号秩序中制造麻烦,以各种方式凸显自己的存在。在银行总部大厦中,创伤内核被社会进步的动力(国际化、城市化、GDP之类)轻易驱散,它将历史踩在脚下,用金钱、时尚、现代生活来分割远未成形的记忆幼体——商业代码的这一轮布展还没有稳定下来。它对城市历史肌体的伤害程度尚无定数,就以不可辩驳的发展之名义,直奔未来而去。

不过,江苏银行总部大厦的中国式加速度并非如看上去的那样简单——为了建设现代化的南京而肆无忌惮地直线推进。一旦深加追索,我们就发现,这条加速线并不稳定,虽然其长度只有短短几年,但其中微妙的转折却不在基督教青年会的传奇之下。

这是一段活生生的当代史。它由若干人为计划与一些突发意外交织构成,各股社会能量束在这里相遇、撞击、合并、纠缠,使得速度出现各类变形——压缩、拉伸、停滞……它们的闪烁难测,印证着当下境况的复杂性。尽管这只是一个微不足道的大楼建设,它也需要随时来调整自己的行进节奏以应对外部的瞬息万变。正如开篇谈及的从 2009 年底开始的中国式

---

① 就改建程序来说,该场所是内向的。而就城市环境来说,它需要公开性。现代商务区本质上的开放性与流动性,与该建筑目前的封闭姿态格格不入。这一矛盾将在日后逐渐体现出来。

② 作为新街口的"副中心",该城市轴心在 2003 年的总体规划中被定为"高层适度发展区"和"高层一般发展区"。它是南京的商贸中心区南延的最底线,也是高层管制的尽端。

速度，并非只为赶赶工期之类的寻常目的。它是之前一段怪异的时间停顿所导致的必然结果，这一停顿是"计划"之外的偶然事故，它并不在旁观者（局外人）的视野之中。

2007年底，本地块（中华路26号）曾经拍卖成功，一年多后它在毫无预兆的情况下又重新拍卖。其中的变化是：容积率提高（从4.25到5.3），建筑面积增加了13000平方米，用地性质有所调整，原本商住（酒店式公寓）转变为旅馆业。这一反常行为（地块在如此紧密的时间里重复拍卖，并非小事），对于其中端详，我们当然难以获知，但这与短短几年中南京的地产开发的风向变化显然有所关联。

地块第一次拍卖前两年（2006年前后），南京的小户型酒店式公寓行情看涨，各种楼盘纷纷上市。当时，中华路一带商住建筑短缺，正是小户型酒店公寓的热点地区。2007年底26号地块拍卖，用地性质里列有酒店式公寓一条，显然是迎合时事之举。[①] 不料，两年之后，风头突转。2009年底南京市出台了两项政策，官方首次将酒店式公寓和普通住宅区别开，并且在2010年南京房产新政中，酒店式公寓被排除在普通住宅之外。[②] 新政一出，南京的房产市场迅速作出反应，一家以酒店式公寓为主的楼盘开盘即遭滑铁卢。26号地块的重新拍卖中关于用地性质的重大调整（修改了1/3的使用功能），无疑是在即将蒙受巨大损失之前的紧急救火措施。二次拍卖后的项目实施的细则中，大楼为"银行总部办公及配套、系统内部培训、金融交易市场、国际会议、营业网点等"的综合体，商住内容（以及旅馆业）全部撤掉。

在这一轮急刹车式的重复拍卖中，现实的褶皱已然形成。似乎在弥补所耽搁的时间（一年多），设计与建造的正常程序被粗野地搅和在一起。整个工地好像一列疾驰的列车，报复式地向前狂奔，把不和谐的因素全都甩在脑后。

[①] 公告中还强调"酒店式公寓的面积不得超过地上建筑总面积的30%"，这意味着酒店式公寓的总面积相当可观，将超过1万平方米，大约可上市200套以上的酒店式公寓项目。开发商无疑会从中大为获利。

[②] 对于购房者，这意味着将来在出售时要承担比普通住宅多得多的税费。并且购房者所承担的契税，也不能享受政府补贴。此外，在申请贷款时，首付必须达到50%，且不能申请公积金贷款。这必然引起购房者的重新判断。这些新规定的出台，对酒店式公寓的前景带来实质性的影响。

十

或许在印证（考验?）这一非常规的速度，大厦基础工程刚刚开始，便在工地 2 米深处挖出了一段宋代的砖铺路面。[①] 考古人员足足花了 2 个月时间清理出的这条青砖路宽 3 米多，长 15 米左右，呈清晰的东西走向，青砖的排列规整漂亮，拼为近似于菱形的"回"字形图案。整个路面呈拱形，道路中央稍高，两侧还各有一条用细砖砌成的 5 厘米的排水路沟，表现出排水处理的意识。这条青砖路的历史价值毋庸置疑，它是南京同时代同类遗址中的首度发现，对于研究南唐及宋代该地区的建筑格局意义重大。经过"多次沟通"，建设方同意把这处宋代遗存保留下来，进行原址保护。初步设想是，截取保存最完整的一段路面（长 4 米多、宽 3 米多）整体打包移走。因为青砖路的所处位置将来会是办公楼区域的花园或绿化带，所以待工程结束之后，再将青砖路搬回原址，"作为下沉式景观进行展示性保护，形成一处独特的城市文化景观"。[②]

这类施工意外在南京城里已经司空见惯，[③] 但是专家们在此作出的迅速反应却堪称典范。尽管挖出考古价值颇大的历史遗存，工程进度却未受太大影响，专家们和工程方第一时间内给出应对方案，恰当完美地将这一意外变故融进项目之中。它既体现出对历史的重视，又能转古为新，使之具有时效性——历史标本以景观雕塑的形式被纳入商务区的空间营造系统。在这里，商业代码的布展，表现出对于历史信息的圆熟处理：历史以最快的速度被吸收，成为现实的符号秩序的有机单元。整个过程精巧、快速，无懈可击。当然，一个几乎被忽略掉的事实是，在此，历史城市的结构遗迹还未开始正式得以研究，就已被抹去。这条青砖路当然远远不止这 4 米长的切片，它所暗示的城市古道、古轴线、古结构才是其本体所在，才是我

---

① 26 号工地属于南京地下文物重点保护区中的南唐宫城及御道区。在南唐时期，内桥以南（也就是现在的中华路）的御道两侧是朝廷的衙署区，到了南宋，南唐宫城成为南宋行宫，而御道两侧的官府建筑也依然在使用。专家认为，从位置和路面宽度来看，这次发现的青砖路应该是御道西侧衙署建筑间的小路。

② http：//press.idoican.com.cn/detail/articles/20090820093B64/.

③ 2007 年在附近的内桥北侧王府园工地上挖掘出一处宋代遗址，根据遗址的规模以及相关史料记载，这里是 800 多年前南宋南京最高政权机构——建康府治遗址。

们还原历史、研究历史的真正对象。① 它们甫见天日，可又再度被不可阻挡的现代化大楼压在地下。

  历史向我们开启其记忆功能的欲望又一次被遏止，它原本可以成为历史进入公众城市生活的一个绝好机会，就像明城墙，或者古罗马的那些广场遗址。南京本是个叠压式城市（和罗马一样），这一区域（内桥南北）更是历朝中央官署区的密集之地。所以，此处挖掘出的断层如同"千层糕"，显露出来的是城市内核的历史切面和复杂经络。而且，这一垂直向度的切面浓缩了从三国至明朝若干时期的政治结构与物质形态的对应关系，其中包含着丰富的、有待深入研究的细节。另外，一旦将该断层在水平方向充分展现出来（它远远不止 15 米），北望建康府治遗址，东接御道东界，这将形成一个大型的古城景观。六朝古都的地上建筑早已荡然无存，但是地下形貌却近在咫尺。我们可以走下这 2 米深处，踏着青砖，沿着路面缓步行走，想象千年前的古城风貌，感受与古人共同生活的滋味。

  这本是此块遗址应该发挥出的作用，青砖路面正是时代脊骨中的一节，是我们追索历史宏大叙事的重要开端。它不应像现在这样，截出一个片段，罩上玻璃盒，放在高楼环抱的中庭间，成为一个纯粹的装饰品。

  无论这块 4 米长的青砖路面保存得多么完好，它仍和那些一同出土的六朝、明代的瓷器性质不同。与之相比，青砖路有着更为深远的意义。它从属于历史的原始结构，是古代城市的基本标点，是公共活动的固定界面。它铺展开的是一幅巨大的社会历史空间，而非仅供研究观赏之用，其不可替代之处是空间位置的唯一性、功能性、以及服务性——换言之，它属于所有人。虽然现在的计划是在工程完工后将其放在 GPS 定位的位置上，但是它已经离开了本来的场所，与原始结构脱钩。就像青砖路面被提高 2 米，在此，历史也被微妙地提升到艺术的层面上，作为艺术品小心翼翼地展示出来。

---

① 目前发掘面积有限，出土道路的长度是 15 米。但可以肯定的是，这条青砖路仍有一部分掩埋在地下，分别向东（中华路）、西（南京一中校园）两侧延伸。两年前考古工作已经弄清了南唐御道的东界位置，而此次发现的青砖路东段当年也应该与御道交叉，如果能找到这个西侧的交叉点，整个御道的宽度就清楚了。从目前掌握的线索看，南唐时期的御道应该比现在的中华路宽得多。另外专家认为，该次挖掘还能进一步弄清御道两旁官署区的分布，并且由于地处城南，还可以考察大量的六朝遗迹。

十一

就像基督教青年会，在银行总部大厦这里，历史也被压缩成一片幻象，维系着现实的符号秩序暂时的平衡和表面的连续性。当然，创伤内核的差异，也使得幻象的存在方式有所不同。

对银行大厦来说，其创伤正在进行中，历史的清算之日还是个未来时，所以这里大体延续了南京的叠压式城市传统——商业代码将历史踩在脚下。与此同时，它也对其小有补偿（青砖路面被郑重地奉为"艺术品"），这是一个清晰的二分结构：现代建筑为主体，历史"艺术"为装饰。这也正是该幻象的标准形式：现代风格的生活，古代雅趣的品位。

对青年会来说，创伤已成过去，当下的改建正处历史结算当口。建筑以翻新的仿旧表皮包裹现实的虚无功能，这是一个相当模糊的结构——也是幻象的表现结构，它能有效地填补现实的断裂口，延缓某种（创伤与场所的符号化趋势之间的）初始矛盾的爆发。但是，这是暂时性的，创伤虽被这一幻象阻隔，并不在场，却仍以各种隐性回归的方式干扰主体、建筑、环境之间的关系，延迟着三者的结合。可见，幻象本身的展开也并不轻松，不及银行大厦的幻象运行那么便捷有效。

当然，与1937年的大屠杀相比，银行大厦的创伤远非那么深重。它对历史结构的破坏是一种无主体的创伤：发生在地下，只为小圈子的专家们所知，并且直接从遗址现场转移到博物馆、研究所等禁地，没有对公众的日常生活造成直接影响，这也是商业代码能够轻易覆盖整个过程的原因之一。

不过，银行大厦的加速推进似乎本该简单易行（商业动力巨大、创伤阻力微弱）。它与青年会的由创伤主导的慢速龟行恰成对照，相互均衡。而实际情况是，开工至今，两者都陷入莫名的尴尬境地，各怀苦衷。青年会的改建计划申报滞留在相关部门处迟迟得不到回复，前景极不明朗——这速度也未免慢得过了头。相比之下，银行大厦则有更多难言之隐：地块二次拍卖的时间褶皱和土建与设计过程强行混合的冲抵，已经让人揣测多多，横插一足的青砖古道更像个恶作剧（似乎在嘲笑这一速度的荒诞）。确实，若以速度来描绘工程状况，这里其实已是乱麻一片。

环顾左右，我们会发现，外表平静、内潮涌动的并非只有26号地块，它的混乱状况显然也早已不是这 12730.7 平方米方圆之地的自家事。我们不应忘记，中华路 26 号不只是南京古轴线的端点，它还是被称为"南京之根"的"老城南"① 的前哨站，是进入这一庞大的历史街区的门户。

那么，这一五平方公里的历史街区到底发生过什么？它对 26 号产生了什么影响，使得这一正常的城市建造活动出现如此之多的复杂暧昧的褶皱和阴影区域？

我们应该回到四年前。2006 年，这是一个有着特殊含义的时间，它既是 26 号项目的起点，也是咫尺之遥的"城南拆事"的开端——它动摇了整个南京城的结构，掀动的风波上达中央。如果按照前文所述（这里的对抗是整个南京城的对抗），那么，26 号不仅包含了地上、地下之战，1937 年的创伤内核与现实的符号秩序之战，它还和"老城南保卫战"暗通款曲。一旦恢复了这个奇特的氛围，对于青年会，我们所获得的关于历史（它是为了遗忘）、关于创伤内核（它必将不在场）的理解，在整个项目上都会得到新的印证。这里的创伤内核不只是 1937 年的大屠杀，1993 年的"建设国际性大都市"，还有围绕左右的"老城区改造"。这里的历史也不只是民国史、高层建筑发展史、现代规划史、六朝史，它还是近在眼前的"历史文化名城保护史"——创伤性的当代史。② 正是它使整个城南（包括中华路 26 号）成为创伤之场，陷入速度的癫狂。

十二

1983 年 11 月，南京市政府提出了"城市建设要实行改造老城区和开发新城区为主"的方针，拉开了老城改造的序幕。20 世纪 90 年代以来，随着房地产热潮、土地有偿使用、国企改革、住房制度改革等因素的出现，大规模的旧城更新风云再起。1993 年出台的"在主城建设 100 幢高层建筑"

---

① 运渎河自东向西横贯南京，以"内桥"为出发点的中轴线直到南门，在东、西、南三面直至城墙，这片处于秦淮两岸的面积约 5 平方公里的古城区，在今天被称为"老城南"。基本上六朝以后居民长期居住于此。南京的古都文化主要有 3 个组成部分，一个是宫廷文化，皇家陵寝，其重点在城东城中；第二块是精英文化，就是政治、军事、经济、文化艺术等方面的代表人物；第三个是市井文化，这三大块中的第二块和第三块集中在城南。

② 南京博物院前院长梁白泉认为，城南的破坏可与南京史上三大劫难相提并论。

的政策和"老城区改造"遥相呼应，开始对城南民居有计划地、逐步地蚕食。① 2006年，在"十一五"规划和新一轮城市建设的刺激下，城南的历史街区遭受了"地毯式摧毁"，② 数以千计的江南穿堂式古民居短短几年内被一一抹平。2009年春节后，"危旧房改造计划"启动，古城里残存的几片古旧街区（总面积两百万平方米）被列入拆迁计划，并且由原计划的两年压缩为一年完成。2010年8月，江苏省人大批准《南京市历史文化名城保护条例》，南京古城的"整体保护"进入法制轨道，宣告了"城南拆事"的终结。

2010年11月最新一轮保护规划出炉，获得众口赞誉。这场"注定失败的战争"似乎活转过来，③ 但98条老街巷的命运已然改变，创伤已是现实。

这是现在时的创伤。它对环境的影响不在于物质空间的破坏程度——改变了城市天际线、损毁文物古迹、更改古城传统格局、清洗历史记忆，诸如此类；而在于创伤主体的出现，换言之，这是一种主体性的创伤。新保护规划中提出的"敬畏历史、敬畏文化、敬畏先人"方针貌似周全，相对之前的大拆大建的规划思路有着巨大的改变，但仍遗漏掉了一个最应该"敬畏"的对象——原住居民，他们是2006年以来的创伤的真正承受者。

遗漏，是对该创伤主体（也是记忆主体）的故意遗忘。新规划中的对已拆除的街巷逐段恢复为"原样"，鼓励原住居民回迁，固然令人欣喜，但是对于那些已成空白的地块，这无疑纸上谈兵。在对历史的道德反省面前，创伤内核仍遭屏蔽。说起来，这与基督教青年会的状况略有相似：都有明确的创伤主体；现实的符号秩序都在借改建或发展之名清除这一创伤内核，以完成对旧有建筑的符号再造。更重要的一点是，主体性的创伤改变了场所的记忆形式和内容。最终，记忆归属于现实的符号秩序：它致力于建构客观的、连贯的记忆统一体，以知识化进入教科书，成为以历史之名的文

---

① 20世纪90年代，随着集庆门的开辟和中华路、新中山南路的拓宽，夫子庙周围的大小石坝街等，均以拓宽道路为名而毁于一旦。到了2003年，90%的南京老城已被改造。

② 2006年，安品街、大辉复巷、颜料坊、船板巷、门东（C地块西段）、内秦淮（甘露桥—镇淮桥）被拆毁。2007~2008年拆毁内秦淮（上浮桥—西水关）、莲子营、旧王府。2009年，仓巷文物建筑群被拆除，南捕厅正在拆除，其东部已于2006~2008年被拆毁；门东（C地块东段、D地块）和教敷营居民正被腾空，即将决定拆除范围。所谓的"南京之根"老城南已经所剩无几。

③ 规划中已经确定强拆终止、别墅停建，且保护原住居民，鼓励回迁。尚未拆除的老宅、老厂房予以保留，重新组合成"博物馆"，有的改为居民住宅楼，原住居民可以回迁居住。

化遗产为最终指向。正如本雅明所言，所谓的"文化财富"，它是历史上胜利者的战利品。在此记忆统一体（或本雅明所说的胜利者的历史）之中，主体的创伤被排除在外，回忆只属私有，两者不相兼容。在基督教青年会，集体创伤的在场轻易摧毁了这座古城积累千年的记忆金字塔——王族生活、政治宏图、经济盛世的三位一体。而在此，我们则看到，六朝以来委婉动人的尘世生活（乌衣巷、秦淮河、"青砖小瓦马头墙，回廊挂落花格窗"……），被个人痛苦挤兑在一旁。"双拆"、外迁安置、"227号令"等是他们这4年来的主要回忆内容，尽管这部分记忆已随原住居民的外迁而陷入沉默，但是这片记忆之场已成创伤之场。

从2006年到2010年，这短短四年是老城南千年历史中的独特一段。拆迁之事的来源千头万绪，难以厘清，但就结果来看，它在城南所制造的密密麻麻的创伤点，和1937年的烈火之轴中华路相叠合，共同构成一幅创伤地图。在这幅地图中，历史不是被伤害的物质对象，比如银行大厦底下的六朝古道，或者那些被拆除的明清街巷。它是一种现在的时间，其功能在于记录创伤，而非充当浪漫的记忆对象——一般情况下，历史总是有选择地置换成连贯的抒情意象或文化符号，比如整个城南常常被"秦淮风光带"一言以蔽之。作为创伤的历史，是现在的时间，它记录的是在历史中失败的、被拒绝的事物，它使时间流（大历史的编撰）停顿下来，尴尬地卡在某个地方。这就是创伤内核的存在位置——那些私人痛苦中断了现实的符号秩序所迷恋的连续性，它无法化约为其中的一部分，永远处于现在时。这里，时间是不可历史化的时间，它中止于个人记忆。

通常情况下，创伤的承受者（那些1937年的受难者，或者2006年的外迁安置者）很快就会消失。在新的符号秩序覆盖整个区域之后，他们将被彻底遗忘。但是，不在场的创伤内核总是潜在地发生作用，在基督教青年会，历史重写之路的漫长艰辛就是其反映。在城南，创伤内核的作用还未充分显现——因为创伤还在进行中，但是诸多不和谐之音在我们视线之外已然出现。

颜料坊是2006年"城南拆事"的创伤地之一。81000平方米的历史街区被拆得白地一片，只剩"牛市64号"和"云章公所"。现在虽然拆迁活动已告终结，这两座房子可保无恙，但是由于它们所处的位置特别（都处于这一街区的东、西两部分的中心位置），所以使得后续的建设麻烦不已。街区东北地块拟建一个大型的购物广场，"云章公所"如骨鲠在喉，使之无法形成一个完整的统一空间（只能采用 L 形，别扭地绕开这一小房子，方案已经进行多轮修改，尚无定数）。靠内秦淮河的一边拟建别墅区，按新的规划要求，新建别墅不得高于"牛市 64 号"，即低于 8 米。不难想象，在未来项目结束之时，这一残存的清代旧宅卓然身处现代别墅群中，必然相当古怪，而全新打造的新士绅阶层与普通低收入市民共享这一高档社区，气氛之尴尬也是显而易见的。

无论是现代别墅区、购物广场，还是其他什么建筑，它们和该场地的两个剩余物（"牛市 64 号"与"云章公所"）之间所形成的关系，非常类似于中华路 26 号——空间上的环伺结构尤为相近。两个地块中，被伤害的历史都是以艺术（或文化）之名保留下来，进入主体和场所之间新的组合模式之中，并且，其中残存的建筑都成为创伤回忆的容器，等待着它们的下一次回返。

十三

中华路 26 号—中华路—城南，我们已追溯出一个愈加庞大的系统。在此，创伤之点延伸为创伤之轴，再扩展为创伤之场，最后形成创伤之城。说起来，这座古城似乎具有一种生产创伤的内在机制，它旁若无人地自行运转。比如，1937 年的大屠杀记忆在 70 年后被一次毫不相干的地产开发偶然回溯，与此同时，百米之遥出现了新一轮创伤实践，此起彼伏，仿佛这幅创伤地图没有尽头。

对"大他者"（借用一个精神分析的术语，即现实的符号秩序）来说，创伤地图并不存在。在其一遍遍的清洗之下，这张地图的结构（关系）被溶化，分解成若干彼此无关的记忆碎片。它们或逐渐远去，成为凄美的历史回响；或被整合进意识形态计划，成为利益交换的筹码。它们分摊开，重组进"大他者"营造出的幻象之中。当然，正如我们所见，这一幻象很脆弱，记忆虽容易驱散，但是创伤内核却滞留不去，一旦被触碰，它便不可阻止地重回人间。其恶作剧式的显现方式，搅起层层波澜，使完美的幻象千疮百孔，充满令人费解的荒诞。中华路 26 号就是这样一个荒诞之地。如果说幻象即现实，那么，在此，现实是可理解的。穿过它平静的假面，沿着那些速度乱线，我们能够抵达深埋地下的创伤地图。在图上，不同创伤点之间的联系逐渐显影，过去与现在、历史与当下的距离宛然可见。在图上，中华路 26 号，这个平凡的工地、荒诞的场所，焕发出异样的光彩。它成了一个本雅明所说的"历史的星座"，"自己的时代与一个确定的过去时代一道形成的（历史星座）"。① 这里，"过去的意象"没有消失，它们一同出现在我们的眼前。

2010 年 9 月，中华路 26 号寂静无声。江苏银行总部大厦的基础部分刚刚完工，本应同步进行的基督教青年会旧址建筑还未有任何动作（项目申报至今未有下文）。看来，这一切才刚刚开始……②

---

① 〔美〕汉娜·阿伦特编《启迪——本雅明文选》，张旭东、王斑译，三联书店，2008，第 276 页。
② 该文完成于 2010 年 9 月。2013 年初，笔者再到中华路 26 号施工现场时，江苏银行总部大厦主体部分已接近完工，基督教青年会旧址建筑依然如故。

文化研究访谈

洪恩美教授谈文化研究

洪恩美*

编者按：2012年9月下旬，澳大利亚西悉尼大学教授、著名文化研究学者洪恩美（Ien Ang）教授到北京语言大学出席2012BLCU国际文化研究讲坛。会后，受黄卓越教授邀请，洪恩美教授与北京语言大学从事文化研究的师生们进行了一次小型座谈。座谈被安排在一间古色古香的休闲屋中，窗外高树的枝叶泛着肥壮、幽深的翠意，洪恩美教授的情致也颇为爽健，谈兴甚浓。按照座谈会程序，洪恩美教授先讲述了自己的学术经历，然后由北京语言大学的师生向其提问。这种看似随意的座谈，也能让我们了解到这位文化研究资深学者的系统思考。座谈会后，陈晨博士根据当时的录音整理出了以下文字。

一　开场语

我和你们中间一些同学交流过，了解到你们读过很多文化研究的著作，

---

* 洪恩美（Ien Ang, 1954—），又译作伊恩·昂、洪美恩，据其本人所说，中文当译为洪恩美，国际著名文化研究学者、受众研究与性别研究的杰出代表，被誉为当代"全球文化研究的引领者之一"。现为澳大利亚西悉尼大学杰出教授、文化研究中心主任、澳大利亚人文学部委员，并因其学术上的成就在2001年获澳大利亚社会人文贡献百年纪念奖状。主要著作有《观看〈达拉斯〉》（*Watching Dallas*：*Soap Opera and the Melodramatic Imagination*，1985）、《拼命寻找受众》（*Desperately Seeking the Audience*，1991）、《起居室之争》（*Living Room Wars*：*Rethinking Media Audiences for a Postmodern World*，1996）、《论不说汉语》（*On Not Speaking Chinese*：*Living between Asia and the West*，2001）等。当前的研究转向身份政治、民族主义、全球化与移民、亚洲大众文化等领域。

包括斯图亚特·霍尔的著作，我想这是一件很好的事情。因为霍尔是建立文化研究这一学术研究工程的一个很重要的人物，他从事研究的时间很长，不仅在建立文化研究这项事业方面做出了贡献，而且在他的努力下，文化研究走出了英国，赢得了广泛的国际声誉。20 世纪 60 年代到 80 年代，他在伯明翰文化研究中心（CCCS）担任主要领导的时候，英国和其他欧洲国家也正处在思想上非常特殊的一个时期。在这里，我可以谈谈我的学术是怎样与文化研究发生关联的。

在 20 世纪 70 年代初期，我是荷兰阿姆斯特丹大学的一名心理学专业的学生。心理学是一个比较艰深的学科，我并不太喜欢。好在当时的大学氛围比较灵活、自由，学生们可以自己结成学习小组，一起阅读学习，并可以得到年轻教授的指导，并与他们进行交流——这与现在的大学可能很不相同了。尤其受到当时 1960 年代学生运动的影响，学校有很多的学习小组，对于我来说，由于我不是很喜欢心理学，就参加了一个关于心理学与马克思主义的学习小组。

我们在阿姆斯特丹，在学术上不免受到欧洲其他国家的影响，其中有来自德国的影响。那个时候德国有马克思主义心理学理论，经济力量决定主体性是这种德国影响下的典型话语。当然还有来自法国的影响，那时我们阅读路易·阿尔都塞的著作，我个人比较喜欢阿尔都塞对经济决定论的批判。他提出了一种更加复杂的结构决定论，也就是多元决定论，但这仍然没有给人们的主观能动性留下多少空间。期间我们也举行过很多讨论，学生们结成小组阅读文献，有的对德国模式感兴趣，有的则关注阿尔都塞模式。渐渐地，我们也读到了一些来自英国的著作，比如霍尔的《仪式抵抗》（*Resistance through Rituals*）等关于青年亚文化的研究，我立刻感到这一研究在思路上更加开放，其中虽然也保留了一些结构决定论的要素，但更强调青年人和普通人通过实践创造属于自己的文化，尽管他们的这种实践的前提是在已给定的条件下进行的。这正如马克思所说的："人们创造自己的历史，但不是在他们自己选定的条件下创造"。我想，伯明翰中心的研究工作在一些具体问题上使马克思的理论得到了应用。

在阿姆斯特丹，我们部分学生对伯明翰学派的研究工作越来越感兴趣。这是一群来自不同专业的学生，有的对教育问题和青年问题感兴趣，有的做媒介、性别等研究，还有的关注底层劳工阶级的文化。20 世纪 80 年代，在研究兴趣的驱使下，我们组织了一次到伯明翰的访学。那时候霍尔刚刚离开伯明翰文化研究中心,理查德·约翰逊(Richard Johnson)继任主任一职。他非常和蔼地接待了我们,并与我们进行交谈。当时谈到了霍尔的编码—解码理论,还探讨了 CCCS 的运作方式,即由学生组成若干研究小组,对某一具体项目进行协同研究等。这次访谈非常鼓舞人心,我们还在伦敦见到了霍尔本人,并将访谈文章在荷兰发表。由此,荷兰开始出现了文化研究的声音,后来还陆续发表了一些相关论文。我想,这也是文化研究散播到其他国家的路径之一。我们将文化研究带到荷兰,同样的,也有其他人将之传播到瑞典、加拿大、澳大利亚等地。澳大利亚可能与 CCCS 没有太多直接联系,主要是因为地理位置相距太远。荷兰与伯明翰只有一个小时的空程,相比之下要近得多,所以文化研究对荷兰的影响更大也就不足为怪了。

能够运用文化研究的一些概念做经验性的研究是件令人兴奋的事。因为对于很多学生来说,像阿尔都塞、福柯那样大量运用理论,把研究聚焦在某个特定理论问题上,还是比较困难的。然而效法伯明翰的研究则让学生们能相对容易地跨过这道深坎,与自己的日常观察与爱好结合在一起。我认为伯明翰的研究模式对学生们是一种鼓舞,这同时也可看作一种研究的赋权,让学生们可以去研究他们感兴趣的问题。他们可以运用一些激进的概念让研究变得更有趣,并着眼于那些他们认为重要的问题,如主体性与政治之间的关系问题,保罗·威利斯(Paul Willis)的《学习劳动》(Learning to Labour)正是这方面的实践。他的研究关注了工人阶级男孩在学校中的活动,并表明主体能动性是有助于自身阶级身份的再生产的。由此可以看出研究本身和理论推演之间的关系,二者可以共同构成一种有意义的陈述。当然,这些实践方式也有助于从结构的角度去认识社会生活中的"权力"关系。这些研究先例都让我们感到非常激动。

我那时还是个学生,需要考虑论文的题目。很多有意思的影视节目让我注意到,文化研究或者广义的媒介研究、电影研究、符号学研究与社会学之间的关系是一个颇为值得深究的问题。就电影领域而言,当时英国出版的《银幕》杂志(Screen)及进而形成的"银幕理论"也有很大的影响,这是一种非常理论化的电影研究。把电影文本看成一个为观众准备的特定主题的意义仓库,运用精神分析等方法探讨文本意义是如何构建出主体位置的,这当然是很有趣的,但同时,在我看来,这种文本研究尽管也使用了电视分析手段,却仍然忽略了观看者的主观能动性。这种从符号学观点出发并运用精神分析的方法所从事的文本研究，更多强调的是文本的意义，也就是认为在文本的内部即隐含了对观众的建构。而我感兴趣的是从社会学的视角来看观众或者说消费者，应当将他们看作参与到观看行为中的某种主体，这一点是被过去的理论或研究忽略的。戴维·莫利（David Morley）的研究非常深入地探讨了文本与观众之间的特定关系，这里我们再次提到了我前面所讲的编码—解码概念。我深受戴维·莫利的影响，他的第一本书是20世纪80年代出版的关于一档叫作"全国"的电视节目，在类似的研究中，他是非常具有开创性的，他不仅对电视节目做了深入的文本分析，还非常关注观众是如何阅读文本的。他所指的观众是生活中真实存在的观众，而不是由文本构建出来的对象。这本著作对受众研究的发展影响巨大，在此之前并没有人做过类似的研究。

我可以谈谈我是如何开始做《达拉斯》研究的，也就是如何"观看达拉斯"的。20世纪80年代，在荷兰学术界有很多关于美国文化帝国主义的讨论。知识分子和批评家谴责这个非常流行的电视节目，认为《达拉斯》这部剧不仅粗制滥造，而且反映了美国文化帝国主义的某些危机症候。你们也许看过《观看〈达拉斯〉》（*Watching Dallas*），我则认为《达拉斯》广为流行这一事实并没有受到公正的对待。当相当多的人都愿意观看这个节目并从中获得快感的时候，这一流行现象也就成了一个需要被分析与研究的社会现象，应该被严肃认真地对待，而不仅仅是摈弃它。这是我研究的出发点。同时，另一组学生办了一份电影杂志，我们会在上面写一些关于电影和电视节目的文章，我们也做了关于《达拉斯》的研究，这也是我写这本书的原因之一。在关于《达拉斯》的研究中，有的同学把它当作肥皂剧来处理，有的则进行了文本解析，而我的研究则试图把它放在社会语境下来分析。很多研究工作都得益于和其他同学的合作，但是这本书的写作是由我自己完成的。当时的学术环境也使得这项研究得以开展。

《观看〈达拉斯〉》于1982年在荷兰发表。英文版的翻译方面，德开普士（Dikaptich）给了我很多帮助。这本书最初被翻译成英文的时候，那个翻译者并不很了解文化研究和理论语言，所以多处翻译不是很恰当，德开普士帮助我完成了一个更好的译本。这本书的英文版真正得以出版，源于荷兰语版本出版之后我一度得到一个关于"《达拉斯》在欧洲"的小型会议的邀请。我们都知道，《达拉斯》当时在欧洲各国都非常流行。会议由一个社会学教授主持，在西班牙举行。由于《达拉斯》的流行是个遍布欧洲的现象，所以不少国家的学者都被邀请去讨论这部影片。我得到邀请也是因为这位教授知道我做过这方面的研究，并在荷兰出版了一本书。这是我第一次参加国际学术会议，在这次人数不多的会议上（约12人），人们发现我是会场中唯一对《达拉斯》做了具体研究的人，其他都是些批评家，他们大多是从知识分子的角度来谈《达拉斯》，并没有做过受众研究方面的调查。在这个意义上，我的书成了这次会议唯一的硕果。于是劳特利奇出版社的人对此很感兴趣，认为这本书如果被翻译成英语将会很有用，《观看〈达拉斯〉》由此得以顺利出版。我想，伯明翰学派之所以如此成功的原因之一是他们的著作也是以英文出版的，这是一个优势。在欧洲其他国家，比如那些斯堪的纳维亚国家和荷兰等也有不少很有意义与价值的研究，但是因为这些研究一般只用本国的语言发表，没有机会在国际上露面，因此影响就会小得多。幸运的是，我得到了国际会议的邀请，并且对当时很多人都感兴趣的这样一个热点问题进行了研究，由此将我推向了国际学术界。

《观看〈达拉斯〉》英文版取得了成功，反响很好，这对我来说就好像是打开了一扇宽阔的门户。我开始参加英、美的很多学术会议。这本书和戴维·莫利、詹尼斯·拉德威（Janice Radway）的著作一起被认为是开创了受众研究的新传统，在此之后，受众研究便迅速兴盛起来。20世纪80年代末，国际上有许多受众研究的会议，我参加了一部分。我认为，这段时期对于大学中从事研究的学生们也很重要，他们可以借助这一新的视角来做很多不同类型的研究，比如从事他们感兴趣的音乐或传媒研究，在当时就有人开始做嘻哈音乐之类的研究了。受到安吉拉·麦克罗比（Angela McRobbie）的影响，对女性杂志的研究也有很多。在我看来，现在这些都已经成为主流研究的一部分了。这是一股新的思潮，当某种现象出现时，就会有很多研究者将目光投注于此，例如今天的"韩流"，也有很多学者从受众的角度来分析。当受众研究变得日益壮大，越来越多的人开始关注与投身于这种研究时，实际上它已开始从文化研究中分离出去，成为一种新的研究类型。这也是我昨天演讲的一个动因。把研究领域分割开来，从而形成一些具体的特定的关注领域，往往会使我们忽略大的背景。关于这一点，霍尔在对过去十年研究的批评中也曾指出过，也就是说，当文化研究变得很兴盛，同时人们在特定领域的探索愈加走向深入的时候，尽管我们仍然称自己为文化研究学者，但实际上彼此之间却已变得很难交流。比如一个做大众文化研究或是媒体受众研究的学者，就很难与做种族研究、城市研究或是美国研究的学者产生一些真正的学术对话。这些研究无疑是有共性的，但是这些共性却不是那么清晰可见，由此使得各研究领域之间很难形成真正的对话。从1991年到澳大利亚之后，我的研究逐渐从大众文化和媒介研究中转移出去，这大致是因为在大众文化领域我很难找到一些真正让我感兴趣的问题。另一些问题则引起了我极大的兴趣，比如种族和族裔问题，这些现象在澳大利亚也是很突出的。当然，我仍然认为我在做文化研究，尽管我目前的那些课题在某种程度上与其他一些文化研究的议题没有太多关联，但我们毕竟都源于同一个学术构架。学术领域在发展，我的学术兴趣也在发展，仍然有许多人对文化研究感兴趣，只是各自的关注点有所差异而已。

二 提问与讨论

提问：中国学术界很早就开始关注洪恩美教授的研究了，一些文化研究通论或课程都有相关介绍，也有同学以洪恩美教授的研究为专题作过学位论文。但是尽管这样，过去我们对她的了解仍然大多停留在理论层面上，通过洪恩美教授今天的自我介绍，我们终于得以比较清楚地知晓她的学术历程是如何一步步走下来的，是如何与文化研究这一宽广的国际思潮勾连在一起的。在文化研究的一般性介绍中，还存在着一种特殊的现象，比如像荷兰的洪恩美、美国的詹尼斯·拉德威等，都未在英国受过教育，也未直接参与到当时伯明翰学派的活动中，然而从他们著作的面貌看，却似乎与英国文化研究的思想谱系有特别紧密的联系，看来这不是偶然的，而是与当时西方知识社会的整体思想变动及文化研究的传播路线息息相关，这也成了后来文化研究国际化的一个可理解性背景。借此，我们也想再问一下，一些评述英国文化研究的著述会将您安置在这一思想谱系的论争中，您对这样一种安排有什么看法呢？

洪恩美：这不是很有道理。当我最早接触到伯明翰的理论时，并不完全清楚英国的状况是否与荷兰相同，对英国这一国家也不是很了解。后来，随着了解的深入，我明显感觉到英国文化研究或是伯明翰的文化研究乃是深深植根于英国的社会政治现实的。这个现实情况或语境与荷兰是非常不同的。在英国，人们总是非常强调阶级的问题，这是因为英国是一个阶级差异很明显的社会，旧的等级制度会很清晰地体现在他们的日常生活中。

伯明翰学派的学者也来自不同的家庭背景，财产状况也是各不相同的，有的来自工人阶级，有的来自中产阶级或上中产阶级。他们讲着带有不同口音的英语，对于社会现实有着不同的构想。我花了很长时间去了解这些英国学者，比如我的同事或戴维·莫利，了解他们的成长经历是如何被形构与贯穿在他们的研究之中的。这不仅是个关乎你来自什么样的阶级背景的问题，甚至还关乎你来自什么地域。这一情况可能可以与中国比照着看。在荷兰，情况就很不同。因为我是个移民后代，初来乍到的时候可能不太了解这个国家。但渐渐发现荷兰虽然也是个阶级社会，但社会关系中的这种结构性因素却并不很明显。以政党形式为例，在英国主要有右翼的托利党和左翼的工党。然而在荷兰则有更多的党派，甚至宗教政党也是一股重要的政治力量（如基督教政党），如果以左翼与右翼这对大的范畴来区分的话，它们的内部也分化出了许多不同的派系，是很多元的。这让我意识到，英国文化研究中对阶级问题的强调实际上主要还是英国社会现实的一种反映，不能简单地移植到别的社会语境中。就此而言，像荷兰和很多斯堪的纳维亚国家就与英国不一样，这些国家更趋向于对平等社会理念的追求，并将之明显地反映在它们的制度构成上。因此，对英国文化研究的了解与把握，就首先得认识到这一研究范式的特殊性是深深植根于英国本土社会的。种族问题也是如此，在这方面，霍尔是个很重要的例证。英国的种族问题与英帝国的殖民历史息息相关，而这一历史问题也自然构成了英国的特殊性与英国文化研究的特殊性。从这个意义上讲，我的研究与英国文化研究是有一定区别的。

提问：《观看〈达拉斯〉》这一研究文本包含多种意义维度，不仅涉及您刚才提到的媒介受众问题，还涉及女性主义（女性观众）问题。该书在后来也被视为女性主义研究的一个重要文本，因为其中详尽分析了女性与媒介的关系。但您在这届 BLCU 讲坛中却没有谈论这一主题，而是做了一个有关文化研究的一般性演讲，这是因为您的研究有了转向，还是女性主义研究本身出现了问题？

洪恩美：这是个比较难回答的问题。我认为在这方面（性别研究）还有许多工作可以去做，不一定和女性主义本身相关，而是作为一个独立的知识分子去从事这项研究。女性主义研究可以是一种批判性研究，也可以是对世界女性地位的呼吁和捍卫，当然，这两者都很重要，但很多女性主义研究都更倾向于后者。因此一些更具批判性的问题就没有被提出来，在某种程度上,这些问题也应该是女性主义自我批判的一部分。《达拉斯》的流行使我产生了要去研究女性快感的有效性和合法性的想法,但那以后,我开始对此产生了一些怀疑。我认为重视女性文化、女性快感等都是很重要的,也是为了使它们能够呈示出来,变得清楚可见,告诉世界哪些是女性所喜欢的东西。这当然是应当肯定的,很多对肥皂剧的研究也是这样的。然而这也使我产生了某种怀疑,比如,难道女性就不能对其他重要话题感兴趣吗?我认为从某些方面来讲,女性主义作为一种概念性的存在也是需要诉诸批评的。然而,这么做恰恰又是比较困难的,因为你不想在作批判性研究的时候被视作反女性主义者。同样的困境也出现在种族研究中。当你做种族、族裔、身份的研究时,你愿意被看作一个少数族裔的支持者,但同时我认为,仅仅是确证身份的有效性或者说让少数族裔弱势群体自我感觉良好是远远不够的。这实际上关乎权力政治的表征等问题。当你从一个独立研究者的角度看问题时,你必须往后退一步,要和你的研究对象保持距离。一方面,对于研究对象可以有同情心,另一方面,还要有能力做到保持一定的距离并指出问题所在。例如,女性主义和反种族主义都有一种把女性身份构建为受害者的趋势,我认为这种身份的再生产已经卷入了政治舞台。在这个意义上,一旦把受害者作为你身份的一部分,就意味着你把自己放在了政治舞台上的一个不能被批评的位置,因为受害者当然是无辜的。而我真正感兴趣的文化研究工作可以通过反观保罗·威利斯的《学习劳动》来看,普通劳动者自身的主观因素被看作再造他们从属阶级地位的不可或缺的一部分。这很难解释,我发现关于这一点也很难和很多女性主义学者进行有效交流。因为我认为应该从一个比较复杂的或是矛盾的角度来看这个问题,而不仅仅只是坚守女性主义的观点或立场。我不知道这么做是否有意义,也不是说我反对女性主义运动,我只是认为作为一名知识分子,站在一个独立的位置上是非常重要的。

提问:在前期的文化研究谱系中,您的身份是比较特殊的,您的家族根源在东方,面孔也是东方的,中国有些学者也曾对您的族裔归属比较感兴趣。冒昧地问一下,您平时还会感受到与中国之间存在着族裔上的联系吗?印尼的本土文化又对您生活态度、性格等的塑造产生过怎样的影响?

洪恩美:我12岁前都是在印尼生活的,我父母是印尼华裔。我父亲的家族已经在印尼生活了很多代,所以从文化上他实际上更像印尼人,他不会讲中文,身上没有多少中国文化的痕迹。我母亲的情况稍有不同,因为她的父亲曾在中国生活过,我外祖父生于印尼的殖民地时期,20世纪30年代,他在上海居住过一段时间。那时我母亲还是个孩子,她在上海学会了中文,中日战争爆发后,外祖父一家从上海返回了印尼。尽管我母亲一家在上海生活过,但当我外祖父想要在上海做生意的时候发现当地人并不接纳他。他在那里的生意进行得十分艰难,虽然他认为自己是个中国人,但是中国人却不这么想,这样的事情常常发生。我外祖父怀有中国式的深厚的民族主义,曾觉得必须回到他祖辈生活的故乡,然而当他回到祖国的时候,却得不到认同。祖辈的这些移民经历很重要,因为这意味着我们在印尼是少数族裔,那里并不是我们真正的家乡。荷兰殖民时期的政策是对华裔和当地人分而治之,所以我们至今还认为自己是华人,尽管我们已经没有多少中华传统文化的因子了。我的母亲会讲中文,但是她并不想让自己的孩子讲中文,因为她觉得我们生活在印尼就应该讲印尼语,这样才能更好地融入当地的文化,所以我们尽管都知道自己是华人,但已经不说汉语了。华人身份就好像是个漂浮的能指,这在日常生活中是个十分有意思的现象。在印尼,有很多华裔已经完全融入了印尼文化,有很多华裔后代都使用了印尼名字,现在他们更希望被当作印尼人而不是华人来看待。我想,可能要经历很多代,印尼华裔才会渐渐消失。而现在的印尼比以前更能接受中国的影响,混杂的文化比起单纯的中华文化或印尼文化得到越来越多的强调。饮食就是最好的明证之一,中餐、印尼餐融合的菜肴非常美味,印尼是个穆斯林国家,不食猪肉,但中餐里是有猪肉的,我家也会有,但是我们在烹饪时用的是印尼特有的香料。

关于我自己这方面的经历也可以多谈一点,你们也许会感兴趣。我第一次参加华语地区的学术会议是1992年赴台湾。就像前面讲的,我的家庭一直自认为是华人却没有多少华人传统,甚至我连中文都不会讲。当我得到台湾的会议邀请时我感到很紧张,感觉好像是:"哦,我要去中国了,可我还不会讲中文。"于是我写了一篇论文,题目就叫《不会说汉语》("On Not Speaking Chinese"),这篇论文在那次会议上得以发布。而我预感的问题一到机场就发生了,人们都在对我说中文,因为他们将我看作中国人,《不说会汉语》这篇文章恰到好处地解释了我的情形。实际上,每次我到中国来都会遇到这样的情况,我的身份包含某种协调又冲突的因素,这种情况在世界上很多移民或有移民历史的人中相当普遍,在这个全球化的时代,也变得越来越普遍了。我越来越感到不该称自己为华人,我也很愿意听听你们的意见。同时，我的家人总是坚称自己是华人，而印尼政府也把我们划为华人，国家在这里也起了一些作用。此外，从常识上来讲，不光是在印尼，在其他很多地方比如欧洲、澳大利亚等，和我一样有着华人外表的都被称为华人，这对于离散在外的华人似乎是无法避免的身份标志。当然也会发生另一些很容易犯的错误，比如，我去越南的时候被那里的人认为是越南人，这种身份多重性带来的尴尬不仅存在于华人中，我想也是整个亚洲的问题。

提问： 在文化研究领域有很多少数族裔的学者，比如霍尔、保罗·吉尔罗伊（Paul Gilroy）等，他们都有非常强烈的少数族裔意识。您在荷兰成长的时候，是否也有边缘族裔的意识？

洪恩美： 这于我并不是很明显。当初我移民的时候，荷兰是个很具有包容性的国家，后来当越来越多的移民进入荷兰后才产生了一些问题，所以在荷兰，即使你们是个很少数的族群，也是可以被接受的。我在大学的时候并没有从事关于种族或族裔问题的研究，这是后来才做的，斯图亚特·霍尔也是这样。他刚到英国时也并没有做和他的加勒比背景相关的研究，他在《新左派评论》（*New Left Review*）工作，后来又到了伯明翰中心并成为知识分子的领袖，而他的移民身份或有色人种的族裔身份并没有妨碍他的工作。种族和族裔问题变成一个十分突出的政治问题是在20世纪80年代，在此之前还不是争论的焦点。这也与我昨天谈到的政治性问题领域的激增和延展有关，越来越多的社会运动强调斗争的场域，由此使种族和族裔成了最前沿的问题。而当我后来到达澳大利亚时，多元文化的问题又成为大家关注的焦点，许多讨论都集中在所发生的"集体历史"上。这些问题都是紧密纠缠在一起的，而移民群体总是会希望获得被认可的权力和身份等。我想，文化研究从一开始就是与广泛的社会问题相关联的。

提问： 据了解，您最近在做有关上海世博会的课题，我们想了解一下您的研究取向与进程。

洪恩美： 我可以谈谈这一课题的研究情况。在西悉尼大学，我们有个文化与社会研究所，我是主任，托尼·本内特（Tony Bennett）是研究主任，我会给你们寄一些研究所的资料。我们可以带博士生，如果你们想要读博士，也可以到我们这里来申请。这里和CCCS有点相似，但不完全一样，毕竟这是21世纪的一群完全不同的人在做这样的研究，同时，来自校方的压力也很大，但作为一个研究机构，我们仍然有一群研究者在做相关工作。

当上海举行世博会的时候,我们有个同事产生了一个想法,认为可以开展一个关于上海世博会的集体研究项目,于是我们组织了一些教授、学者和部分博士生来到上海进行了为期一周的调研。我们有个博士生是中国人,她承担了大部分翻译工作,她也是个优秀的学生,以研究中国电影为主,此行她主要对一些由上海世博会制作的影视感兴趣。实际上我们每个人都做了一些关于上海世博会的田野调查,有的去参观展馆,有的对澳大利亚展馆的组织者作了访谈,有的去周边走走看看。我们的工作模式和 CCCS 有点类似,每个人都写了一篇论文,最后集结成书,这本书即将出版,叫作《上海世博会:城市的未来》(*Shanghai Expo for on the Future of Cities*)。不知道你们是否有人去过上海世博会,对我们来说,这是个见证中国崛起的契机。世博会是个拥有很长历史的盛事,它起源于 19 世纪的欧洲,而现在来到了中国,这段不断向前发展的历史是很有趣的。上海世博会也可以说是一种对中国新国际形象的清晰彰显,它的主题是"城市,让生活更美好"。现在世界上有 50% 的人口在城市居住,越来越多的边远地区人口不断涌向城市,这就出现了一个问题,对人类来说,城市真的能让生活变得更美好吗?同时,可持续发展作为一个世界性问题,对于是否能够保证城市人群,特别是那些贫穷地区的城市人群的生活水平,也是一个值得关注的议题。这一问题在中国也很突出。在世博会期间,大家也讨论过许多问题,但是眼前最复杂、最困难的问题并没有得到解决。因为从文化研究的视角看,世博会把人们放在了一个观众的位置上,人们得到娱乐的同时也受到了教育,可以说,世博会是一个娱乐与教育的结合体,但同时也是以上所说的矛盾纠结之所在。我们没有做受众研究,是因为我们在访谈观众时得到的回应没有太多的启发。我想文化研究的一个很好的议题是"观看",可以用小组研究的方法来考察上海世博会对中国观众的影响和意义。

提问:很多学者都给"文化"和"文化研究"下过定义,格罗斯伯格(Lawrence Grossberg)给文化研究下的定义是"激进的语境主义"(radical contextualism)。您同意这样的概括吗?如果请您给文化研究下个定义,您会怎么做呢?

洪恩美:定义文化研究的方法之一是考察文化与权力之间的关系,这也是我采用"斗争的场域"这个概念的原因。实际上,你们可以把一切都看作"斗争的场域",因此,所有的研究都是文化研究。对于格罗斯伯格所说的"激进的语境主义",我也很有共鸣,因为我认为我们不但要看到发生了什么，还应该看到事件发生的特定时间、地点和特殊的动因，这些都是事件本身的组成部分。"激进的语境主义"绝非一种整体化的认知，重要的是既要看到特殊现象所具有的语境化属性，还要进一步看到事件是如何切入广泛的全球化进程以及全球化趋势中的。特别是在文化研究自身也变得越来越全球化时，我想这是我们需要迈出的一步。世界各个地区的人都对文化研究感兴趣，这正是个做比较研究的非常好的时机，比如，我们刚才就谈到了对世博会和奥运会的研究。"激进的语境主义"着眼于某一特定事件的特异性，但我认为对历史的断裂性和连续性的关注都很重要，当文化涉及历史时，便具有了更为长期性的意义，历史的维度相当重要。我不能给出一个文化研究的具体定义，以上这些也都是我们在 21 世纪初思考的问题。在这个世纪里，我相信更多的对话和跨文化交流是十分重要的，也可以说是至关重要的。

（陈晨 翻译整理）

其 他

"非真实"的自然

——生态批评的自然指涉

王 茜[*]

摘要：生态批评要求文学批评要关注真实的自然，但是在倚重进化论和其他生态科学理论展开批评的过程中常常不自觉地陷入其所反对的二元论思维中，之所以出现这种情况是因为生态批评将自然当做一种预设的作为基础的绝对真实。本文认为任何一个作为"整体"的自然都只能是存在于一个特定生活世界中的自然，生活世界由文化观念参与塑造着如此这般地呈现给我们的世界，它介于纯粹主观与纯粹客观之间，是我们实际置身其中的生活空间维度。生态批评的任务就是向我们展现不同生活世界中的自然，通过多元自然之间的对话来建立人与自然之间丰富多样的关系，真正克服人和自然的对立。

关键词：生态批评 生活世界 现象学

Abstract：Eco-criticism argues that literature criticism should be concerned with the "real" natural things on the earth, but when it equals the nature in literature works to the physical environment around the human society and applies evolutionism and other ecological theory in criticism, it often drops into the dualism which it tries to overcome. This article argues that nature in literature is neither the objective nature in science nor the subjective imagination of the author. Nature in literature belongs to a 'living

---

[*] 王茜，华东师范大学对外汉语学院副教授。本文为教育部项目"生态美学视阈下的场所理论"（11YJC751077）的阶段性成果。

world' constructed both by the real things in environment and by cultural view. By showing diversified human-nature relations in the living world described in literary works, Eco-criticism can help the readers to get rid of the influence of dualism in human-nature relation gradually.

Keywords: eco-criticism living world phenomenology

生态批评是生态运动在文学领域中的分支，从诞生至今，它一直是一个方法多元、边界模糊、视角繁多的文化研究领域，如果要对生态批评进行一个整体性的概述，那么其基本特点可以大致归纳为以下几个方面：一是关注文学作品中被长久忽视的自然，为文学研究增加绿色视角；二是反对现代文化过度自我指涉的倾向，要求研究者走出文化的自我封闭而直面真实世界；三是倚重生态科学规律，将生态科学理论作为一种新视角运用于文学作品研究中。生态批评对于增强人们的自然意识，推进环保运动功不可没，然而作为一种文学研究视角也存在着一些有待思考之处，如果说生态批评是为了通过解读文学作品展现正确的生态观，而正确的生态观又建立在生态科学认知的基础上，那么文学岂不是成了生态科学的一种阐释话语？生态批评是否会因为观念先行而磨灭文学呈现人类心灵世界的丰富与深邃的能力？在生态批评的众声喧哗中，这种忧虑一直都或隐或现地存在着。这个问题的提出似乎又将我们带回到原点：生态批评究竟能在哪个层面上介入生态运动？文学在处理人与自然的关系方面究竟能起到何种作用？

一 生物进化论与生态整体主义的吊诡

生态批评有一个共识，即指向真实的自然。这一共识建基于对后现代主义造成的"精神与自然、世界与现实的深刻梳理感"[①]的批判性反思，并指向文学批评对文学真实再现世界的能力的忽视，正如批评家布依尔所说："当代文学理论的所有主要流派都通过强调结构、文本、意识形态或者其他一些理论矩阵的优先性而将文学的再现能力边缘化了……（文学的再现能

[①] 〔美〕格伦·A.洛夫：《实用生态批评：文学、生物学及环境》，胡志红等译，北京大学出版社，2010，第27页。

力）似乎已经被想象、文本以及文化通过可以根据自己的意志而随意塑形的世界而取代了。"① 因此，生态批评的要务之一便是通过批评重建作品与真实世界的关联，文学作品中的自然将不再作为意识形态的表征、心理活动的映象或者符号建构的话语，而是要恢复其作为一种独立存在者的身份。尽管古老的文学模仿论已经在现代哲学文化观和文学批评理论的不断翻新过程中长久地沉寂，但在生态批评中我们似乎又听到了它的回声，即重新看重文学作品模仿再现客观世界的能力，只是在生态批评中客观世界主要指向客观存在的真实自然。

生态批评的真实自然观正是被大多数人当作毋庸置疑的事实不加反思地认同的自然观。当谈及自然以及生态危机时，大部分人都认为自然是环绕在我们周围的客观存在，它经过千百万年的进化历程发展至今，如今正在遭受人类行为的损害，因此人类有责任通过反省自身的文化观念、了解生态规律以及采取各种实践行动来拯救自然。在这样的观念中，自然指的"是植物、动物和无生命的元素彼此衔接而共同组成的一个环境。我们可以认为这个组织与我们之间没有特别的联系，因为它包含了各种生物最为多样的领域，造就出他们的各自特征和行为，将他们纳入各自在环境中所属的部分。事实上，之所以这一环境对我们而言是外在的，并且在某种意义上是静态的，是因为我们没有在其中真正发挥作用，我们只是作为生物学意义上的优势物种而存在"。② 这是一种环境论自然观，它将自然看作一个环绕在我们周围有规律的系统，人作为物质或者生物存在从属于这个系统，但是在使用此概念的过程中，有理性的创造出精神文化的人类却往往被当作主体一级被放到该系统之外。

几乎所有的生态批评家都意识到环境论自然观里面包含着二元论思想，这种二元对立的现代科学思维方式可以一直追溯到17世纪近代自然科学的兴起，其特点诚如怀特海所言："科学抽象之惊人的成功一方面产生'材料（物质）'并其在时空中的简单定位，它方面产生'心'，能知觉，能感受，能推理，却不能干预。这样的成功竟遂欺瞒哲学去从事承认二者（物与心）

---

① Laurence Coupe (ed.), *The Green Studies Reader: From Romanticism to Ecocriticism*. New York: Routledge, 2000, p. 178.
② 〔法〕塞而日·莫斯科维奇：《还自然之魅：对生态运动的思考》，庄晨燕等译，三联书店，2005，第197页。

为最具体的事实表达。"① 随着诸种近代自然科学学科的兴起，其中所包含的二元论思维方式也渐渐渗透进了人们的世界观之中。近代科学观念将世界分成两部分，一部分是主体的，包括我们的思维、理性、情感、精神，这是抽象的主体性；另一部分是客体的，是环绕在我们身体周围的时空中，作为身体的感知对象、理性的思维对象、科学的分析对象的物质世界，这是客观的对象性世界。

二元论思维是造成人和自然对立的重要原因之一，因此也一直是生态批评抨击的对象，然而问题在于虽然人们已经意识到环境论自然观和二元论思维方式的局限与偏颇，却无法在批评活动中将这种观念彻底清除出去从而完成生态思想的真正自我反思。二元论思维依然像一个挥之不去的幽灵时刻缠绕着生态科学和生态哲学对自然的理解，使得生态批评常常陷入自相矛盾的吊诡处境中。最耐人寻味的一点是达尔文的生物进化理论重新被生态批评倚重。进化论把自然解释为一个有着内在联系和独立发展规律的进程，按照优胜劣汰的原则不断进化，人类是这个进化链条上的高级产物，一些批评家认为进化论揭示了人类生命的自然根基以及人与自然万物的内在联系，所以应当受到特别重视，文学研究于是也应当致力于借助文学作品进一步展示进化论所揭示的这种联系。然而在进化论所描绘的自然链条中，却并不包括人类文化的位置，人类仅仅就以其躯体和生理机能的物质性而位列自然之中，至于人类的心灵、精神世界及其一切文化创造物则是这个自然进化链条无法涵盖的部分，这样，我们可以清楚地看到其中近代自然科学的二元论思维方式，人被划分成身体与心灵两极，而仅仅是在物质性的身体这一极上人类才与自然并列，自然则被划分到了缺乏精神性的纯粹物质层面。进化论本质上是以二元论为特征的近代自然观，当生态批评将其用作批评工具的同时也陷入了自相矛盾的困境。

"生态整体主义"是生态批评使用的一个重要理论。"生态整体主义的核心思想是：把生态系统的整体利益作为最高价值，把是否有利于维持和保护生态系统的完整、和谐、稳定、平衡和持续存在作为衡量一切事物的根本尺度，作为评判人类生活方式、科技进步、经济增长和社会发展的终极标准。"② 生态整体主义思想受到生态科学的支撑，20 世纪

---

① 〔美〕怀特海：《科学与近代世界》（上册），王光煦译，商务印书馆，1939，第 75 页。
② 王诺：《欧美生态批评》，学林出版社，2008，第 97 页。

生态学家坦斯利的"生态系统"学说、生态学家奥德姆的"整体论"思想、拉夫罗克的盖亚假说等都表现出了整体主义的倾向，即把地球上的一切生命存在当作一个连续不断的统一体，没有任何部分能够被单独抽取出来，因此人类必须清醒地意识到自己与其他生物共同分享同一个地球，不能孤立地看待自己的利益，而要关注地球的生命整体。然而即使是生态整体主义依然要面对一些质疑："整体"是从哪个角度意识到的？是作为人类认识能力的科学观察和研究对象的整体吗？生态系统作为一个整体其内在机制是什么，是根据自然规律还是其他的什么原则？如果说生态系统的内在规律依然是一种通过科学观察和实验而总结归纳出来的客观规律，那么它与生物进化论就不存在本质上的差别，自然依然是被当作一个考察对象存在于人类社会的周围。虽然它一再声称人类是地球的一部分，那么这个"一部分"主要还是作为物质生命而存活的一部分，其中依然不包括人的文化历史和精神世界，人依然以其理性和文化主体的优越性在实际上置身于这个生态系统之上。那么生态整体主义就仅仅能够作为一种知识、常识，或者一个口号甚至一种意识形态而存在，依然不能触及我们最深的灵魂，成为从我们的内心深处、从我们身心统一的生存世界里面成长出来的东西。

通过对生物进化论和生态整体主义这两个被生态批评所推崇的生态主义原则的分析，可以看出二元论思维方式依然根深蒂固地存在于生态运动中，使得生态批评家们所倡导的生态原则呈现出一种模棱两可、似是而非的正确性，在看似无懈可击地掌握了关于自然的真理背后，其实依然潜藏着现代科学理性的建构。为什么会出现这种一方面抨击二元论，一方面却在批评中不自觉地使用二元论思维的困境呢？主要原因便在于人们把自然当作了一个预设的不证自明的真实性前提，仿佛其作为我们观察研究对象的客体身份是无可置疑的绝对真实。森林减少、气候变暖、物种灭绝等现象的确是事实，天空、大地、海洋、山川、动植物的确也是存在于我们周围的实在事物。然而，一旦这些现象被归纳为总体性的生态危机，个别自然事物通过生态科学理论被纳入作为人们观察对象的生态系统整体时，它们就不再是不带任何价值痕迹的纯粹事实，而是变成了以某种文化理念为基础、由人类参与创造的"生活世界"的一部分。生活世界是由人的文化观念参与塑造的如此这般地呈现给我们的世界，它介于纯粹主观与纯粹客观之间，是我们实际置身其中的生活空间维度。

否认经生态系统理论解释的自然是一种绝对客观和纯粹真实,并非要否认生态危机的实际存在和解除危机的迫切性,也并非要否认生态科学为人们理解自然和从技术层面解决生态危机所作出的努力与成效,而是因为意识到这种真实自然观念的垄断可能会带来的危险,那就是将技术进步和官僚技术体系当作解决生态危机的"唯一"途径,仅仅将生态问题理解为生物、物理方面的灾难而不是社会或者文化层面的危机,从而将解决生态危机的责任完全推卸到技术革新身上。而生态批评家们虽然已经意识到仅凭科技进步无法从根本上解决生态危机,真正解决自然问题还需要观念的更新,但是之所以会在批评实践中一次次不自觉地陷入环境论自然观的陷阱中,主要还是因为没有找到一种替代二元论的思维方式,没有能够在人与对象世界彼此关联的角度进行对自然的反思。无论是生态进化论或者生态整体主义,研究者既没有对自己的研究视角、方法进行足够的反省,也没有将自然当作一个与研究者的主体身份有本质关联的构成之物,人和自然似乎是亘古以来便占据着理性的研究者和等待被理解的客观存在物的位置。

二 存在于生活世界中的"真实"自然

生态批评一直呼吁要从普遍联系的角度来理解人和自然的关系,但是却很少清楚地阐释人和自然的联系究竟是在哪个层面以及如何建立起来的,这一点阻碍了生态批评的进一步拓展,而现象学却在此给了我们十分有益的启发。在批判现代科学的实证主义倾向时,胡塞尔认为实证主义看不到主体与客体之间的统一关系,既看不到客体的意义是由主体授予的,也看不到客观的事实是依赖由主体所建立的理论的,因而是错误的,他认为"当谈论'客观性'的时候不考虑经验这种客观性、认识这种客观性、实际地具体地造就这种客观性的主观性,这是一种素朴的观点;研究自然或研究整个世界的科学家看不到他们所获得的一切作为客观真理的真理和作为他们的公式之底基的客观世界本身(日常的经验的世界和高层次的知识的概念世界)是在他们本身中发展起来的他们自己的生活构造,这也是一种素朴的观点。一旦我们注视到了这种生活,这种素朴的观点自然就不再可能站住脚了"。① 按照现象学的理论,科学家研究自然的行为本身便意味着

---

① 〔德〕胡塞尔:《欧洲科学危机和超验现象学》,张庆熊译,上海译文出版社,1988,第8页。

人和自然之间建立起一种联系，作为"客观真理"的研究结论其本质并非从自然中发现的既成的、早已隐藏在其中的秩序或规律，而是研究者从自身生活经验和知识积累出发对自然事物进行的一种"构造"，将个别的自然事物构造成一个有内在联系和规律的整体世界。于是，科学发现真理的行为在现象学看来就是科学构造真理的行为，自然在这种构造关系中所呈现的样子正是"生活世界"的一部分。

生活世界是主观性与客观性的融合。"生活世界的本质结构就在于，它作为物理自然的环境以一个身体的、动感全能的自我性为中心，而这个自我性本身又始终感知——经验地朝向它的周围世界的个别事物。这些事物只是在一个开放——无限的、由那些可经验到它们的经验所构成的视域中被给予的。这些经验的总体视域就是那个始终贯穿在这些经验的所有内容组成中的、相对的世界，它每一次都意味着一个一致开放的经验联系的世界，而其他是在每一个个别经验中一同被给予的。"① 生活世界首先是由许多经验视域构成的，这些经验视域来自主体既有的一切生活经验和知识积淀，它具有面向历史的承接性和面向未来的开放性，在面向和理解未知事物的过程中持续地生成，既有经验及知识为其造就的视域使得它必然以某种特定的方式向未知事物敞开，而在将未知事物纳入既有视域的同时又使得既有视域不断丰富。虽然经验视域包含主观性，但"生活世界"并非观念，而是在实存世界中展开，它既包括把个别分散的事物建构进既有的经验系统中，使之获得内在的逻辑关系，从而使之成为自身生活世界的一部分，也包括主体按照生活世界的逻辑创造新事物，从而丰富既有的世界。可以说，生活世界是在经验视域基础上展开的主体的一切认知、创造和实践活动，它在观念与物质的层面上并存，也可以说是介于纯粹主观与纯粹客观世界之间的存在。

生活世界具有历史性和多样性。"在胡塞尔看来，生活世界始终具有发生——历史的特征。它是由人所建构的、实践的周围世界，这个周围世界作为许多周围世界中的一个处在历史及其传统的视域之中。"② 生活世界的空间性只能通过时间性才能得到恰当的解释，以自然为例，科学研究的物质自然并非是一个亘古不变的客观对象，它仅仅是在现代科学的经验视域

---

① 倪梁康：《胡塞尔：现象学概念通释》，三联书店，1999，第272页。
② 倪梁康：《胡塞尔：现象学概念通释》，第273页。

中才如此显现，而在古希腊时期和文艺复兴时期的西方文化，在古代的亚洲文化和其他非西方文化以及土著文明中，自然有着各自不同的在人类生活世界中的展现方式。空间中实存的"客观"自然只有在18世纪之后的现代西方世界这个历史维度中才"真实"地存在着。这就意味着在人类历史上有多样的生活世界存在，即使是在同一个历史时期，也会因为地域和历史文化传统的影响有多样的生活世界并存。而当实用主义的现代科学将其生活世界所构造出来的知识系统作为绝对真理时，便在实际上否认了其他生活世界的真实性。因此，研究自然就有必要引入历史的维度，生态政治运动的发起人莫斯科维奇提出"历史性自然"来表述人和自然之间的关系，"历史性自然关注具体，其出发点是认为经验，乃至科学所能向我们揭示的一切正是人类与其他有生和无生力量之间的一种关系。任何孤立的人或所谓自然的存在都离不开这一关系，离开自然，人类不复存在，反之亦然。我们通过在艺术、科学、哲学和技术领域的创造和复制不断改造着这一关系，其结果是，随着与新的物质力量建立新的关联，这一关系在空间上得以扩展，在时间上趋于多样"。①

　　生活世界的理论使我们意识到人和自然的联系并非仅仅是生物进化论或者生态科学所讲的作为物质系统的彼此关联，两者的关联更存在于社会历史文化的层面。人只能理解自己创造的历史，也只能拥有人类历史创造的自然，这并非是把自然当作人类附属物的"人类中心主义"或者唯心主义，而是意在表明一切所谓真理的有限性。"各种形式的知识所描述或解释的自然并不是一种预设或外在的前提，随后由我们去知觉或观察。相反，当人类知识与物质力量发生关联，并与之建立正常、持久的联系时，自然就进入了人类知识的范畴，成为一种现实。自然也只有嵌入这种联系之后才成为科学、技术、艺术等等的对象。这就是我们所倡导的政治中包含的自然理念。"② 自然事物实存，然而无论是作为生态系统或者作为有灵魂的生命存在的自然世界却是特定生活世界的产物，这样一个自然"整体"只能是来自人类生存世界的生成和建构，而不是一种作为外部对象的现成之物。

---

① 〔法〕塞而日·莫斯科维奇：《还自然之魅：对生态运动的思考》，第198页。
② 〔法〕塞而日·莫斯科维奇：《还自然之魅：对生态运动的思考》，第231~232页。

三 文学批评如何介入生态运动

当意识到只能在某一个特定的生活世界层面上谈论自然，生态批评就不会再局限于下面这种批评路径：将文学作品中的自然描写当作对真实自然的折射，将文学修辞手法当作产生折射的透镜，通过分析作者在文学描写中表现出来的自然观，并查看其与生态科学理论是否符合，展开对作品中所表现的非生态自然观的批判以及树立起新的自然观。这种生态批评理路没有对自然作为一个生态整体的"真实性"进行反思，没有将建构了这种整体的生态科学话语本身当作反思的对象，对其历史生成的文化脉络给予充分考虑。这样展开的生态批评充其量只能是将文学作品当作生态科学的文学例证，当作唯一一种生活世界的显现，而忽视了文学作品的独特存在方式及其展现生活世界的丰富多样性。

传统的模仿论认为文学模仿现实世界，并且比日常生活更能展示"真实"的逻辑。但如果从现象学的视角来理解文学作品，文学作品与现实之间却并不存在模仿或者镜子般的映射再现关系，文学语句所创作出的关于实在世界的图景其实是"在语言的意义造体的单元中的意向所创造的一种纯意向性的客体，是派生的"①。它和现实世界中的对应物之间"既有只是再现一个客体的事物的状况，又有反映了不同的客体的产生和它们之间的联系的状况。这些相关的再现客体并不是孤立的，和整体没有关系，它们相互之间有各种各样的联系，已经形成了一个上层的集中了各种因素的存在领域，而且就是——以一种非常独特的方式——一个不确定但也是某种类型的存在的片段，表现了一个被确定了的世界的质的内涵"②。这就是说，在很多情况下文学作品里指涉的各种事物都是自成系统，它未必就是按照现实世界里的政治、经济、科学等规律来塑造文学世界。以对自然的描写为例，文学指涉自然，但是不一定按照生态科学规律来指涉，而是将自然事物放进另外一套话语系统里面，这个系统可能是一种审美体验系统，是由身体对事物的精细感知而建立起来的印象世界，自然主要以其与身体感知的关系而被指涉；也可能是一种形而上学的文化观念系统，自然是在这

---

① 〔波〕罗曼·英伽登：《论文学作品》，张振辉译，河南大学出版社，2008，第219页。
② 〔波〕罗曼·英伽登：《论文学作品》，张振辉译，第219~220页。

个形而上文化理念中衍生出来的世界；也可能是一种和民族、个体身份认同编制在一起的自然。总之，文学里的自然作为一种再现客体，读者不能将实在客体的结构形式和属性机械地加在再现客体身上，而必须对建构文学再现客体的意向结构先有充分的理解，而正是这种意向结构能够将我们引领到写作者的生活世界。

"文学并不取消指涉，文学也以这种或者那种方式说出世界——但是它说的方式却并非描述，这就是文学作品的特殊力量"，乔纳森·贝特认为，文学作品展现给我们的不是具体的事物，而是生存于世的方式或者道路，当我们理解一部文学作品的时候，不是仅仅看到那部作品里面写的什么东西，而是要理解写作者以怎样的方式组织或者描写这些东西，这种组织或者描写的方式意味着写作者的生存方式。"这种观念可以用于生态的变形中：艺术作品可以是自然的想象状态，想象中的理想性的生态体系，通过阅读它们，通过居住于其中，我们可以开始想象另一种方式生活在地球上会是什么样子。"①

文学并不简单地回答"世界是什么样子的"，而是告诉我们当按照它所展示的那种方式生存时世界是什么样子的。"诗人说出人类与环境、个人与地方之间关系的方式是特别的，因为它是经验性而非描述性的。当生态学家、地理学家和绿色运动者们叙述居住的时候，一首诗可能是在揭示居住。这种观点在是政治性的之前首先是现象学的。"② 以浪漫主义文学为例，如果因为它将自然当成作者情感世界的象征物，不是按照自然世界的本来面目来描写自然，就指责其犯了人类中心主义的错误，这种批评方式就有待商榷。浪漫主义描写作者心灵里的自然映象，自然事物按照作者的情感逻辑、价值体系自成系统，它意在展示在实用主义、科学理性的自然世界之外，自然还有另外一种在人的生命世界中存在的方式。怀特海在对华兹华斯的研究中就认为，华兹华斯的重点不是为了说明万事万物都是有生命的，有生命的物体不同于无生命的物体，而是想表明那些山是作为独立自在的事物存在着，他居住在它们的神秘显现中，当被卷入某一特定事件的情绪基调中时他总是能够迅速地抓住自然的全体，理解它们内在的精神。这也是一种生态视角，它表明了人和万物的联系，但是并不是生态科学层面的

---

① Jonathan Bate, *The Song of the Earth*. Harvard University Press, 2002, pp. 250-251.
② Jonathan Bate, *The Song of the Earth*, p. 266.

联系，而是另外一种以参与性的感知觉为基础的内在生命联系。浪漫主义文学不能满足我们对一个符合生态科学理论的自然世界的想象，但是它试图通过对科学自然观的否定为一个以经验和情感为基础的生活世界及自然的存在开拓出空间。

  文学所展示的世界可能与占据社会主流的世界观、知识论所展现的事实保持一致，也可能与之不相符合，但这种一致与否并不成为判断文学真实性的标准，而只能说明写作者生活在一个与主流知识论、世界观塑造的生活世界相同或者不同的世界中。在人类的现代文明阶段，生活世界的多样性正随着经济一体化的全球化进程逐渐减少，对自然的理解也逐渐单一化，当前现代文明、土著文化、少数民族文化群体在现实世界中逐渐消亡的时候，文学作品却还能在一个独特的时空维度中捍卫着生活世界的多元性。那么生态批评应当帮助我们理解这些不同生活世界中的自然，理解自然与人的多元性关系，"我们了解并生存其中的并非是单一的自然，而是自然的多个样态，每个状态对应着历史上形成的某种关系。……各种自然是如何产生的？各种自然是如何消亡的？我的回答是，如果有历史的话，单数的自然不存在，自然应该是复数的……自然是一种创造，通过这种创造，人类历史从自然中来并融入自然中去，就如自然起源于人类历史一般。因此应当留意各个自然状态的构成和特性"。[1] 只有当生态批评承担起守护并帮助我们理解生活世界及其自然多样性的功能，承担起多元生活世界及其自然之间的平等对话交流的功能，我们才能摆脱二元论的隐蔽控制，建立起人和自然彼此参与、彼此关联的整体性关系。

  生态批评首先是一种生态诗学而非政治性、实践性的，这也正如一些生态批评家所说："要是设想一部文学批评作品是一块能够激发出关于更好的环境管理实践规划的阵地，那这种想法无疑是堂吉诃德式的狂想。正因为如此，生态诗学不能作为一套关于实际环境问题的假设或者建议来迈出第一步。生态诗学必须关注意识领域。当它进入实践的时候，我们必须用其它的话语方式来说话了。"[2]

---

[1] 〔法〕塞而日·莫斯科维奇：《还自然之魅：对生态运动的思考》，第208~209页。
[2] Jonathan Bate, *The Song of the Earth*, p. 266.

网络海量信息与公共领域的建构

陈国战 刘志昕[*]

摘要：互联网为人带来了海量信息，对当前社会中公共领域的建构产生了多方面的影响。一方面，它降低了人们获取信息的成本，增强了人们的政治功效感，有助于提高人们参与公共领域的积极性；另一方面，它也为公共领域的建构带来了一些前所未有的困扰，如信息泛滥问题、公众分化问题等。

关键词：互联网 海量信息 公共领域

Abstract: The internet has brought about mass of information which in turn has produced multi-faceted impact upon the construction of the public sphere in contemporary society. On the one hand, it has lowered the cost of information acquisition, increased people's political efficacy, and helped to improve people's enthusiasm in the involvement of the public sphere. On the other hand, it has brought to the construction of the publics sphere problems that have never existed before, such as unchecked information flood, the public fragmentation, etc.

Keywords: internet mass information public sphere

互联网的出现无疑意味着人类信息环境的重大变革，它带来的变化是多方面的，其中最为直观的是，它为人带来了海量的信息。正如约翰·奈斯比特所言："我们的社会经济首次建立在一种可再生和自生的重要资源

---

[*] 陈国战，首都师范大学文化研究院讲师；刘志昕，山西师范大学硕士研究生。

上,再也不会发生资源枯竭问题。与之相反,这种资源太多,造成泛滥却是个大问题。"① 在互联网出现以后,很多学者都热衷于讨论它对公共领域建构的影响,而众所周知的是,公共领域的建构与一个社会的信息沟通状况有着十分密切的关系。因而,在考察互联网建构公共领域的潜能时,海量信息是一个绕不开的话题。目前,人们在这一问题上还褒贬不一、莫衷一是:乐观者认为,它将培养出更加知情的公众,并有助于提高人们参与公共领域的积极性;而悲观者则认为,信息不等于知识,海量信息不仅没有增加人们的知识,相反还会造成公共议题的解体。在这种背景下,我们将通过分析在这一问题上存在的各种观点,对网络海量信息之于公共领域建构的影响进行考察。

一 信息资源:从匮乏到丰富

不管对于哪种类型的公共领域来说,信息的沟通都是至关重要的。哈贝马斯所说的资产阶级公共领域之所以在18世纪的伦敦、巴黎等地出现,除了各种复杂的历史条件外,它与现代印刷技术的发明以及邮政系统的建立也是密不可分的,正是在它们的合力作用下,人类才在历史上第一次拥有了大规模的信息沟通工具,并为公共领域的出现准备了条件。正是在这种意义上,有学者提出,"大众媒体是公共领域的前提条件"②。作为公共领域理论的集大成者,哈贝马斯在分析资产阶级公共领域的兴起和衰落时,也始终将其与当时社会中信息沟通状况的变化联系起来。在他看来,资产阶级公共领域一直是由阅读公众组成的——人们首先在私人环境中对报纸、定期出版物等进行阅读,然后再走入咖啡馆、沙龙等场所就所读内容展开交流,如此一来,私人就聚合为公众,公共领域也就诞生了。很多批评者都曾提出,哈贝马斯的资产阶级公共领域具有高度的排他性,是专为少数资产阶级白人男性准备的,并认为这缘于他法兰克福学派血统中根深蒂固的精英主义偏见。而在我们看来,哈贝马斯之所以把普通大众排除在公共

---

① 〔美〕约翰·奈斯比特:《大趋势——改变我们生活的十个新方向》,孙道章译,中国社会科学出版社,1984,第22页。
② Winfried Schulz, "Changes of Mass Media and the Public Sphere", *The Public*, 1997, Volume 4, Issue 2.

领域之外，并不是因为他具有什么阶级偏见或性别偏见，而是因为在他看来，只有那些通过阅读报纸、定期出版物等信息传播媒介而掌握了信息的人，才有能力参与公共领域的讨论，而在当时社会中，普通大众并不具有这些获取信息的手段。

长期以来，公共领域建构面临的主要问题是信息匮乏，这是因为，传统的大众传媒为人提供的信息资源是十分有限的。一方面，它们不是受到版面空间的束缚，就是受到播出时间的限制，因而，只有那些经过专业人员仔细挑选出来的十分有限的信息才有机会进入公众视野。另一方面，在很长一个时期内，人们从传媒上获取的信息都主要来自少数几个传媒巨头，因此，这些信息呈现出高度同质化的特征。有数据显示，在1980年，美国三大电视网在主要播出时段控有全国90%的观众，此后，随着电视频道数量的不断增加，这一数字虽有所下滑，但直到1990年，它们的占有率仍保持在65%左右。[①] 这也就意味着，当时美国社会的大部分观众只能依靠少数几家主要的新闻媒体来获取信息，面对这些经过专业人员仔细挑选、编辑好的信息，人们并没有太多的选择余地，只能选择接收，或者选择关掉电视机。

在互联网出现以后，这种状况发生了根本性的改变。从技术潜能上看，由于互联网既不像报纸、杂志等印刷媒介那样受到版面空间的束缚，也不像广播、电视等电子媒介那样受到播出时间的限制，所以从技术潜能上看它能够容纳海量的信息。从另一个角度看，互联网还有一种开源能力，也就是说，它使信息的来源变得无限丰富起来。如果说在大众传媒时代，只有专业的新闻制作机构才拥有发布信息的手段，那么，在进入Web2.0时代以后，每个普通网民都获得了发布自己所掌握的信息的机会。这不仅打破了专业的新闻制作机构对信息来源的垄断，具有一种赋权给平民的效应；同时还极大地扩展了人们能够接触到的信息的范围，使网络上的信息总量呈几何级般增长。根据美国一家调查网站2012年提供的数据：现在，互联网上每天更新的信息都足以刻满1.68亿张DVD光盘；其中，有2940亿封电子邮件被发送，200万篇博文发布，2.5亿张照片上传至Face book，

[①] 〔美〕曼纽尔·卡斯特：《网络社会的崛起》，夏铸九等译，社会科学文献出版社，2001，第450页。

864000 小时时长的视频上传至 You Tube。① 诚如奈斯比特所言，现在人们再也不用担心信息匮乏问题，相反，这些信息太多，如何从中筛选出对自己有用的信息却成为一个新的难题。

面对如此汹涌而来的信息洪流，人们对公共领域的参与必然会受到影响和冲击。如果说公共参与的障碍曾经是信息不足——正是由于这种原因，哈贝马斯才将普通大众排除在外，那么，在互联网为人提供了如此丰富的信息之后，人们参与公共领域的积极性和能力是不是会随之水涨船高呢？在本文的以下部分，我们将从三个方面对这一问题进行考察，即海量信息是否能够提高人们参与公共领域的积极性、它是否带来了更加知情的公众、它对公共讨论产生了什么样的影响。

二 海量信息与参与积极性的提高

在一个社会中，人们参与公共领域的积极性是由许多复杂的历史和现实条件共同决定的，其中，参与成本和政治功效感是两个十分重要的决定因素。所谓"参与成本"，是指人们参与公共领域所需要付出的代价，它既包括人们在金钱、时间和精力方面的花费，同时也包括人们需要承担的参与风险。显然，在理性人的预设下，参与成本的降低会带来人们参与积极性的提高。而所谓"政治功效感"（political efficacy）则是一个多维度的概念，"一般研究中都包含两个维度——内部功效感和外部功效感。前者强调个人对自身理解政治和参与政治能力的基本信念，后者指向个体对政治体制（主要是政府）能否对公众进行有效回应的感知"②。总体来看，政治功效感是指人们对自我理解和影响政治事务能力的一个基本判断，也就是说，如果人们的政治功效感很强，亦即他们能够明显感觉到自己的政治参与发挥了作用、产生了影响，那么，他们的参与积极性就会被进一步激发出来；相反，如果人们感觉到自己的政治参与总是徒劳无益、于事无补，那么，他们的参与积极性就会受到挫伤，并最终走向政治冷漠。因此，我们在这里关心的是，网络海量信息是否能够降低人们的参与成本并增强人们的政治功效感？

---

① 数据来源：http://www.mbaonline.com/a-day-in-the-internet。
② 周葆华：《新媒体事件中的网络参与和政治功效感》，载邱林川、陈韬文《新媒体事件研究》，中国人民大学出版社，2011，第217页。

在构成参与成本的诸多因素中，获取信息的成本是一个非常重要的组成部分，在这方面，网络海量信息的积极意义是显而易见的。在大众传媒时代，人们获取信息会受到时间和地点的严格限制——为了从报刊上获取信息，就不得不等待它们或长或短的发行周期；为了从广播或电视上获取信息，就必须在节目播出的时间点上守在收音机或电视机旁。与此不同，网络信息获取在很大程度上摆脱了时间和地点的束缚：人们不仅可以在自己方便的时间随时访问互联网，而且随着智能手机、平板电脑等移动上网设备的出现，人们还越来越少地受到地点的限制。现在，无论是在公交车站，还是在餐厅、旅馆，只要有几分钟的时间间隙，人们就可以利用移动上网设备获取信息。有人提出，"城市化和快速移动的生活方式让日常生活呈现'片段化'，把我们的生活从'日子'变成了'段子'"。① 就此而言，互联网可以随时随地获取信息的特点恰好适应了当代人空闲时间越来越零碎化的趋势，它不仅排遣了人的无聊感，还充分利用了以往被人们浪费掉的大量时间碎片。因此，互联网虽然未必能够降低人们获取信息的经济成本，却毫无疑问地减少了人们所需要付出的时间和精力代价。从这一角度看，网络海量信息的确能够降低人们获取信息的成本，并由此提高人们参与公共领域的积极性。在西方学术界，很多经验研究也都证明了这一点，即那些经常利用互联网来获取信息的人，对各种线上和线下的政治参与都表现出了更高的积极性。

在增强人们的政治功效感方面，网络海量信息也有其自身的优势。这是因为，在这些信息中，有很大一部分都是由普通网民上传和发布的，如此一来，每个普通网民不仅获得了发出自己声音的机会，而且还具有影响和决定公共议程的能力。在大众传媒时代，人们关注什么议题以及关注这些议题的哪些方面都不可避免地要受到新闻媒体的引导，正如麦克斯韦尔-麦考姆斯所说，"随着时间推移媒介议程中报道对象的显著性会转移到公众议程上，媒介不仅能成功地告诉我们去想什么，而且能成功地告诉我们如何去想"。② 在这种传播条件下，如果一个议题进入了媒介议程，尤其是得到了一些有影响力的新闻媒体的报道，那它就会迅速得到全社会的关注，

---

① 李林容、黎薇：《微博的文化特性及传播价值》，《当代传播》2011 年第 1 期。
② 〔美〕麦克斯韦尔-麦考姆斯：《议程设置理论概览：过去、现在与未来》，郭镇之、邓理峰译，《新闻大学》2007 年第 3 期。

并时常能够促成问题的妥善解决。相反，如果一个议题未能在媒体上获得呈现，那么它就很难进入公众议程，并将始终处于湮没不闻的状态。不可否认的是，不管在哪种社会制度环境中，大众传媒都不同程度地会受到各种外部力量的影响和干扰，并受到自身版面空间或播出时间的限制，因而，它必然会有意或无意地屏蔽掉一些对于公众来说至关重要的议题。

在互联网出现以后，由于每个连接上网的人都能够发布自己所掌握的信息，所以，公众关注什么也就不再完全受到新闻媒体的引导和决定，换言之，现在每个普通网民都"分有"了议程设置的权力。这一方面表现为，当前社会中很多公共议题的形成都遵循这样一种模式，即首先由普通网民曝出一个真实发生的事件，继而引发人们对诸如此类的社会问题的关注，并最终将之提升为一个广有影响的公共议题。有学者提出，"所有的公共问题（我们也可以称之为社会问题）既不是偶然出现的，也不是由事先准备好的公众承担的，它们只有当某些人深陷困境，并将此确认为真正的麻烦时才出现，他们逐渐行动起来将其变成普遍的利益问题，以呼唤公共权力来解决这些问题"[1]。就此而言，由于普通网民发布的"草根新闻"常常就是他们自己或身边人面临的真实困境，所以它们在凝聚社会关注、形成公共议题方面具有天然的优势。另一方面，普通网民常常能够篡改主流媒体预设的公众议程，并将其引向完全不同的方向。比如，2012年8月26日，陕西延安发生了一起特大交通事故，随后，新华社记者刊发了一组图片对救援工作进行报道。但是，一些细心的网民却利用主流媒体提供的这些材料生发出了完全不同的公共议题——他们先是对陕西省安监局局长杨达才在现场面露微笑的一张照片进行围观，尔后挖掘出他在不同场合佩戴的各种高档手表、皮带和眼镜，并最终形成强大的舆论压力，迫使有关部门对杨达才的违纪违法问题进行调查。可以想象，如果没有互联网，最初的媒介议程就会原封不动地挪移到公众议程之中，人们会围绕这场交通事故展开讨论；然而，网民的力量却彻底扭转了主流媒体为公众议程指引的方向，并将其引向自己真正关心的议题之上。

在增强人们的政治功效感方面，海量信息的优势还在于，它带来了权力的分散化，是一个赋权给平民的过程。正如斯各特·拉什所说，在当前

---

[1] 〔法〕雷米·里埃菲尔：《传媒是什么——新实践·新特质·新影响》，刘昶译，中国传媒大学出版社，2009，第135页。

这个信息社会中,"权力还是一如福柯所说的那样与知识有强烈的联系,但信息性的知识正日渐取代叙述性的和论说性的知识"①。这也就意味着,信息已经成为一种重要的权力来源,这不仅表现在,那些掌握更多信息或先于他人得到信息的人会拥有更多的权力,而且还表现在,那些拥有信息发布手段的人也相应地拥有更多的权力。不管在哪种社会中,信息都是处于一种分散状态,"每个人都有自己所知道而别人所不知道的信息,从整体上说,任何一个人(包括政治家)对于所有其他社会成员所拥有的信息都处于一种无知状态"②。正是由于这种原因,媒体才在一个社会中扮演起了信息沟通中介的角色,它把一些信息挑选出来予以公开呈现,同时把其他一些被认为相对无关紧要的信息屏蔽在公众的视野之外。虽然哪些信息会得到媒体的报道、哪些信息会被排除在媒介议程之外是由许多复杂的因素共同决定的,但不可否认的是,在这一过程中,传媒机构拥有相当大的权力。因此,媒体记者通常被人们称为"无冕之王",新闻媒体的权力也被人们认为构成了与立法权、行政权、司法权相并立的"第四种权力"。有学者提出,"当这种可以利用的电视和广播的时间(例如,能够到达受众的节目时间)是有限的时候,那么,无论从实践上讲,还是从可能性而言,所有人的声音不再具有同等的权力"③。当然,这并不是说所有媒体都已为权力所收买,而是说那些拥有信息发布手段或经常能够得到媒体呈现的人必然拥有更多的话语权。

显然,在互联网出现以后,专业的传媒机构对信息发布权的垄断地位动摇了,现在,每个普通网民都可以直接发布自己所掌握的信息,他们不再需要借助于媒体记者的中介,也无须经历层层过滤和把关,更不用担心媒体资源稀缺的问题。如此一来,每个普通网民都构成了一个潜在的信源,都被赋予了发布信息的权力。正如丹·吉摩尔所说,"无论是平民还是政客,都能够利用制造新闻的科技,而这种科技也能替我们拯救某种没有科

---

① 〔英〕斯各特·拉什:《信息批判》,杨德睿译,北京大学出版社,2009,第17页。
② 〔英〕弗里德里希·冯·哈耶克:《个人主义与经济秩序》,邓正来译,三联书店,2003,第21页。
③ 凯瑟琳·霍尔·杰米森:《在变化的话语环境中开展议题宣传》,载〔美〕W. 兰斯·本奈特、罗伯特·M. 恩特曼编《媒介化政治:政治传播新论》,董关鹏译,清华大学出版社,2011,第250页。

技就会失去的东西,即建立一种系统,让我们对当权者的同意权不仅止于投票而已"①。如果说在大众传媒时代,媒体是一种稀缺资源,只有那些"大人物"或被认为具有典型意义的普通人才有机会获得媒体呈现,那么,在互联网出现以后,每个普通网民都获得了直接发出自己声音的机会。虽然我们不会天真地认为在网络空间中每个人的声音都具有同等的影响力,但即便如此,我们依然不能否认互联网在促进话语权的平等方面所起到的作用。不难理解,当普通人的声音在网络空间中获得更大的影响力时,他们参与公共领域的积极性就会被进一步激发出来。

三 海量信息与知情公众的培养

如前所述,公共领域一直是由知情的公众组成的,它虽然在原则上向所有人开放,但只有那些拥有相应信息的人才是它的合格成员,才有能力加入公共领域的讨论中。正是基于这样的认识,哈贝马斯才把普通大众排除在了公共领域之外。很多人都想当然地认为,信息丰富必然优于信息匮乏,网络海量信息必然能够培养出更加知情的公众,并对公共领域的建构产生积极的影响。然而,这种判断其实是似是而非的,诚如贝丝·西蒙·诺维克所说,"不是信息,而是知识才是对民主有用的东西,信息只有经过提纯和语境化才能产生意义"。② 从这一角度看,虽然互联网为人提供了海量信息,但如果这些信息远远超出了人们能够赋予其意义的能力,那么,它们就只是一大堆毫无用处的原料,既不能培养出更加知情的公众,也不会对公共领域的建构产生任何积极的影响。

很多学者都曾抱怨,互联网虽然解决了信息匮乏问题,但为人带来了信息泛滥这一新的难题。作为一名未来学家,约翰·奈斯比特虽然在总体上对互联网的发展抱有乐观的期待,但他也清醒地意识到,"如此大量的信息,采用目前的手段显然无法处理。失去控制和无组织的信息在信息社会里不再构成资源,相反,它成为信息工作者的敌人。受到大量技术资料困扰的科学家们抱怨这种信息污染,他们说,自己动手重新做实验也比查找

---

① Dan Gillmor, *We the Media*. Sebastopol: O'Reilly Media, Inc., 2006, p. 89.
② Beth Simone Noveck, "Paradoxical Partners: Electronic Communication and Electronic Democracy", *Democratization*, 2000, Volume 7, Issue 1.

资料快"①。安德鲁·基恩也是早期网络科技的热情拥抱者,但他很快就从网络科技的迷思中走了出来,他认识到:"由于越来越多的网络信息未经编辑、修改和核实,我们不得不对任何信息都持批判态度。免费的信息并不意味着我们可以不劳而获,最终,我们将为甄别和使用这些信息付出最昂贵的代价——时间。"② 在他们看来,互联网上的信息虽然十分丰富,但良莠不齐,人们要想从中找出真正有价值并对自己有用的信息,同样不是一件容易的事情。

在这样的信息环境中,搜索引擎就应运而生了,如今,它已成为人们日常生活中不可或缺的一个助手,对于很多人来说,现在他们碰到问题后首先想到的已经不再是向身边的人请教,而是"Google"一下或"百度"一下。有数据显示,现在全球互联网用户每个月都会产生超过1000亿次的网络搜索行为;在中国,搜索引擎的领头羊百度更是超过各大门户网站,雄踞流量排行榜的第一名。毫无疑问,搜索引擎提高了人们查找信息的效率,如果没有这种机制,互联网相对于传统大众传媒的优势就会荡然无存。但是,它也带来了一些新的问题,其中最为突出的是:面对一些相互矛盾的搜索结果,人们变得不知所从,只能赌博式地选择相信大多数人的意见。被誉为"互联网时代最伟大的思考者"的克莱·舍基提出,在大众传媒时代,由于媒体资源的稀缺性,人们只能选择先过滤后出版,这虽然不可避免地限制了人们可获取的信息范围,但也保证了这些信息的质量,因为它们都已事先经过了专业人员的过滤。对于互联网来说,尤其是对于社交媒体来说,先过滤后出版的原则显然已经不再适用,相反,先出版后过滤成为唯一可行的信息发布和筛选机制。在这种情形下,"允许任何人生成任何东西并能公布给所有人,这种残忍的经济逻辑让每天的内容都有令人惊愕的数量增长,专业人员的数量无论如何也不足以来过滤这些内容。出版的大规模业余化使得过滤的大规模业余化成为必行"。③ 而所谓"过滤的大规模业余化"是指,哪些信息更有价值、哪些信息更值得信赖,如今已经不再取决于专业人员的判断,而是由作为业余者的全体网民共同裁决的。

---

① 〔美〕约翰·奈斯比特:《大趋势——改变我们生活的十个新方向》,第22页。
② 〔美〕安德鲁·基恩:《网民的狂欢——关于互联网弊端的反思》,丁德良译,南海出版公司,2010,第44页。
③ 〔美〕克莱·舍基:《人人时代:无组织的组织力量》,胡泳、沈满琳译,中国人民大学出版社,2012,第79页。

在很大程度上，这种变化是由搜索引擎的工作机制造成的。虽然很多搜索网站都不愿清楚说明其搜索结果的排序原则，但有一些指标还是早已为人所熟知，如网页更新的频率、标题与关键词运算的相似度、网页之间彼此超链接的程度等。根据这些原则，在控制了其他变量之后，那些点击率更高的信息，将最终在搜索结果的排序中位于前列；而人们通常也会认为，那些排在前列的信息必然具有更高的价值。如此一来，"在一个群众书写的时代，近用性已然取代内容、机构品牌，成为决定价值的主要因素之一。而哪些资讯最可能被近用，则取决于群众彼此的选择"。① 从这个角度看，每一次网络点击行为都类似于一次投票，而那些得票更多的信息将最终胜出，被人们当成更有价值的信息来看待。显然，那些被更多人点击的信息并不一定就是更有价值的信息，就此来说，搜索引擎的工作机制带有一种民粹主义色彩。

总之，搜索引擎能够帮人找到自己所需要的信息，为人带来了极大的便利，这是自不待言的；但是，如果人们想要在这一系列相关信息中筛选出哪些是更有价值的，它就无能为力、爱莫能助了。根据搜索引擎的工作机制，它只能告诉人们哪些信息被更多的人使用了，却无法保证这些信息就是更有价值的——这还不去考虑由搜索网站的商业化所带来的竞价排名问题。显而易见的是，如果人们对信息价值的评判完全以点击率为标准，那么，所谓专家的观点和业余者的意见也就不再有任何分别了——他们都平等地人手一票。虽然我们并不否认群体的智慧，但同样不可否认的是，在一些专业性较强的问题上，我们更应该信赖专家的观点，而不能指望大多数人的意见。正如安德鲁·基恩所批评的那样，"拥有电脑和宽带的市民并不等同于一名专业记者，正如拥有厨房的人并不会自动成为专业厨师，但成千上万的市民记者却认为这是可能的"。② 因此，搜索引擎的工作机制本身就潜藏着以讹传讹的风险。

此外，很多人都未能意识到，互联网上固然存在着海量信息，但我们每个人其实都只会用到其中很小的一部分，也只能理解其中很小的一部分，因而，它们中的大部分都不能转化为对人真正有用的知识，相反，过于丰

---

① 吴筱玫：《Page Rank 下的资讯批判：新"2·28"事件回顾》，载邱林川、陈韬文《新媒体事件研究》，中国人民大学出版社，2011，第 133 页。
② 〔美〕安德鲁·基恩：《网民的狂欢——关于互联网弊端的反思》，第 45 页。

富的信息还会让人应接不暇、不知所措，从而破坏人们的理性思考能力和独立作出判断的能力。尼古拉斯·卡尔提出，"就在互联网向我们呈上信息盛宴的同时，它也把我们带回到彻头彻尾的精力分散的天然状态。互联网发出的各种刺激性杂音，既造成了有意识思维的短路，也阻碍了我们进行创造性思考。我们的大脑变成了简单的信号处理器，不断地把信息迅速转变成意识"。① 在这种信息接收方式的影响下，互联网带来的一个颇为吊诡的后果是，信息的增加反而意味着意义的减少。一方面，随着数字化信息传播技术的出现，信息洪流不断冲破地理界限和文化语境的限制，为人带来了空前丰富的信息；但另一方面，由于这些信息远远超出了人们的处理和理解能力，所以人们从中获得的意义非但没有增加，反而减少了。针对这种现象，托德·吉特林提出了"媒体洪流"（media torrents）、"过度饱和"（super saturation）等形象化的概念，在他看来，如果人们不能很好地处理汹涌而来的信息，就会反过来为信息洪流所淹没。② 在这种情况下，信息丰富就不仅不是什么福音，反而是一种灾难。

还有一些学者提出，虽然互联网上信息的数量十分庞大，但无论就其话题的多样性而言，还是就其主题的深度而言，它们都显得严重不足，在很大程度上，它们只是为人提供了"更多相同的信息"（more of the same），而没有增加人类的知识。此外，在这些信息中，真正对公共参与有用的政治信息只占很小的一部分，如今，互联网的商业化趋势正愈演愈烈，它的发展前景越来越呈现为一个消费市场，而不是一个民主广场。"网上新闻的发展趋势越来越倾向于强调最糟糕的相互协作和贪求利润的商业新闻的特性，这些新闻喜欢报道一些琐碎小事、名人动态以及消费者新闻。"③ 因此，在这些发展趋势的共同影响下，互联网在培养知情公众方面的潜力就在实践中大打折扣了，虽然相对于信息匮乏，海量信息自有其优势，但我们也不能想当然地认为它必然会带来更加知情的公众。

---

① 〔美〕尼古拉斯·卡尔：《浅薄：互联网如何毒化了我们的大脑》，刘纯毅译，中信出版社，2010，第130页。
② Todd Gitlin, *Media Unlimited: How the Torrent of Images and Sounds Overwhelms Our Lives*, New York: Henry Holt and Company, 2001.
③ 〔美〕罗伯特·W. 麦克切斯尼：《富媒体 穷民主：不确定时代的传播政治》，谢岳译，新华出版社，2004，第227页。

四　海量信息与公共讨论的形成

　　对于公共领域的建构来说，参与积极性和知情公众只是必不可少的前提，它最终能否实现还取决于这些分散的公众是否走到了一起，就共同关心的话题展开公共讨论。关于网络海量信息与公共讨论之间的关系，我们前面已经提出，海量信息使普通网民获得了创制公共议题的能力，有利于提高人们参与公共讨论的积极性，就此而言，它的积极意义是毋庸置疑的。但从另外一个角度看，由于每个人接收信息的能力都是有限的，所以海量信息必然带来信息传播方式从"广播"（broadcast）向"窄播"（narrowcast）的转变。也就是说，互联网允许它的用户主动"拉出"（pull）自己所需的信息，而不再强行将相同的信息"推给"（push）每一个人。如此一来，每个登录上网的人都可以各取所需，为自己编排一份独一无二的节目单，用尼葛洛庞帝的话说，这种状况就好像是每个人都为自己量身定做了一份"我的日报"（the daily me）。让很多学者感到忧虑的是，如果每个人获取的信息都变得千差万别起来，那么，那种能够凝聚起广泛社会关注的公共议题还能形成吗？人与人之间的公共讨论还能持续下去吗？

　　的确，信息丰富与公众分化是一枚硬币的两面，互联网虽然使更多的声音为人所闻、更多的问题为人所知，但同时它也会造成众声喧哗、每个人都自说自话的后果。正如有学者总结的那样，"窄播引发了人们对美国民主活力的担忧，人们不禁要问，如果公民不再从同一口信息之井中取饮了，那么，他们是否会分裂成不同的交往群体？如果人们的背景和喜好变得各有差异了，那么，人与人之间的相互交往是否会因此而减少？"[①] 不可否认，窄播增加了人们在获取信息和人际交往方面的主动选择权，有利于人们成功逃避意识形态机器的规训；但它的负面效应也同样不容忽视——它使人可以完全过滤掉那些自己不想要的信息，并且只与那些和自己有相同兴趣或观点的人进行交往。如此一来，互联网不仅加剧了当代社会的碎片化趋势，而且还为各种极端主义思想的滋长提供了温床。"倘若大众传播时代那种追求最大公约数的传播不利于个性表达的话，那么过细的窄播也不是理想的民主传播方式，它意

---

① Doris A. Graber, *Processing Politics: Learning from Television in the Internet Age*. Chicago: The University of Chicago Press, 2001, p. 166.

味着社会公共论坛的削弱。"① 为了描述这种效应,人们提出了很多形象化的概念,如"网络巴尔干化"(cyber balkanization)、"回音室效应"(echo chamber effect)、"信息茧房"(information cocoons)等。

在这一问题上,凯斯·桑斯坦的观点颇有代表性。他认为,对于自由和民主来说,官方的信息检查曾经是一个巨大的威胁,它限制了人们能够接触到的信息范围,造成了信息匮乏,并由此成为公共讨论的障碍。然而,在互联网出现以后的西方民主社会中,信息匮乏问题已经为信息泛滥问题所取代,在这种环境中,人们必须经过层层过滤才能得到那些自己真正需要的信息,于是,信息检查的威胁就让位于另一种新的威胁形式,即由"无限过滤"(unlimited filtering)所造成的"信息茧房"效应。他提出,公共讨论的形成应该同时满足以下两个基本条件:其一,"人们应该置身于任何信息下,而不应事先被筛选。未经计划的、无法预期的信息接触对于民主来说是至关重要的,即使某些主题或观点是人们从没想过的,甚至是令人不安的"。② 在一个民主社会中,我们虽然不能强迫公民去关注那些他们设法避免的东西,但也必须认识到,民主要想健康运行,人们就不能只关注那些自己感兴趣的狭窄话题。其二,"大部分公民应该拥有一定程度的共同经验。假若无法分享彼此的经验,一个异质的社会将很难处理社会问题,人与人之间也不容易相互了解"。③ 不管对于哪种类型的社会来说,这种共同经验都是非常重要的,它提供了一种社会黏性,可以防止一个社会走向四分五裂。基于这种理解,桑斯坦提出,互联网的无限过滤功能为人营造了一个过于纯净的信息环境,阻碍了社会共同经验的积累,从而破坏了公共讨论得以形成的两个基本条件。

在桑斯坦之外,其他很多学者也都对海量信息之于公共讨论的影响表达了类似的担忧。比如,彼得·达尔格伦提出,互联网为人们找到那些与自己拥有相同兴趣和相似观点的人提供了极大的便利,因此,它能够推动身份政治和差异政治的发展,并催生出大量的反公共领域。但与此同时,它也导致人们对自我小团体的兴趣和利益过度迷恋,以及相应地对更大的社会性和全球性权力问题的忽视。如果任由这种趋势发展,它将破坏我们社会中共享的公共文化,使大量分散的小团体之间很难进行相互交流和理

---

① 赵月枝:《传播与社会:政治经济与文化分析》,中国传媒大学出版社,2011,第119页。
② Cass R. Sunstein, *Republic.com*, Princeton: Princeton University Press, 2001, p. 9.
③ Cass R. Sunstein, *Republic.com*, p. 9.

解，也很难重新结为一个整体。① 面对这种发展趋势，公共领域理论的经典阐释者哈贝马斯也表达了自己的看法，他提出，"互联网促进了平等主义的发展，但我们为此付出的代价却是，分散的读者面对未经编辑的信息。在这种媒介上，知识分子的贡献失去了创造焦点的力量"。② 很显然，哈贝马斯在这里并不是为知识分子的当代命运而自伤自悼，他更为深层的忧虑是：在信息极大丰富的条件下，知识分子将失去创制公共议题的能力，受此影响，分散的公众也将失去能够将彼此联系起来的纽带。

在我们看来，这些学者的忧虑绝不是无中生有、杞人忧天。从技术上看，随着网络海量信息的涌现，各种信息搜索和过滤机制必然会应运而生，它们不仅让人更容易找到自己的同类和自己感兴趣的话题，而且还能帮助人把那些自己不愿碰到的人和不感兴趣的话题屏蔽在视野之外，因此，它的确具有一种营造同质化信息环境并破坏公共讨论的风险。然而，一些实证研究却发现，现实情况可能并不如学者们担心的那样悲观。詹姆斯·汉密尔顿注意到，在美国，五大报纸的发行量占前 100 名总发行量的 21.5%；而前 5 名报纸网站的链接却占了前 100 名总链接的 41.4%。③ 这也就意味着，相比于报纸，互联网不仅没有导致公众关注的分散化，反而使其变得更加集中了。此外，不管是在西方还是在中国，如今互联网都在公共讨论的形成和开展过程中发挥着越来越重要的作用。根据《中国社会舆情与危机管理报告（2012）》提供的数据，在 2011 年出现的 471 起热点社会舆情中，由新媒体首次曝光的事件有 307 起，所占比例超过 6 成。④ 在这些事实面前，那种认为海量信息必将导致公共议题解体并损害公共讨论的观点就暴露出了其技术决定论的弊端。

五　结语

像人类信息环境出现的任何一次重大变革一样，网络海量信息对于公

---

① Peter Dahlgren, *Media and Political Engagement: Citizens, Communication, and Democracy*. Cambridge: Cambridge University Press, 2009, p. 165.
② 这段话出自哈贝马斯在 2006 年 3 月 9 日接受布鲁诺·克赖斯基奖时所发表的演说，刊发在 2006 年 3 月 10 日和 11 日的维也纳报纸 *Der Standard* 上。http://www.signandsight.com/feature/676.html。
③ 〔美〕麦克斯韦尔-麦考姆斯：《议程设置理论概览：过去、现在与未来》，郭镇之、邓理峰译，《新闻大学》2007 年第 3 期。
④ 谢耘耕主编《中国社会舆情与危机管理报告（2012）》，社会科学文献出版社，2012。

共领域建构的影响也是让人喜忧参半的，它既克服了信息匮乏条件下的一些旧弊端，也带来了一些前所有未的新问题。在对它的影响进行评价时，我们应该避免作出一种总体化的判断，而应该具体分析它在哪些方面有利于公共领域的建构，又在哪些方面为公共领域的建构带来了新的困扰。虽然在降低人们的参与成本、增强人们的政治功效感等方面，网络海量信息的优势是非常明显的，但我们也不能对它的各种弊端视而不见。特别是在当前很多人还没有从互联网的庆生狂欢中走出的背景下，我们更应该重视的恰恰是那些显得有些悲观的批评意见。基于这样的理解，我们在这里用了更多的篇幅来分析网络海量信息蕴藏的各种弊端和风险，但是，这绝不意味着我们在总体上对它之于公共领域建构的影响持有悲观的评价。

欲望的编码、身体奇观与审美的解放
——当代视觉文化之情色批判

赵卫东[*]

摘要：文章将女性身体放在消费时代的背景中加以考察，对于视觉文化中的色情化倾向和性别歧视进行了重点分析和批判。文章分析了女性身体在视觉转型的过程中，如何在大众传媒的诱导下和消费主义的驱动下，被加以"性"的编码并整合为肉身奇观以迎合消费大众的欲望需求；以类像概念作为切入点，探讨了基于现实对象的模仿而形成的超现实世界以及欲望编码过程中的美学转换。最后，文章从艺术形式和消费主体两个向度，阐释了情色文化在为人们带来视觉解放的同时所面临的无法摆脱的现实困境。

关键词：女性身体　性符码　超现实　身体奇观　审美解放

Abstract: This paper makes an investigation on female body in the consumption era context, carries on the key analysis and criticism to the erotic tendency and gender discrimination in visual culture. It analyzes how female body is sexily encoded and integrated as body wonders to cater to the consumer desire induced by mass media and driven by consumerism in the process of visual transformation; regards the concept simulacrum as a starting point, makes a discussion on the surreal world based on the imitation of real object and the aesthetic transformation in the process of desire encoding; finally, from the two aspects of art form and consumption subject, this paper

---

[*] 赵卫东，三门峡职业技术学院讲师。

explains that the erotic culture has to be confronted with the dilemma which it itself is unable to get rid of while bringing people the visual liberation.

Keywords: female body　sex code　surreal world　body wonders　aesthetic liberation

在当代中国，身体图像以大面积、近距离的场景铺天盖地而来，大批量精确复制的妇女身体以视觉图像的形式呈现在我们面前，构成了视觉转向中让人震撼和惊叹的情色景观，这种情色文化甚至远远超出我们的身体想象和期待指向。现代传媒凭借着强大的技术优势，以消费过程中的视觉快感为动力，根据自身的编码规则将模糊逻辑和差异逻辑赋予本是充满矛盾和混乱的世界，以其"既具技术性又具'传奇性'的编码规则切分、过滤、重新诠释了世界实体"。① 在这场具有全新意义的"感性的革命"中，图像叙事彻底消解了传统叙事的修辞方式和叙述策略，通过对女性身体的色彩、线条和构图等内部符码的切分组合和相互指涉，构成新的图像话语和叙述客体，制造了新一轮"看"与"被看"的男性消费模式。"现代性以来在性学专家的说教和商业利益的驱动下，大众对身体的羞耻感在消费社会里最终消失"。② 现代社会成了一个公开展示妇女身体和集体观赏妇女身体的社会。

英国现代唯美主义者王尔德指出："事物存在是因为我们看见它们，我们看见什么，我们如何看见它，这是依影响我们的艺术而决定的。看一样东西和看见一样东西是非常不同的。人们在看见一事物的美以前是看不见这事物的。然后，只有在这时候，这事物方始存在。"③ 当女性的肉身图像以批量生产的规模摆放在我们眼前的时候，它至少在提醒我们，在看见这一事物之前我们曾经看过这一事物，我们的视觉经验曾经在某种程度上塑造了这一对象；或者说，我们在对身体图像的观看中融入了自身的欲望元素，而这种元素的融入效果正是大众传媒对于身体符号进行性欲编码的主要动因，也是视觉媒介在当今视觉文化中能够起支配作用的关键要素。这

---

① 〔法〕鲍德里亚：《消费社会》，刘成富等译，南京大学出版社，2000，第133页。
② 张法：《身体美学的四个问题》，《文艺理论研究》2011年第4期。
③ 〔英〕王尔德：《谎言的衰朽》，载赵醴、徐京安主编《唯美主义》，人民大学出版社，1998，第133页。

一点，也正可以使我们对妇女身体的研究同纯粹的身体审美学和纯粹的身体哲学区分开来。在我们的视野之中，身体图像和情色艺术已不再是单纯的感性审美和哲学视角审视下的对象，也不再致力于感性解放和"惊颤"效果的艺术目标，而是具有了某种经验的先在性，其作为性别符号的物质载体，倾向于在媒介的操作运转下以及在商业消费主义的参与帮助下，偷运和贩卖集体无意识的性别偏见，引导和刺激消费大众的肉体欲望并在观念上实现对妇女身体的占有和支配。正如马克思所指出的那样，劳动者"劳动过程结束时所取得的成果在劳动过程开始时就已经存在于劳动者的观念中了，已经以观念的形式存在着了"。[①]

一　肉身的现实性与欲望的编码

现实性，在这里是指现代复制技术对于自然的高度仿真和模拟而形成的逼真性、再现性和超真实性。因此，现实性不仅具备自然性的特征，甚至还具备了超自然的意义。自从摄影技术、电影电视等摄像技术以及集成电路、计算机网络等微电子技术产生以来，这种现实性已经能够比较严格地遵循现实中的自然原则，通过复制技术精心地制作编码，有条件充分精确地再现客观现实。在大众传媒的监督和控制下，技术图像的生产订制了妇女身体的物质材料，按照特定的标准和规范来对妇女身体进行剪裁和编码，它不再标明妇女身体的符号能指意义，而是进一步缩短能指和所指的距离，甚至将两者等同起来，以此将消费者从对于身体符号的假定和想象中拉回现实本身，作为被编码的身体符号于是具有了肉身的某种现实性。这样，当它以清晰逼真的图像形式将女性身体展示在消费者面前时，其符号的能指和所指关系被强行地扭结在一起，身体符号的所指意义丧失，能指意义则滑向了文化消费的意义域，当代视觉文化之情色消费空间由此产生并可能进一步扩展膨胀。

需要进一步指出的是，女性身体无论怎样编码，其身体存在总是不能脱离肉身部分的自然属性，而自然化的肉身是消费者欲望眼光驻足流连的地方，也是情色文化得以发挥作用的主要战场。这种情况正如加拿大学者斯蒂文·托托西在《文学研究的合法化》中所指出的，电影的现实主义由

[①] 〔德〕马克思：《资本论》第1卷，人民出版社，1975，第202页。

两部分构成,一为印象现实,一为知觉现实,后者虽然以前者为基础,但知觉只有在摆脱了印象现实之后才能包容文学性,文学现实主义和电影现实主义才能构成对话。[①] 托托西舍弃印象现实的原因在于,印象现实作为现实主义的虚构部分来自生活真实,它使影片的消费者过分拘泥于细节描述或表达而无法将印象之物连同自身升华为一种艺术境界。从托托西的话语里,我们可以理解当代消费者对肉身图像的留恋的主要成因在于,在这一浅层次的印象世界中,在看似自然性的女性身体那里,蕴含着一种社会历史建构,消费者误把这种历史性的建构当作一种自然而然的东西加以消费,而正是这种社会历史建构将真实与虚假、理想与现实、身体符号与美学艺术的界限轻轻抹去。

这种以图像形式存在的印象现实,在很大程度上接近于法国学者鲍德里亚所说的类像。类像(simulacrum),又叫仿像、拟像、幻象等,是指消费社会中存在的大批量机械复制的、高度真实而又没有客观本源和真实所指的图像符号。根据鲍德里亚的观点,类像与现实的关系主要表现为两种主要形态。一种是对现实真实的逼真再现和精确复制。电子科技根据复制科学和照排技术完全可以复制出与自我感觉经验完全一致的客体对象,生产的规范化和技术的标准化,不仅可以将女性身体此时此地的有效性抽离出来,而且将图像的制作纳入一种总体性的技术逻辑之中,以先进的技术手段和精确的复制效果对其进行编码,从而引导和制约着大众文化的消费观念。比如我们在网络和电视上看到的少女写真、人体艺术、泳装表演和模特大赛,虽然存在着身体本体与身体摹本的区分,但从技术的层面来衡量已不具备个性的主观差异,而是千篇一律地显得时尚、新潮、性感、暴露,往往游走在真实与虚幻、纯真与暧昧、色情和艺术之间,给人以朦胧、迷离的身体感受。李宇春、张靓颖、周笔畅、张含韵、郭慧敏等时尚超女,张筱雨、汤芳、汤加丽、傅贞怡、毛婷等裸体模特,虽然个个青春靓丽、清纯可爱、充满着生命朝气和性感诱惑力,但她们在身高和三围方面却是惊人的相似,甚至在身体的局部标准和审美外观上也没有太大的差异,这种身体的规训标准和方案在进入我们视野之前就已经开始实施,并且以"科学""健康""美丽""时尚"等话语形式内化为超女们的主动选择,并在身体入主大众偶像、身体符号入主类像的过程中,发挥了它们作为大众

---

① 〔加〕斯蒂文·托托西:《文学研究的合法化》,北京大学出版社,1997,第96~101页。

文化中身体模范的时尚效应。因此，超女们、裸模们及幻想成为超女和裸模的少女们，宁愿忍受身体的苦痛和折磨也要接受身体的规训，以此作为谋取超女、名模身份和商业利益的手段。从类像的复制原则和肉身的现实性来讲，媒介对于大众文化观念的诱导和控制，实际上也就是技术逻辑对于图像符码的介入，大众传媒依赖先进技术的经验程序，将文字符号的能指意义进一步固定化、图像化、单一化，把女性身体的消费从文字意义上的观念消费引渡到文化意义上的视觉消费。这样，不仅摹本与原本之间的界限被突破和篡改，而且摹本和摹本之间的差异也有可能被完全抹掉。从技术标准要打造的身体理念和文化理想来看，任何作为个体存在的女性身体只能接近这一标准而不能达到这一标准，因而任何女性的身体（包括超女的身体）只能作为摹本进入图像世界，而不可能作为原本在图像世界中引领未来的文化理念。换句话说，女性身体只有在放弃本体观念，并将自身转化为印象现实之后才能发挥引领作用，而这种情况正是女性身体由身体存在转化为类像符号的前提条件。

由传统时代的文字编码走向消费时代的视觉编码，其肉身的想象性向肉身的现实性的过渡，可以参照莱辛在《拉奥孔》中对于诗歌和绘画的区分来理解："一幅诗的图画并不一定就转化为一幅物质的图画，诗人在把他的形象写得生动如在眼前，使我们意识到这对象比意识到他的语言文字更清楚时，他所下的每一笔和许多笔的组合，都是具有画意的，都是一幅画，因为它能使我们产生一种逼真的幻觉，在程度上接近于物质的图画特别能产生的那种逼真幻觉，也就是观照物质的图画时所最容易地最快地引发起来的那种逼真幻觉。"[①] 也就是说，由诗歌产生的画意不能等同于图画本身，因为诗歌中的画意主要靠文字叙述加以传达，而绘画中的形象主要由色彩和线条等物质性手段渲染而成；反过来，由色彩和线条等物质技术手段结织而成的画面也不可能作为诗歌中艺术表达所追求的必然境界，因为绘画的创作技巧毕竟不能等同于诗歌的创作技巧，"能入画与否不是判定诗的好坏的标准"。[②] 但是，就其形象所产生的那种"逼真的幻觉"而言，诗歌中是包含画意的，画面中的形象也可以借助诗歌来传达，诗歌与绘画在造成读者（或称欣赏者）的"逼真的幻觉"的意义上是相通的。这样，随着电

---

① 〔德〕莱辛：《拉奥孔》，朱光潜译，人民文艺出版社，1979，第81页。
② 〔德〕莱辛：《拉奥孔》，第79页。

影、电视、网络视频等电子传媒的发展,这种起源于艺术、由文学语言来传达的画意让位于有声有色的视觉图像(特别是类像),就成为一种文化逻辑的必然,因为同语言文字相比,视觉图像在画意上更能适应电子传媒的发展趋势,在表意上更具"逼真的幻觉"。作为欲望编码的类像即便是观念意义上的情色消费,在画意的表述和传达上已经有了很大不同且占据优势。首先,以文学载体呈现的性符码是模糊的、不透明的,需要按照阅读顺序阅读完成之后方能品味出性的意义,如果再加上欲望修辞的干扰和推延,其画意的理解和品悟就更难以探底。而以类像形式存在的性符码则不同,它清除了文字符号对性的文化内涵的遮蔽,把本属于私人空间的身体领地肉身化、公共化和合法化,从而使妇女身体在某种意义上显得更加光亮、敞开,也因而在一定程度上重构了妇女身体。这种经由美学处理的身体图像一旦在媒介中亮相,就会以靓丽性感的外貌俘获人们的眼球,打破人们在传统社会中的阅读习惯,并消除人们在传统时代消费性符码时因偷窥意识所导致的罪恶感和羞愧心理。其次,以文学载体呈现的欲望编码,基于文本叙述的秩序性和层次性,其画意受到审美表现理性的制约,因而需要历经一定的时间长度并要融化在文学文本的诗情之中,因而其消费的节拍较为缓慢,不能跟上时代的要求;而以文化文本载体呈现的性符码,其画意基本上摆脱了审美表现理性的控制,在清晰、仿真的层面上呈现临时、快意和速效的感性特征,因而能够适应消费时代人们对于时尚、快捷信息的需求。最后,性符码由文学文本的画意向文化文本的画意转换,也在一定程度上体现了审美向日常生活转移的大趋势。1990年代以来,随着人们日常生活水平的提高和审美的日常生活化,艺术和生活的界限渐趋融化,艺术去掉自身神圣的外衣,逐渐沦为世俗生活的一种装饰和点缀,性符码开始从日常生活中寻找画意并重构美学意向。这种有关女性身体的应用美学在日常生活中比比皆是,众多的内衣秀、时装大赛、超女大比拼、广告女郎、商品包装等,都在以女性肉身的美学仪式献祭于男性的欲望观看模式,而在以电影、电视和网络为媒介的大众传媒中,这种身体的美学编码表现得尤为突出,正如英国女性主义电影学家劳拉·穆尔维批评的那样:"主流电影从未受到过任何挑战,便将性欲编码进主导的父权秩序语言中,在高度发展的好莱坞电影中,只有通过这些编码,异化的主体(在其假想的记忆中,它已经被失落感、被幻想中对潜在缺乏的恐惧所撕裂)才感到隐约的满足：这借助了电影的形式美和它激发主体自身的固有成见的能力。"① 也正是在这个意义上，鲍德里亚对作为感性欲望的身体和作为商品交换符号的身体作出了明确的区分："应该将作为我们社会中交换普遍化范畴的色情与本来意义上的性欲明确区分开来。应该将作为欲望交换符号载体的色情身体与作为幻觉及欲望栖息处的身体区分开来。在身体/冲动、身体/幻觉中占主导地位的是欲望的个体结构。而在'色情化'的身体中，占主导地位的则是交换的社会功能。在此意义中，色情的命令或礼貌和其他诸如此类的社会礼仪一样，受到符号工具化编码规则的约束，只不过（就像美丽中的美学命令一样）是功用性命令的一种变体或隐喻。"② 鲍德里亚向我们说明，身体美学虽然使身体从宗教的监禁和压抑中解放出来，然而，却又沦入新一轮的商品拜物教的操控和运作之中。"在这一点上，当代神话建构的身体并不比灵魂更加物质。它，和后者一样，是一种观念。"③

二 身体的奇观与超现实逻辑

从技术层面来看，身体类像已经完全摆脱了传统符号的自然限制，将文学形象（这里主要指观念意象）的"逼真的幻觉"加以定型，使之物质化、客观化、自然化，不仅可以向我们展示与我们日常体验相吻合的肉身图像和情色画面，而且还能够为我们提供日常感知经验无法亲历的性爱场景和身体奇观。但是，这种"逼真的幻觉"仍然只是幻觉，仍然不能触及社会现实本身。在鲍德里亚那里，类像虽然以极度逼真的方式向着客观现实无限度地靠近，但是类像本身作为一种图像符号不是现实，也不可能达到对现实完整的、准确无误的再现，它只是依照仿真的逻辑制造幻觉的现实，并用幻觉的现实来替代真实的现实。例如，当我们身处超女和裸模的图像世界中的时候，其类像中的肉身存在并不表现任何人工斧凿的痕迹，它们好像来自生活本身，每一个体甚至都有自己的名字，它们的肉身连同周围的背景都是在自然中拍摄而成，如张筱雨的《纯》《魅惑》《阳光》，

---

① 〔英〕劳拉·穆尔维：《视觉快感与叙事性电影》，参见张红军编《电影与新方法》，中国广播电视出版社，1992，第124页。
② 〔法〕鲍德里亚：《消费社会》，第145页。
③ 〔法〕鲍德里亚：《消费社会》，第149页。

傅贞怡的《洒满阳光的屋子》《橙》《媚》，汤芳的《TRUE-真实》《湖边的东方美人》《乌苏里船歌》等，都力图表现出一种源于自然的原始魅力，以衬托身体的自然、清纯、妩媚、动人；不过，就其仿真的制作逻辑以及服务于男性欲望的最终目的而言，图像符号并非在表现现实，而毋宁说是现实在表现符号。现实并非一种自在的客观存在，而是作为一种人为的建构服务于身体符号所要表达的观念意义，"现实从根本上说就是语言的产物"。[①] 所以，这些图片真正给予我们的，并非源于身体自然的美的感受，而是肉身符号带来的视觉震撼和欲望冲动，这种情况就如丹尼尔·贝尔在《资本主义文化矛盾》中指出的那样："……当代倾向的性质，它包括渴望行动（与观照相反）、追求新奇、贪图轰动。而最能满足这些迫切欲望的莫过于艺术中的视觉成分了。"[②] 由此可见，仿真并非以客观现实为主要依据，所谓的真实、客观不过是类像依据自身的符号逻辑表达观念和意义的特殊手段。鲍德里亚在《类像先行》中指出，人类在进入消费社会之后，有关形象的生产将不再从属于外表序列，而是进入了第四阶段的仿真序列（前三阶段分别为圣事序列、恶行序列、巫术序列）。[③] 在这一阶段中，符号系统与现实不再发生关联，而是在自身的领域内取得了独立性和自主性，完全按照自身的逻辑来操作运行，因而不仅可以对客观现实进行精确复制和逼真再现，甚至可以创造出现实世界中并不存在但又高度逼真的虚拟世界。这样，传统的真实观在类像的作用下被无情解构，而虚拟的人为情景则被视为真实可信的现实，符号和类像不再受到现实情景的规约限制，而是依据符号和类像自身的需求和规则组织生产。在性的问题上，身体符号被当作现实本身加以观赏消费，无论在国外还是在国内早已不是什么稀奇罕见之事，肉身部分暴露在人们的视线之下，局部地方用特写镜头加以突出，隐私部位用高度清晰的画面加以彰显，同时调动整个场景使故事叙述服务于肉身的裸露和展示，这些操作技术已经被归类为日常美学范畴，已经成为国产影片和电视伦理剧的普遍特征；毋宁说，这些以身体类像形式存在的性符码是在邀请大家"集体观淫"。"集体观淫"已经超越了现实伦理的

[①] 赵一凡主编《西方文论关键词》，外语教学与研究出版社，2006，第320页。
[②] 〔英〕丹尼尔·贝尔：《资本主义文化矛盾》，赵一凡、蒲隆、任晓晋译，三联书店，1989，第154页。
[③] Jean baudrillard, *Simulacra and Simulation*, S. F. Glaser (trans), University of Michigan Press, 1994, p. 6.

外在需求，内化为身体类像生产的组织原则和内在尺度。就电影而言，从1980年代末的《街上流行红裙子》《红高粱》，到1990年代的《菊豆》《大红灯笼高高挂》《画魂》，再到本世纪的《英雄》《十面埋伏》《夜宴》《荆轲刺秦王》《色·戒》《苹果》等影片，都在不同程度上有将历时向度转向共时存在、将故事叙述转向肉身展示的类像化倾向，这种类像化倾向逐渐向情色视角蔓延，并演化为当今时代国产片生产的组织原则和时尚情结，特别是在《荆轲刺秦王》、《色·戒》（未删节版）、《苹果》（未删节版）等影片中，肉身的暴露程度已接近港台三级伦理片《赤裸特工》《蜜桃成熟时》的尺度，如《荆轲刺秦王》中栎阳公主被强暴的镜头，《色·戒》中王佳芝与易先生的做爱镜头，《苹果》中苹果肉身的展现镜头等，都经过了媒介制作人精心的制作编码，女性肉身肌肤尽露、春光乍泄，甚至公然将隐私部位展示出来，让人为之震撼、惊叹，就如本雅明所描述的，给人以子弹穿越胸膛的感觉，让那些身体处于性饥渴状态的"淫君子"们大饱眼福，形成了国产影片中前所未有的、赤裸惊心的肉身奇观。

在摄影、电影、电视、网络等大众传媒所编织的身体奇观中，性符码已经超越了现实生活逻辑，按照"类像先行"的仿真逻辑组织情节和展示肉身，逼真生活场面的设置安排，隐晦朦胧的烟火照明和灯光效应，大腕明星的真情加盟和联袂表演，青春少女的纯情面容和婀娜身姿，让人仿佛置身于某种超现实的肉身世界，消费者不仅有了某种朦胧的身体感受，甚至拥有了恋爱的权利以及与少女肌肤相亲的冲动。在这种超现实的虚幻世界里，真实与虚假、现实与幻觉、能指与所指的界限被彻底打破，昔日依靠想象满足欲望的思维方式被仿真逻辑彻底取代，现实本身不再是绝对可信的生活原本，艺术再现与客观现实的关系重新被颠倒了过来："传媒过去被当作镜子，能反映或再现真实，而现在变成一种超真实，一种新的传媒真实，'比真实更真实'——在这里'真实'从属于表征并最终导致真实的消失。"[①] 身处性符码的包围之中，消费者对于身体占有的欲望已经转化为现实，或者说，他们甘愿把"逼真的幻觉"当作现实本身，因为在图像现实可信度愈来愈低的状况下，对于虚拟性的偏重和依赖反倒有可能成为某种美学现实。

---

① Douglas Kellner, *Jean Baudrillard: From Marxism to Postmodernism and Beyond*, Stanford University Press, 1989, p. 68.

身体图像的虚幻性和虚拟逻辑在网络世界中表现得最为突出,而且通过互联网、卫星视频、电视转播等媒介形成了一个巨大的虚拟空间。在网络空间中,"真与假、真实与想象物之间的区别"[1] 诚如鲍德里亚所言正在受到威胁。众多的成人网站和商业网点都在借助于身体图像宣传与传统社会不同的价值观念,或者以此为招牌兜售自己的商品。打开网站的首页,我们常会发现"人体艺术""美女游戏""美腿丝袜""视频聊天""情色视频"等栏目,甚至在打开网页之前就有高度仿真的美女以莹白的肌肤来诱惑你,或者邀请你一道去修仙,或者以女秘书的身份随时准备着为你服务,或者因天气炎热的缘故等待你去脱衣,或者因寂寞无聊的缘故想和你聊天。这些游戏节目(特别是美女游戏和视频聊天)往往都有自己的运作程序,事先把你作为其中的男性角色融入游戏之中,并设置了若干自然图景或生活画面,间杂配以若干闲杂人员穿插其间,一旦卷入其中,就会产生身历其境的感觉。这种情况很像美国的迪士尼乐园,一切符号和模型都按照"类像先行"的原则加以创制,美女形象及各色人等活灵活现,不似真实却胜似真实,好似各类身体符号的编排都在等待着你的参与,都在衬托着你作为男性主体的主人翁身份。因而当一个人长期沉溺于这种网络游戏而放掉身边的人和事之后,反而会对现实生活中的真实之物有不适之感。然而,在这一虚拟的非个人化的网络空间中,最大限度涌动的是作为类像符号存在的信息交流,是主体不在场的"媒介化准互动",与主体在场的直接互动有着很大的差别。[2] 在网络文化的发展过程中,"媒介化准互动"导致的直接后果便是主体人文精神的丧失,传媒技术不仅仅表现为某种手段,也表现为目的本身,它在追求性本能释放的过程中往往把技术本身置于本体论的地位,从而使工具理性不断地得到扩张和膨胀,"由于技术的自律性,它非但不会受到传统主体原则和审美表现理性的制约,恰恰相反,技术的工具理性反过来制约甚至压制着审美的表现理性。在审美活动中,我们失去了传统意义上的那种主体的自由和想象力的游戏性,更多的是被技术在暗中操纵着和控制着"。[3] 在这种技术控制和文化消费的状态下,消费者对于

---

[1] Mark Poster (eds), *Jean Baudrillard: Selected Writings*, Stanford University Press, 1988, pp. 167-168.

[2] 周宪:《文化表征与文化研究》,北京大学出版社,2007,第247页。

[3] 周宪:《文化表征与文化研究》,第258页。

身体图像的掌控和驾驭仅仅是一相情愿的误识，其实质不过是对技术逻辑的一种崇拜而已。

三 性符码的合法化与审美解放

性符码以艺术的形式呈现在图像文本之中，并被大众认同为艺术品而加以消费的时候，理性的反思终于被感性的狂欢所淹没，昔日被道德伦理所禁锢的本能欲望终于找到了一个释放的出口。它无须对作为性符码的肉身符号作出理解和认同，也不必为自己的欲念投射感到愧疚，更不用对性符码的合法性作出反思性的求解。它只需要视觉体验，而这种体验就是存在本身。因为，性符码的艺术形式本身已经把男性欲念对于妇女身体的"暴力侵犯"美学化、合法化了。身体美学的合法化使得男性消费者可以以艺术欣赏的名义进行男权主义性质的观念消费，他们不再为自己的"意淫"行为而惶恐不安，而是把视觉直接对准镜头，把形式的观赏统统化为意义的能指，以期在对妇女肉身的观赏和把玩中获得形象消费和象征性的满足。消费者身处电影院中，或坐在电视机前，或置身于虚拟的网络世界，最初也许是以观赏的目的或者游戏的心态来欣赏而介入文本的；然而，在观赏或者游戏的过程中，由于性符码的突然介入，文本的叙述性质转向展示性质，情节叙事不断被向后推延以造成刹那间的视觉震撼，消费者的欲望被迅速刺激起来，随着画面的组接滚动而不断加剧膨胀，最终将文本的艺术欣赏转化为视觉的欲望消费。不仅如此，即便是身处日常生活的情景之中，消费者同样面临女性肉身的图像诱惑。翻阅一本杂志的封面或背面，撕开食品的外围包装，揭去粘贴在时尚商品外表上的商标，打开自己的电脑或开通自己的手机，甚至在大街上穿越巨幅的广告牌，你都会发现，性感亮丽的女性形象随时都会出现在你眼前，女性肉身形象已成为你日常生活中挥之不去的巨大心结。在传统时代，有关性符码的文学文本的阅读在特定历史条件下会受到不同程度的限制，再加上语言文字对于女性形象的遮蔽性，使得消费者对于性符码的想象具有在场的有效性，不仅能给消费者带来感性的愉悦和快感，而且对于消费者而言显得弥足珍贵。到了消费时代，这种稀缺性和珍贵性被日渐泛滥的身体图像所打破，到处都流行着感性消费，到处都流行着美女形象，整体的与局部的、纯情的与艳俗的、传统的与时尚的、保守的与妖艳的，让你应接不暇，无力招架，昔日女性肉身想象的积极性和有效性已经荡然无存，过剩的身体图像导致的直接结果是身体感知的麻木和无动于衷！这正应了韦尔施的那句话，"尊贵的审美冥想将变成有视无睹"。①

身体图像的过剩是消费时代的一大特征，但这并不意味着图像本身没有任何优势，也并不意味着它对于消费者就没有任何益处。首先，它比较成功地实现了人的知觉范式的转换，确立了感性欲望在美学领域中的合法性。长期以来，在美学领域中理性居于统治地位，身体和感性横遭压抑和贬损，身体对于灵魂、知识和真理而言，都是不可靠和不值得我们信赖的东西。在19世纪之前的西方国家，即使在鲍姆加登所确立的感性学、美学那里，感性仍然统筹在理性的旗帜之下，听从理性的压制和调遣。但是，这种情况经过后人特别是康德的努力，到了德国哲学家和思想家尼采那里得到了根本的扭转，尼采坚持"以身体为准绳"，声称"身体乃是比陈旧的灵魂更令人惊异的思想"，②并且大声疾呼："兄弟啊，在你的思想与感情后面，有个强力的主人，一个不认识的智者——这名叫自我。他寄寓在你的身体中，他便是你的身体。"③ 身体进入美学领域，身体意识被强调到超出灵魂的地位，意味着艺术中特殊的、单一的知觉模式的选择开始发生松动，意味着日常的、感性的、消费的、文化的、符号学的知觉方式正在悄然涌起，在这种时代背景下，艺术会有更多的机遇在广阔、多样化的类型模式中重构美学自身，重新确立自己的感知方式或原则以及在现实中的合法地位。身体图像的制作或编码尽管存在诸多弊端为时人所诟病，比如它让身体符号服务于一种现实的功利需求，从而丧失了永恒的美学价值，它把身体符号订制为一种工艺制品，从而滑向了使用美学一途等，但是从某种意义上讲，身体图像作为审美的对象，与消费者在感性欲望上存在着共通之处：身体图像打开了消费者感知的新的维度，填补了消费者的欲望空缺，文学文本中妇女身体反复被推迟出场的现象，被高度仿真的肉身类像所替代，消费者基于阅读基础之上的欲望想象，借助于超真实的逼真画面得以填充和完善，与其说是身体图像为消费者提供性消费的对象，还不如说是

---

① 〔英〕沃尔夫冈·韦尔施：《重构美学》，陆扬、张岩冰译，上海译文出版社，2002，第135页。
② 〔德〕尼采：《权力意志》，张念东、凌素心译，中央编译出版社，2000，第37~38页。
③ 〔德〕尼采：《苏鲁支语录》，徐梵澄译，商务印书馆，1997，第27~28页。

身体美学塑造了这样的欲望消费方式，真可谓"众里寻他千百度，蓦然回首，那人却在灯火阑珊处"。其次，从视觉经验范式的转换来看，身体图像适应了消费时代人们对于身体的欲望需求和观看方式，因而内含美学解放的现代性质。在传统的认识论里，看被认为属于感性认识，只有经过抽象思维和推理，感性认识才能上升到理性认识。"于是，在语言和图像的二元结构中，语言是思维的工具，而图像是感知的手段，由于思维高于感知，所以，图像也就自然低于语言。"① 然而，晚近时代以来，研究发现，看的方式也是一种思维方式，而且同传统的理性思维相比，视觉思维更迅速，更敏捷，更具经验性和视觉洞察力。德国心理学家阿恩海姆指出："直觉活动在感觉水平上，也能取得理性思维领域中称为'理解'的东西。任何一个人的眼力，都能以一种朴素的方式展示出艺术家所具有的那种令人羡慕的能力，这就是那种通过组织的方式创造出能够有效地解释经验的图式能力。因此，眼力也就是悟解能力。"② 当身体图像成为一种消费时尚的时候，它至少向我们表明，我们在看的方式上可以而且能够达成经验的某种一致性。我们的眼睛总是在积极而有目标地寻找欲望所要求的东西，而身体图像恰恰提供了这样一种媒介现实。于是，我们就在可见与看见相统一的范畴内看到了这样的欲望对象！我们在这样的经验方式中释放了早已聚集起来的能量，因而也在一定程度上得到了解脱。

然而，在一个知觉因素需要归纳综合、有序排列的时候，从单纯的感觉欲望出发展开视觉行动，显然不能从根本上完成审美解放的现代性目标。纯粹的欲望会把审美引向单向度的、被动接受的物化领域，使得感性的身体要求变得毫无节制，进而导致审美理性的边界被完全突破。当妇女裸露的身体和性感的部位在荧屏上、网络上或者日常生活中出现的时候，消费主体之于妇女身体的对象化关系逐渐转化为观念性的商品交易关系，消费者把自身的付费行为看成对性符码消费的补偿，意识形态消费的强制模式由此转换为商品交换和消费的自然模式，妇女从身体意识到立场、主体性，都被遮蔽在这一自然模式之中，以其自然性和合理性而沦为父权制意识形

---

① 周宪：《读图，身体，意识形态》，载汪民安主编《身体的文化政治学》，河南大学出版社，2004，第129页。
② 〔德〕阿恩海姆：《艺术与视知觉》，滕守尧、朱疆源译，中国社会科学出版社，1984，第56页。

态的牺牲品。消费主义把情色观念引入了现代性,造成了这一个概念的理论错位,情色图像固然能够带来人在思维模式上的革新,冲破伦理主义的大堤;但是,如果这一图式是以消解女性的主体性、贱视妇女身体为代价,那么我们在性别的问题上就会走向男性偏见和男性歧视的误区。事实上,消费者在最初接受图像符码时,其审美观念和消费主义心理也在发生着剧烈的冲突,以其对立和断裂消解着宏大的叙事主题和审美的现代性内涵。当人用身体图像来启发自己的审美感性的时候,他的审美欣赏不时为欲望的驱力所侵扰;当他以本能欲望的膨胀来抵抗理性的压制、追求快感和享受的时候,他的欲望结构又不时被纳入物化的商品意识之中。或者说,在消费主义的条件下,审美理性以其悖论性使其自身充满了矛盾和张力,消费主义的审美只不过是感性欲望之上的一层美丽的光环。商品消费的观念和形象消费的形式使消费大众在消费时处于一种矛盾的心态,他们已经失去或者甘愿失去自己的审美判断力和辨别力,以其功利性的商品消费欲望消解审美判断的无功利性和先验性。所以,鲍德里亚一方面肯定了妇女身体解放的现代性,另一方面又指出"一切在名义上被解放的东西——性自由、色情、游戏,等等——都是建立在'监护'价值体系之上的"。[①] 所谓的"监护"价值体系,正是父权制意识形态对于大众文化观念的布控网络,它保证了大众快感的来源——男性对于妇女身体观念上的占有和支配权力,由此在文化观念上再一次实现了对男女的性别区分,并完成了对妇女身体在观念意义上的重构。

从逆向的方向来看,父权制对于女性身体的观念性的"暴力"侵犯,正构成技术传媒对于物质材料的重新制码活动,也构成消费者对于身体图像的欲望消费和意义再生产活动。正如赵勇所言:"视觉文化表面上是眼睛文学,实际上是生产方式的革命;表面上是生产方式的革命,实际上是生产者和消费者价值观念的潜移默化。"[②] 在这样一个充斥着色情观念的视觉时代,电影、电视、网络、广告等大众传媒正在努力解除视觉禁忌,从不同的位置、角度、距离暴露和展示女性身体的局部特征和诱惑力,并力图通过身体图像重新恢复人们业已失去的原始情欲。大众文化观念所要满足

---

① 〔法〕鲍德里亚:《符号的政治经济学批判》,转引自赵一凡《西方文论关键词》,外语教学与研究出版社,2007,第667页。
② 赵勇:《视觉文化时代文学理论何为?》,《文艺研究》2010年第9期。

的，正是这样一种被高技术刺激出来的、由文化意识形态引领的身体时尚和消费欲望。视觉文化中存在着解放的要素，通过这种要素"整个身体都成了力比多灌注的对象，成了可以享受的东西，成了快乐的工具"，[1] 同时我们还应注意到，"身体范畴的再现仅仅是增添了一个主导未来蓝图的重要因素"。"身体虽是解放的终点，可是，身体无法承担解放赖以修正的全部社会关系。在这个意义上，身体是局部的。"[2] 就视觉文化的现实情形来看，性符码形式的参与和介入，没有增进人类社会的总体经验，无助于认识和理解人类文化的总体结构，反而以欲望的消费和再生产的方式参与了性别歧视和话语权力的争夺，腐蚀着身体的存在意义。当意义离开我们的身体处境时，意义肯定是强加于我们的外在的东西。因此，消除这种意义产生的条件和机制，重新回归身体的维度便显得至关重要了，笔者想这也是我们对当代视觉文化之情色化倾向进行分析批判的根本原因所在。

---

[1] 〔美〕马尔库塞：《爱欲与文明》，黄勇、薛民译，上海译文出版社，1987，第147页。
[2] 南帆：《身体的叙事》，载汪民安主编《身体的文化政治学》，第229页。

图书在版编目(CIP)数据

文化研究.第15辑,2013年·夏/陶东风,周宪主编.
—北京:社会科学文献出版社,2013.11
ISBN 978-7-5097-5169-5

Ⅰ.①文… Ⅱ.①陶… ②周… Ⅲ.①文化研究-丛刊
Ⅳ.①G0-55

中国版本图书馆CIP数据核字(2013)第238624号

文化研究(第15辑)(2013年·夏)

主　　编/陶东风(执行)　周　宪
副 主 编/胡疆锋　周计武

出 版 人/谢寿光
出 版 者/社会科学文献出版社
地　　址/北京市西城区北三环中路甲29号院3号楼华龙大厦
邮政编码/100029

责任部门/人文分社 (010) 59367215　　　　责任编辑/吴　超
电子信箱/renwen@ssap.cn　　　　　　　　　责任校对/丁立华
项目统筹/宋月华　吴　超　　　　　　　　　责任印制/岳　阳
经　　销/社会科学文献出版社市场营销中心 (010) 59367081　59367089
读者服务/读者服务中心 (010) 59367028

印　　装/北京季蜂印刷有限公司
开　　本/787mm×1092mm　1/16　　　　　　印　张/18.5
版　　次/2013年11月第1版　　　　　　　　字　数/306千字
印　　次/2013年11月第1次印刷
书　　号/ISBN 978-7-5097-5169-5
定　　价/69.00元

本书如有破损、缺页、装订错误,请与本社读者服务中心联系更换
▲ 版权所有　翻印必究